高等教育学学科建设丛书

丛书主编 · 张德祥　李枭鹰

高等教育学十二讲

十二讲

张德祥 · 等 著

广西师范大学出版社
GUANGXI NORMAL UNIVERSITY PRESS
· 桂林 ·

图书在版编目（CIP）数据

高等教育学十二讲 / 张德祥等著. -- 桂林 : 广西师范大学出版社，2024. 8. --（高等教育学学科建设丛书 / 张德祥，李枭鹰主编）. -- ISBN 978-7-5598-7348-4

Ⅰ. G640

中国国家版本馆 CIP 数据核字第 2024UJ6003 号

广西师范大学出版社出版发行

（广西桂林市五里店路 9 号　邮政编码：541004
网址：http://www.bbtpress.com）

出版人：黄轩庄

全国新华书店经销

广西广大印务有限责任公司印刷

（桂林市临桂区秧塘工业园西城大道北侧广西师范大学出版社集团有限公司创意产业园内　邮政编码：541199）

开本：787 mm × 1 092 mm　1/16

印张：13.25　　　字数：200 千

2024 年 8 月第 1 版　　2024 年 8 月第 1 次印刷

定价：50.00 元

总　序

我国的高等教育学学科自20世纪80年代初创建以来，经过近四十年的建设与发展，已经形成以高等教育学为主干的学科群。但总体来说，高等教育学还不是一个成熟的学科。这需要我们进一步加大力度，推进高等教育学的建设与发展。

高等教育学走向成熟需要加强多层次的高等教育研究。高等教育学应高等教育的发展需要而诞生，但高等教育作为一种社会活动不会自动转化为高等教育的"学科形态"。高等教育学的诞生、发展、壮大和繁荣，时时刻刻离不开高等教育科学研究。因为，离开了高等教育科学研究，就不会有任何的关于高等教育的学问，自然也就不会有高等教育学的诞生、发展、壮大和繁荣。从高等教育学学科建设的角度看，这套丛书倡导要加强元高等教育学研究或高等教育学元研究、高等教育学原理研究、高等教育学子学科建设研究和高等教育重大理论问题研究，是中肯的和值得肯定的。

高等教育学走向成熟需要加强高等教育学子学科建设。学科不断分化又不断综合是学科发展的基本趋势，而分化又是综合的前提和基础。一般地说，学科分化以子学科的形态呈现，即子学科的繁荣程度可以反映学科的分化程度；任何一个学科走向成熟，离不开该学科各子学科的支撑。高等教育学的建设与发展，一方面需要社会学、政治学、经济学、文化学、管理学、政策学等学科的参与和支持，而且这些学科发展得越好，可以为高等教育学提供的启发和借鉴就越多；另一方面更需要高等教育学各子学科的支撑，而且这些子学科发展得越好，高等教育学就越能横向拓展和纵深推进。目前，高等教育学各子学科发展态势良好，但总体上还不充分不平衡，像高等教育学、高等教育管理学等子学科发展得好一些，其他子学科相对单薄一些，需要我们花更多的力气去耕耘、播种和浇灌。

高等教育学走向成熟需要出版社、学术期刊出版机构等各种学术成果之孵化平台的大力支持。目前,国内办了不少专门的高等教育学术刊物,各出版社也大力支持高等教育学学术著作的出版。一直以来,广西师范大学出版社对高等教育学著作的出版支持力度很大,除了出版大量的单本专著,广西师范大学出版社在21世纪初出版过由薛天祥教授主编的“高等教育理论丛书”,这套丛书对高等教育学学科的人才培养影响很大,不少师生从中获益匪浅。如今,广西师范大学出版社又联合大连理工大学高等教育研究院,策划、组织、编写和出版“高等教育学学科建设丛书”,以专题形式研究高等教育学各子学科中的经典问题、前沿问题、热点问题和难点问题,这对我国高等教育学的学科发展和人才培养意义重大。

高等教育学走向成熟需要高等教育学学术共同体的共同努力。任何学科的成熟都是一代又一代研究者艰苦耕耘的结果,而且每一代有每一代的责任和使命。这对高等教育学而言也不例外。多年来,大连理工大学张德祥教授潜心于高等教育科学研究,带领学术团队勤耕不辍,在高等教育多个研究领域取得了可喜的成就,如今又带领学术团队立足于其成员各自的研究生课程教学,恪守经典性、学术性、前沿性、教育性和可读性的原则,采用灵活性较强的“讲义”形式,以高等教育学各子学科为核心和重点,编写和出版“高等教育学学科建设丛书”。这套丛书涉及多个高等教育学子学科,充分展现了新一代高等教育学研究者建设与发展高等教育学学科的责任感和使命感,用两位总主编在前言中的话说就是,“进一步促进高等教育学学科建设,为高等教育学学科建设和高等教育学学科人才培养提供必要支撑,并为新时代中国特色社会主义高等教育理论体系的丰富完善增砖添瓦”。对于这套丛书的策划、组织、编写和出版,我由衷地感到欣慰。最后,我真诚地希望参与这项工作的老师们不辞辛劳、不畏艰难、努力工作,高质量、高水平地把这套丛书呈现给读者。

是为序。

潘懋元

于厦门大学高等教育发展研究中心

2022年3月19日

前言

中华人民共和国成立以来,特别是改革开放之后,我国的高等教育科学研究取得了可喜的成就,为发展和繁荣我国高等教育学做出了突出贡献,在国家和各级政府制定高等教育政策中发挥了不可替代的智库作用,为解决高等教育改革发展中的实际问题提供了理论指导和行动指南。面向未来,高等教育科学研究要有更大作为,为我国高等教育现代化建设做出更大贡献。

我国高度重视教育科学研究,教育部专门印发了《关于加强新时代教育科学研究工作的意见》,明确提出"丰富完善中国特色社会主义教育理论体系"的宏伟目标。中国特色社会主义高等教育理论体系是中国特色社会主义教育理论体系的有机组成部分,高等教育理论工作者有责任和义务为之丰富完善做出积极的努力和贡献,而加强高等教育学学科建设是奠基之举。为此,我们有必要加强四个方面的高等教育科学研究。一是元高等教育学研究。元高等教育学主要探讨高等教育学的学科本质、学科本体、学科本原、学科属性、学科方法、学科边界、学科分类、学科价值等问题,以及高等教育学为何形成、如何形成和怎样发展,从总体上或全局上引导高等教育学学科建设。二是高等教育学原理研究。高等教育学原理揭示了高等教育的本质及其运行、发展的一般规律,提供了认识、解释高等教育的基本框架,贡献了指导高等教育实践的一般原则,对高等教育学学科建设具有根基性意义。三是高等教育学子学科建设研究。我国的高等教育科学研究已形成以高等教育学为主干的学科群,但各子学科发展还不充分不平衡,需要我们大力推进高等教育学子学科高水平集群化发展,为高等教育学学科发展提供强有力的支撑。四是高等教育重大理论问题研究。高等教育的建设、改革和发展会经常碰到各种高等教育重大理论问题,研究这些高等教育重大理论问题不仅是指导高等教育实践的需要,也是建设高等教育学学科体系的需要,还是丰富完善中国特色社会主义高等教育理论体系的需要。

为全面推进元高等教育学、高等教育学原理、高等教育学子学科建设和高等教育重大理论问题等方面的研究,进一步促进高等教育学学科建设,为高等教育学学科建设和高等教育学学科人才培养提供必要支撑,并为新时代中国特色社会主义高等教育理论体系的丰富完善增砖添瓦,我们恪守经典性、学术性、前沿性、教育性和可读性原则,策划、组织、编写和出版这套“高等教育学学科建设丛书”。这套丛书拟包括《教育学基本理论十二讲》《高等教育学元研究十二讲》《高等教育学十二讲》《高等教育政治学十二讲》《高等教育社会学十二讲》《高等教育问题十二讲》《高等教育评价学十二讲》《大学课程与教学论十二讲》《高等教育伦理学十二讲》等著作。这套丛书的作者以大连理工大学高等教育研究院的老师为主,以国内相关领域的专家学者为辅。整个研究团队不畏艰辛、不怕困难、精诚团结,为丛书的顺利完成倾注了大量的时间、心血和汗水。尽管如此,这套丛书仍或存在这样或那样的不足,敬请各位读者包容和批评指正。

这套丛书的策划、组织、编写和出版,自始至终得到了广西师范大学出版社的大力支持。广西师范大学出版社在我国高校出版社中名列前茅,一直以来十分重视高等教育学著作的出版,为高等教育学学科建设提供了独有的支持,如今又全力支持这套丛书的出版。对此,我们由衷地感谢!

张德祥　李枭鹰

2022 年 3 月 10 日

目　录

Contents

第一讲
高等教育基本关系与高等教育学体系建设

我国高等教育学学科建设已有40多年的实践，令人尴尬的是至今尚未彻底摆脱“学科合法性”的质疑与诟病。可以说，在我国学科建设领域，没有其他哪一门学科像高等教育学这样有如此强烈的学科危机意识。应该说，推动高等教育学学科建设，彻底摆脱“学科合法性”的质疑，是高等教育学人孜孜不倦的追求。面向高等教育学学科建设与发展的广阔前景与美好未来，需要我们大力提升高等教育理论与研究的“解释力、建构力、影响力”①，促进高等教育学“再学科化”②。而构建有“解释力、建构力、影响力”的高等教育学学科体系，推进高等教育学学科建设，离不开对高等教育学体系框架的审视与反思。

一、高等教育学传统体系框架的合理性与局限性

相较于教育学，我国高等教育学体系框架形成的历史较短，并且在形成过程之中从教育学的体系框架中吸收了大量养分。本讲将如此形成的高等教育学体系框架，称为高等教育学传统体系框架，这一体系框架既有合理性，也存在局限性。

（一）高等教育学传统体系框架的合理性

高等教育学传统体系框架是从教育学移植过来的，高等教育学界对此并不讳言。中国高等教育学学科创始人与奠基者潘懋元曾说：“高等教育学与普通教育学都是研究教育基本理论的，有共性的一面。因此，高等教育学

---

① 胡建华.中国高等教育学科发展40年[J].教育研究，2018(9)：24-35.

② 张应强.当前我国高等教育学的危机与应对[J].高等教育研究，2017(1)：8-11，24.

的基本体系同普通教育学的基本体系是一致的”①。他特别强调了高等教育“专业教育”的特殊性以及高等教育受教育者的特殊性。1983 年 11 月，潘懋元在《高等教育学》教材听取意见座谈会上也谈到，《高等教育学》一书的体系“总的说，是参考普通教育学的一般体系而定的，但并非照搬”②。潘懋元于 1982 年出版了我国第一本高等教育学专著，创立了高等教育学学科，提出了影响深远的高等教育内外部关系规律，由此确立了高等教育学传统体系框架。现有的高等教育学论著，大多仍是按此体系框架构建的。这个体系框架是以高等教育与社会和人的关系为主线展开的，进而对高等教育的本质、价值、功能、规律等基本问题进行论述。

高等教育学的传统体系框架来自教育学的基本体系框架，而教育学体系框架的形成有一个历史过程。陈桂生在《教育学的建构》中以伊曼努尔·康德（Immanuel Kant）的《论教育学》、约翰·弗里德里希·赫尔巴特（Johann Friedrich Herbart）的《普通教育学》、伊凡·安德烈耶维奇·凯洛夫（Иван Андреевич Каиров）的《教育学》、刘佛年的《教育学》为案例，“揭示了现行教育学框架的由来”③。黄济在《教育哲学通论》中也明确指出，“对教育的本质及其功能虽众说纷纭，但就其概括而言，不外教育与社会发展的关系和教育与人的发展的关系两大方面”，并进一步指出，“教育与社会和人的关系就成为教育中永恒的课题，而且是教育中其他一切问题的出发点”④。教育学的体系框架基于一个基本的认识：教育是一种社会现象、社会制度、社会过程，离不开与社会的关系；教育是培养人的活动，也离不开与人的关系。因此，我们在分析教育的时候，就离不开分析教育与社会以及教育与人的关系。

从方法论层面来看，教育学的这个体系框架是合理的、必要的。辩证唯物主义告诉我们，世界是普遍联系的，一切事物都处于同其他事物的联系之

① 潘懋元.高等教育学的若干问题[J].高等教育研究，1983(1):4-26.
② 潘懋元.在《高等教育学》教材听取意见座谈会上的发言[J].高等教育研究，1984(1):17-20.
③ 陈桂生.教育学的建构[M].上海:华东师范大学出版社，2009:112-157.
④ 黄济.教育哲学通论[M].太原:山西教育出版社，2002:333-334.

中，即存在某种关系。事物在关系中发展变化，关系构成矛盾，矛盾是事物发展变化的原因，事物的矛盾运动导致事物的发展变化，一切事物都是如此。既然事物存在于关系之中，事物就只能在关系中被规定、被认识。黑格尔指出，“每一方只有在它与另一方的联系中才能获得它自己的本质规定，此一方只有反映另一方，才能反映自己”①。教育与社会以及教育与人的关系，不是人们刻意虚构的，而是现实的客观存在，人们抓住了教育若干关系中这两对最重要的关系，对于认识教育、研究教育、分析教育有方法论意义。按照这样的方法论，抓住教育内部与外部若干关系中两对基本关系即教育与社会、教育与人的关系进行分析，就是认识教育基本问题和重大问题必要而合理的路径。在这样的分析中，人们获得了对教育的一系列重要认识，如对不同社会形态教育特征的认识以及关于教育本质、教育规律、教育功能、教育价值等的认识。因此，以教育与社会以及教育与人两对关系为基本维度建立起来的教育学体系框架是合理的。

高等教育学传统体系框架移植教育学的体系框架，有其合理性。理由在于高等教育作为教育的一种形态，与我们所说的一般意义上的教育一样，其与社会的关系以及其与人的关系是高等教育的基本关系。因此，高等教育学体系建构离不开对高等教育与社会、高等教育与人的关系的分析。

从高等教育发展的历史中可以看出，一部高等教育史就是一部高等教育与社会关系的历史。高等教育是一种培养高级专门人才的专业教育。高等教育与社会存在着密切的关系，而且比起普通教育，高等教育与社会的政治、经济、文化的关系更为密切、更为直接、更为复杂，有许多不同于普通教育的特点。

高等教育与政治的关系。首先，任何一个社会要维持其存在，都需要向社会成员灌输它的主流价值，延续对人的“政治社会化”；而对于即将参与社会政治过程的年轻人来说，这种“政治社会化”尤其重要，高等教育就成为年轻一代政治社会化的主要渠道与基本路径。其次，高等教育领域是各种意识形态和文化思潮交锋、交流、交融的场所，并对社会的意识形态和社会思

① 黑格尔.小逻辑[M].2版.贺麟，译.北京：商务印书馆，1980：254-255.

潮产生重要的影响，任何一个社会都会重视高等教育的这种作用，利用与引导高等教育传播有利于政权稳固和社会稳定的思想和思潮。再次，从高等教育发展史中可以看到，任何一个国家的高等教育管理体制都和国家的政治体制相衔接、相适应、相协调，是国家政治体制的延伸。

高等教育与经济的关系。相比普通教育，高等教育与经济的关系更为复杂。首先，高等教育主要是职前的教育，具有专业教育的典型特征。人们接受高等教育之后，要在社会的不同岗位上扮演各种社会角色。其次，高等教育领域的学科专业建设要与社会需求相适应。社会对接受过高等教育的人的要求是多方面、多层次和多样化的，包括知识结构、专业领域、学历层次等。因此，高等教育领域的学科专业结构、课程结构、层次结构、类型结构等要与社会产业结构、技术结构、职业结构等相衔接、相适应、相匹配。再次，科学技术是第一生产力，是经济发展的动力和支撑，高等教育是科学知识产出的不竭之源。高等教育能否提供、提供多少以及提供什么层次与类型的科学知识，都会对经济社会发展产生重要而深远的影响。

高等教育与文化的关系。比起普通教育，高等教育与文化的关系更为复杂。首先，高等教育由众多不同层次与类型的学科专业构成，这些学科专业几乎涵盖了人类实践活动的各个重要领域，承担着人才培养、科学研究和社会服务的重要使命。其次，高等教育担负着人类文化保存、传承与创新的历史使命，是人类文化繁荣发展的发动机。再次，高等教育是不同文化交流互鉴的桥梁，是不同文明交流融通的纽带，是人类文明多样化发展的重要动力。

高等教育与人的发展的关系。与普通教育相比，高等教育与人的发展的关系具有特殊性。现代生理学、心理学分析了人的生长、发育、发展的客观过程，揭示了人的身心发展具有顺序性、阶段性、不均衡性、稳定性、可变性、个别差异性等特点。从个体的心理发展角度来看，大学生普遍正处于成年早期阶段，这时，学生个体的生理发展接近完成，个体心理变化也趋于稳定，有其独特的身心发展特征。首先，生理机能的成熟。大学生生理机能发展趋向成熟，能够承受较长时间的复杂的脑力劳动。其次，心理需求的增长。随着大学生生理机能的逐步完善，大学生的心理需求特别是精神方面的需求不断增加和深化。大学生对理想的追求常常与未来职业联系起来，期待在未来职业上有更大的创造，实现自我价值。大学生向往友谊和爱情，随着知识的积累和阅历的加深，他们的情感体验愈加丰富。高等学校应该在课内和课外为学生提供发展其才能、扩展其知识结构、完善其人格、培养其高尚情操的机会，注重学生的全面发展。再次，自我意识的增强。大学生由于知识面的扩大、理解力的加深、情绪体验的丰富和个体需求的增长，自我意识显著增强。高等学校开展教育活动时需要充分认识大学生自我意识发展的这一特点，指导学生进行自我评价、自我控制，对学生进行疏导、帮助和教育。

综上所述，移植教育学的体系框架建构高等教育学的体系框架，从高等教育与社会的关系以及高等教育与人的关系着手分析，是有道理的，也是必要的。

（二）高等教育学传统体系框架的局限性

高等教育学传统体系框架的局限性，主要在于对高等教育的特殊性观照不够和分析不足。在分析高等教育与社会以及与人的关系时，虽也考虑到了高等教育的特点和特殊性，然而，作为高等教育核心材料的高深知识，在传统体系框架中却没有受到应有的重视。或者说，高等教育学传统体系框架的局限性主要在于忽略了一个基本的关系，即高等教育与高深知识的关系。也就是说，由于把高等教育中的高深知识与普通教育中的普通知识一样看待，从而忽略了高深知识对高等教育的影响与普通知识对普通教育的影响是完全不一样的客观事实，因而也就难以全面系统地把握高等教育。

高等教育和教育一样，都是由一些基本要素构成。陈桂生认为，教育者、受教育者、教育资料，构成了教育的基本要素。教育资料由“各种文化成分构成”，经过“抉择与提炼”，被受教育者内化，并成为教育主体与客体发生关系的中介[①]。叶澜把教育资料称为“教育内容和教育物资”，其中，教育内容指教育活动中教育者与受教育者共同认识、掌握、运用的对象，是教育

① 陈桂生.教育原理[M].上海:华东师范大学出版社,1993:11.

活动中的纯客体;教育物资指进入教育过程的各种物质资源①。高等教育作为教育的一种形态,同样由教育者、受教育者、教育资料三个基本要素构成。但构成高等教育的教育资料与普通教育的教育资料截然不同,其根本不同就在于构成教育资料主要内容的知识不同。在高等教育的教育资料中,知识是指高深知识,而不是普通教育中的普通知识。高深知识作为高等教育中教育资料的核心内容,对高等教育的影响是根本的、全面的、深刻的、持续的。

陈桂生认为,“教育资料是衡量教育发展水平的测量器”,教育的每一个要素都是变量,其中每一个要素都可能发生量的变化和质的转化,特别是教育资料在复杂教育过程中可能再分化成若干独立的要素。② 既然如此,为什么在教育学的研究中没有把知识作为一个重要的维度,像教育与社会、教育与人的关系一样纳入教育学的基本体系框架呢? 理由可能是这样的。在普通教育中,作为教育资料主要内容的知识并不复杂和高深,其水平、结构、形态是相对稳定的,其量的变化和质的转化是相对稳定的,并且对教育的结构、组织以及形态发展变化的影响也是相对稳定的。普通教育的对象是未成年的孩子,研究者更关注的是选择什么样的知识、编排什么样的课程、怎样向学生传授。因此,把与知识相关的分析放到教学论和课程论等专门领域,而没有纳入教育学的基本体系框架之中。比起普通知识,高深知识更加复杂,更加深奥,更加专业,其水平、结构、形态都与普通知识不同,其量的变化和质的转化比起普通知识更加活跃、复杂。在复杂的高等教育活动过程中,高深知识不仅是联系教育者与受教育者的中介,而且是高等教育活动开展的核心依托,影响着高等教育活动的所有重要方面、重要环节、重要过程,也是影响高等教育的重要变量。高深知识自身的特性,对高等教育的性质、结构、功能、组织、形态、专业、课程以及高等教育变革等都有重要的影响。因而,高深知识与高等教育的关系不是一般的、普通的关系,而是如高等教育与社会的关系,以及高等教育与人的关系一样,是高等教育的基本关系。

---

① 叶澜.教育概论[M].北京:人民教育出版社,1991:11-18.

② 陈桂生.教育原理[M].上海:华东师范大学出版社,1993:11.

"高深知识是理解高等教育的一把钥匙"[①],研究和分析高等教育,必须立足于高等教育与高深知识的关系,并且只有从这样的关系中才能准确理解、深刻认识、系统掌握高等教育的一系列基本问题。高深知识是"高等教育学合法性基础"[②],构建高等教育学体系框架和研究高等教育时绝不能忽略高等教育与高深知识的关系。

二、高等教育学研究与高深知识

高深知识是高等教育的核心材料,是建构高等教育学体系框架不可缺少的重要因素。因而,探讨高等教育学体系框架的建构问题,应以认识高深知识的基本内涵为起点。

(一)高深知识的内涵与特征

美国高等教育学家伯顿·克拉克(Burton R.Clark)指出,"任何社会里,学术工作都是围绕着特殊的理智材料组织起来的"[③]。高深知识属于知识范畴。关于知识的分类,不同学者有不同的界定方法,有的从类型上划分,也有的从层次上划分。从类型的角度来看,有的将知识分为事实性知识、概念性知识、过程性知识和元认知知识;有的将知识分为显性知识和隐性知识;有的将知识分为事实知识、原理知识、技能知识和人的知识等。[④] 从层次的角度来看,葛兆光认为,知识有一般知识与精英知识之分,一般知识是指最普遍的也能被有一定知识的人接受、掌握和使用的对宇宙间现象与事物的解释,这不是大才智慧的萌发,也不是深思熟虑的结果[⑤];英国史学家帕克则把知识区分为日常知识和学术性知识。

虽然研究者们对于知识的类型与层次有不同的认识,但大致可将知识分为"一般"和"高深"的。这里,我们姑且把"高深知识"看做与"一般知

① 张德祥.高深知识是理解高等教育的一把钥匙[J].高等教育研究,2015(12):22-23.

② 王建华.高等教育学的建构[M].广州:广东高等教育出版社,2009:30.

③ 克拉克.高等教育系统:学术组织的跨国研究[M].王承绪,徐辉,殷企平,等译.杭州:杭州大学出版社,1994:11.

④ 刘则渊,王续琨.科学·技术·发展[M].大连:大连理工大学出版社,2004:167.

⑤ 葛兆光.中国思想史:三卷本[M].2版.上海:复旦大学出版社,2013:12.

识”“日常知识”“普通知识”对应的知识，其概念与“精英知识”和“学术性知识”类似。简单地说，高深知识是知识中相对高级和比较深奥的部分，“它的基本材料在很大程度上构成各民族中比较深奥的那部分文化的高深思想和有关技能”①。

高深知识是相对于普通知识、一般知识而言的，它是一个相对的概念。其相对性表现为，人类发展不同时期高深知识的内涵不一样，此时的高深知识，在彼时可能就不是高深知识。也就是说，“在不同的历史时期和不同的文化之中，高深知识的内涵是不同的，其边界会随着人们认识能力的提高和知识价值观的变化而变化”②。

认识高深知识在高等教育学体系中的作用，必须对高深知识的特性有深入的理解。伯顿·克拉克指出，“近代高深知识具有若干显著的特征，这些特征所产生的影响遍及整个学术组织”，即“具有专门化的性质”“自主化程度越来越高”“发现知识是一项无止境的任务”。③ 陈洪捷认为，高深知识是知识中比较深奥的部分；高深知识是专门化和系统化的知识，需要专门的学习和训练；高深知识通常有专门的传播、发表和认可制度；高深知识总是与特定的机构相联系。④

高深知识与普通知识相比，有诸多特殊之处。概括来说，高深知识的特性主要表现在如下五个方面。

第一，高深知识的专门性。高深知识与普通知识不同，它体现的是人们对自然、社会和人类自身的深刻认识。比起普通知识，它的专门性更强，这样专门化的知识通常以学科形态存在，可以理解为一定领域的知识的系统化。学科成为知识存在的形态，我们在高等学校感受的知识、接触的知识是一门一门的学科，高等学校对知识的保存、传播、发现和应用，都是围绕学科进行的，高等学校的院系等组织形态也是围绕学科和学科活动组建的。

---

① 克拉克.高等教育系统：学术组织的跨国研究[M].王承绪，徐辉，殷企平，等译.杭州：杭州大学出版社，1994：11.

② 陈洪捷.论高深知识与高等教育[J].北京大学教育评论，2006(4)：2-8，188.

③ 克拉克.高等教育系统：学术组织的跨国研究[M].王承绪，徐辉，殷企平，等译.杭州：杭州大学出版社，1994：13-15.

④ 陈洪捷.论高深知识与高等教育[J].北京大学教育评论，2006(4)：2-8，188.

第二，高深知识的广泛性。人们对自然、社会和人的认识不断深化，学科也随之不断丰富、分化。在高等教育中，人们加工的高深知识几乎涵盖了人类认识的所有领域，知识在这里无限聚集。“相比之下，任何国家的任何公司、企业、教会、军队、医院或政府部门都不可能涉及如此众多的‘人文社会学科和自然科学’。”①其他任何大规模组织都不可能像大学的学院群体一样拥有如此广泛的知识领域，因而广阔的知识领域也是高等教育机构和系统的一个主要特征。

第三，高深知识的自主性。尽管学科之间的交叉与融合在不断进行，但一个领域的知识经系统化而形成学科后，其内部体系是确定的，各门学科之间也是有边界的，学科交叉、跨学科是在不同学科体系基础上进行的。因此，以学科形态存在的高深知识具有内在的深奥性和固有的自主性。尤其是当代科学表现出了明显的整体性、自组织性和动态演化性等“有机”特征，各学科不仅相互之间的联系增强，而且越来越多地按照自身的“规律”自主地“成长”，并对社会产生影响，体现出了其发展的相对独立性。学科的这种自主性和相对独立性有其内在逻辑。当然，当学科知识发展的另外一种逻辑即学科之间的交叉与融合起作用的时候，二者常常会发生碰撞，新的知识领域由此而产生。

第四，高深知识的无限性。人们对客观世界的探索一直没有停止，在一段时间内，人的认识能力是有限的，但从长远来看，人的认识能力是无限的，世界是可知的。高深知识既包含已知的知识，也包含未知和未完全认知的知识，人们对高深知识的认识不断深入、丰富和发展，因而高深知识具有无限扩展的性质。几十年来，计算机、互联网、云计算、物联网、石墨烯、引力波等新的概念接踵而来，冲击着人们的观念，改变着人类的生活方式和生产方式。这些变化和发展让我们深深感受到宇宙世界的奇妙，感受到发现高深知识是一项无止境的任务，感受到高等教育永无停止的使命。

第五，高深知识形态和生产模式的多样性。高深知识在近代实验科学

① 克拉克.高等教育系统：学术组织的跨国研究[M].王承绪，徐辉，殷企平，等译.杭州：杭州大学出版社，1994：14.

产生后获得快速发展，随着人们认识能力的提高，高深知识不断分化。但是，当知识分化过细的时候，又在一定程度上限制了人们的认识能力，限制了高深知识的发展，阻碍了人们利用高深知识解决人类面临的重大问题。另外，高深知识的发展，不仅是在某一学科领域内的不断深化，同时，更多的高深知识常常在学科与学科的空白处、学科与学科的交叉处产生。此外，以问题为导向，学者、企业、政府等多元主体参与，理论知识与实践知识整合再创新的超学科知识生产模式也成为高深知识的重要形态和生产模式。[①] 因此，高深知识的发展呈现出知识的综合性、学科的交叉性等趋势，与此同时，知识迁移更加频繁，知识之间的联系更加紧密。

（二）高深知识是建构高等教育学体系框架不可缺少的一个维度

由于高深知识自身的规定性、在高等教育构成要素中的地位，以及与普通知识相比所具有的特性，高深知识对高等教育的影响是全面的、深刻的、持续的。这里我们从如下四个方面分析。

第一，高深知识是高等教育组织的实质与核心。高等学校的根本任务是培养高级专门人才，它的基本活动是围绕高深知识展开的。也就是说，高等学校以高深知识为基本的加工材料，围绕高深知识而运行，高深知识的保存、传递、发现、应用、理解成为高等学校的基本活动方式，这也成为高等学校彰显社会职能的知识基础。因此，高等学校围绕高深知识形成的基本活动方式决定了其学术组织形态，与传播知识相联系的就构成了教学组织，与发现知识相联系的就构成了科研组织，与应用知识相联系的就构成了成果转让等服务社会的组织，与理解知识相联系的就构成了学习组织。而当高深知识生产方式发生变化的时候，这些学术组织形态也会发生变化。换句话说，高等学校的学术组织形态的任何变化，都可以从高深知识的形态变化中找到根据。由此可见，对高等教育许多问题的理解都离不开高深知识，高深知识对高等教育的影响不是在某一方面或几个方面，而是影响着高等教育的各个方面。可以说，高深知识是理解高等教育及其管理活动的一把钥匙。正如伯顿·克拉克指出的，“只要高等教育仍然是正规的组织，它就是

① 张德祥，王晓玲.学科知识生产模式变革与“双一流”建设[J].江苏高教，2019(4)：1-8.

控制高深知识和方法的社会机构”，“知识材料，尤其是高深的知识材料，处于任何高等教育系统的目的和实质的核心”。①

第二，高深知识是高等教育与普通教育的分水岭。高深知识的特性不仅决定了高等教育内容的高深性与复杂性，而且决定了高等教育活动方式的独特性。高等教育与普通教育相比，“高”在何处？“特”在哪里？从以上分析中可以看到，与普通教育相比，高等教育的“高”与“特”，不仅是由高等教育与社会的关系、高等教育与人的关系决定的，也是由高深知识的特性决定的。正如美国教育家约翰·S.布鲁贝克（John S.Brubacher）指出的，高等教育与中等、初等教育的主要差别在于教材的不同；高等教育研究高深的学问。在某种意义上，所谓“高深”这是程度不同。但在另一种意义上，这种程度的不同在教育体系上层是如此突出，以致使它成为一种不同的性质。② 可见高深知识对高等教育的重要意义。

第三，高深知识是推动高等教育发展的重要力量。高等学校因高深知识而产生和存在，亦因高深知识而繁荣与发展。一个社会，“无论它的政治、经济或宗教制度是什么类型的，都需要建立一个机构来传递深奥的知识，分析批判现存的知识，并探索新的知识”③。近代意义的大学产生于中世纪的欧洲，其出现基于多种原因。当时欧洲城市的兴起，为大学的产生提供了物质条件；城市的兴起、市民运动的发展以及人们对知识的渴望，对大学的产生提出了需求。④ 而高深知识的发展是近代大学产生的重要条件，根据历史学家的考证，12 世纪大学的起源与那个时期知识形态的扩张存在密切的关系。从高等教育的发展史中可以看到，从中世纪大学的四大学部到德国的讲座制，再到美国的系科制，以至近年来各国大学纷纷成立的跨学科中心等，其背后的重要推动力量就是高深知识数量、结构及生产方式的变化。我国高等学校近年来推动的学部制改革、协同创新等都和高深知识的发展变化密不可分。阎凤桥采用历史和比较的研究方法，考察了知识系统与大学

① 布鲁贝克.高等教育哲学[M].王承绪，郑继伟，张维平，等译.杭州：杭州大学出版社，1994：11-12.

② 布鲁贝克.高等教育哲学[M].王承绪，郑继伟，张维平，等译.杭州：杭州大学出版社，1994：2.

③ 布鲁贝克.高等教育哲学[M].王承绪，郑继伟，张维平，等译.杭州：杭州大学出版社，1994：13.

④ 鲍尔生.德国教育史[M].滕大春，滕大生，译.北京：人民教育出版社，1986：13.

组织的历史性和社会性，阐述了知识的历史性对大学的历史性以及知识的社会性对大学的社会性的影响①，从中我们可以更深入地理解高深知识对高等教育的影响。黄宇红基于客观主义科学观，系统分析了知识演化对美国高等教育的影响，考察了知识和大学的历史联系，探讨了知识和大学两者的变化曲线。她认为，"19世纪到20世纪，美国高等教育发生了根本改变，完成了学院向大学的转型，现代大学模式得以确立。这种变化的原因是什么？似乎所有的因素都在施展着自己特有的影响，但知识的发展和进步是其中根本性的因素"②。

第四，高深知识是高等教育发展水平的测量器。高深知识在不同时期有不同的内涵，而不同层次与类型的高深知识在一定程度上可以标识高等教育的发展水平，是高等教育发展水平的测量器。黄福涛以法、英、德三国的高等教育作为主要研究对象，以课程的量变程度以及从量变到质变的飞跃作为主线，考察欧洲高等教育近代化的演变历程，得出结论："衡量高等教育的近代化、各国高等教育个别特征和共同属性的理论依据和客观尺度是课程的量变、量变到质变的程度，以及这种质变所引起的高等教育机构内部平衡的打破、结构的调整、类型的转换、体制的改变，从而最终导致一个新的历史发展阶段的形成"③。从现实的高等教育来看，高等教育有不同的层次和类型。从教学层次来看，有专科、本科、研究生教育之分，一个重要的区分尺度就是传授和学习的高深知识的程度与类型不同；从学校类型来看，有研究型高等学校、应用型高等学校、技能型高等学校之分，一个重要的区分尺度就是传授、发现、应用、理解的高深知识的程度与类型不同。人们对世界的认识是无限的，新的知识和发明不断涌现，知识在以前所未有的速度增长，而这些新知识和新发明经过选择不断地进入高等学校的课程，再通过课程对象化到学生身上，转化为学生的知识、能力和素质，由此推动着高等教育的发展。因此，我们说高深知识不仅推动高等教育的发展，同时也是检测

① 阎凤桥.论知识与大学组织的历史性和社会性[J].教育学报,2008(6):32-43.

② 黄宇红.知识演化进程中的美国大学[M].北京:北京师范大学出版社,2008:1.

③ 黄福涛.欧洲高等教育近代化:法、英、德近代高等教育制度的形成[M].厦门:厦门大学出版社,1998:219.

高等教育发展水平的测量器。

综上所述,高深知识对于高等教育的影响不是在某一个方面、某一个环节、某一个过程,而是影响高等教育所有的重要方面、重要环节、重要过程。也就是说,高深知识对高等教育具有系统性、全局性与基础性的影响,是高等教育运行与发展过程中不可缺少的变量。因此,要理解和研究高等教育,就不能忽略高深知识这样一个重要变量,不能缺少这个维度,否则,高等教育的分析框架就是不健全的,对高等教育许多问题的理解和研究就难以深入,也难以有效化解对高等教育学学科合法性的质疑。

三、高等教育学体系框架的三个基本分析维度

如前所述,高等教育与社会、高等教育与人、高等教育与高深知识是高等教育研究领域的三对基本关系,也是构成高等教育学体系框架的三个基本维度。

(一)从方法论视角看三个基本维度的合理性

高等教育与社会、高等教育与人、高等教育与高深知识是构成高等教育学体系框架的三个基本维度,既体现了高等教育具有与普通教育相同的基本特性,又体现了高等教育具有与普通教育不同的独有特性。离开高等教育与社会以及高等教育与人两个维度,我们就难以把握高等教育作为教育形态的共有特性,也不能理解和阐释高等教育作为教育形态的一般性。同时,离开高等教育与高深知识这个维度,就不能理解与阐释高等教育作为教育形态之一的独有特性,不能理解和把握高等教育不同于其他教育形态的特殊性。

高等教育与社会、高等教育与人、高等教育与高深知识之所以能够作为高等教育分析与研究的三个基本维度,就在于这三个维度是高等教育内外部若干关系中的三对基本关系。高等教育与社会的关系无疑是高等教育的外部关系。高深知识作为社会组成部分和社会文化资源,对社会发展和进步而言是巨大的推动力量,同时对高等教育发展和进步而言也是巨大的推动力量,从这个意义上说,它与高等教育的关系也是外部关系;但是,当高深

知识与教育者、受教育者作为高等教育基本要素的时候,它与高等教育的关系又成为内部关系。高深知识联结着高等教育内外部关系,是高等教育内外部关系沟通的桥梁和纽带。

关系是事物的存在形态,任何事物都在关系中存在,在关系中发展,在关系中被定义,在关系中被认识。可以说,离开了关系,事物无以存在、无以发展、无以被认识,社会中的一切事物概莫能外。高等教育作为社会的一种现象,是一种关系的存在物,同样在关系的网络中存在、发展和被认识。世界是普遍联系的,我们认识一个事物,不可能把握事物的所有联系,也没有必要对所有的联系都进行分析,而只能分析其中最主要的、最基本的联系。也就是说,在分析问题与解决问题的时候,要抓住主要矛盾和矛盾的主要方面。因此,把握事物的基本关系,就成为我们分析和研究事物的重要方法论。高等教育是一个多重关系的集合体,“高等教育在关系中孕生”“高等教育在关系中存续”“高等教育在关系中演化”“高等教育在关系中被认识”。[①] 因此,认识与研究高等教育,需要从关系的角度着眼。在复杂的高等教育关系集群之中,高等教育与社会、高等教育与人、高等教育与高深知识是最重要、最基本、最核心的关系,对高等教育的分析和研究不能离开这三对基本关系。同时,也只有立足于这三对基本关系,才能深刻、准确、全面地认识与把握高等教育。因此,高等教育学体系框架应建立在这三个维度之上,即应以高等教育与社会、高等教育与人、高等教育与高深知识作为三个基本维度。

在人们谈到高等教育学体系框架时,常常要谈到逻辑起点问题。许多学者认为,建立一门学科的理论体系,最重要的工作是确定理论体系的逻辑起点,从逻辑起点出发,通过概念、范畴、命题、理论的层层推导,逐步展开,从抽象上升为具体,最终形成严密的逻辑体系。教育科学理论体系的逻辑起点,应该是教育活动中最普遍、最基本、最重要的要素。对此,一方面,从事高等教育学研究的许多学者为寻找高等教育学的逻辑起点进行了大量的探索;另一方面,有的学者认为,高等教育学研究还很不成熟,寻找逻辑起点

① 李枭鹰.高等教育关系论[M].北京:中国社会科学出版社,2017:21-41.

的条件也不成熟，这样的逻辑系统，不要说高等教育学，就是教育学也未形成共识，因此需要继续创造条件，这可能需要一个较长的时间过程。与此同时，有的学者认为建构一个学科体系未必一定要从逻辑起点开始层层推导，许多成熟的学科也不是从逻辑起点开始的。“每门学科的研究对象有其特殊性，逻辑起点办法不一定适用所有学科，经济学方法论不一定能在教育学中适用。在自然科学中公理方法论为许多学科普遍采用”①。有的学者则认为，“作为学派或科学理论的逻辑起点是存在的，而作为学科的逻辑起点是不存在的，至少是无法达成共识的”，并进一步列举了不同学者从不同的假设出发创立的个性化的教育理论，指出“我们不能把这些学派的逻辑起点或理论假设视为教育学的逻辑起点”②。

关于高等教育学体系框架的建构，李枭鹰提出以“高等教育关系”作为高等教育理论体系研究认识论的元范畴，他认为，“元范畴是理论体系的‘轴心范畴’，是最集中反映对象整体本质的‘整体性范畴’”③。把“高等教育关系”作为高等教育理论体系研究认识论的元范畴这一观点，为我们建构高等教育学体系框架提供了一个新的方法论视角。由于“高等教育关系”涉及的关系众多，我们可以把“高等教育关系”再抽象，即把“高等教育基本关系”作为高等教育理论体系研究认识论的元范畴。这个基本关系就是前文所述的高等教育与社会、高等教育与人、高等教育与高深知识的关系。

（二）从解释力视角看三个基本维度的合理性

在高等教育分析和研究的实践中我们可以发现，三个维度的分析框架的合理性，不仅在于方法论层面，还在于三者对于高等教育学中许多重大和基本问题的理解或解释是不可或缺的。

从高等教育史的考察中我们知道，高等教育从产生至今，有三种力量在发挥着重要作用，即社会、人、高深知识以及它们之间的矛盾运动是推动高等教育产生和发展的根本动力。首先，社会对人的社会化水平的要求及对

① 姚启和.高等教育管理学[M].武汉：华中科技大学出版社，2000：1.
② 李枭鹰.高等教育哲学论[M].北京：中国社会科学出版社，2019：173.
③ 李枭鹰.高等教育哲学论[M].北京：中国社会科学出版社，2019：179.

高深知识的要求与高等教育不能满足这些要求之间的矛盾是推动高等教育发展的重要力量。其次,人对高深知识的渴望和追求,以及人希望通过接受高等教育进而实现社会化、实现自身的解放与高等教育不能满足这些要求之间的矛盾是推动高等教育发展的重要力量。再次,高深知识是高等教育中教师和学生的中介,同时也是二者共同作用的客体,再加上高深知识的积累、学科的分化、知识生产模式的变革,高深知识一直都是推动高等教育发展的重要力量。当然,高等教育的产生和发展不是某一种力量孤立作用的结果,而是在一定社会情境下多种力量相互作用以及共同作用的结果。高等教育与社会、高等教育与人、高等教育与高深知识三对基本关系中某一关系的矛盾运动,都是以其他两种关系为条件或中介的。在现实的高等教育存在和发展中,这三对基本关系是耦合共生并发挥作用的。

由于高等教育与社会、高等教育与人、高等教育与高深知识这三对基本关系影响的不是高等教育的某一个方面、某一个过程、某一个环节,而是影响高等教育的系统、整体与局部,影响高等教育所有的基本方面、基本过程、基本环节,由此人们抽象出的基本概念、基本问题和基本判断必然深深打上三对基本关系的烙印。因此,综合运用三个维度,会使我们对高等教育的本质、功能、价值、规律,对高等学校的职能、文化,对高等教育的培养目标、专业、课程,对高等教育的组织形态变革、高等教育发展等一系列基本问题和重大问题有更加深刻的认识。这里只谈几个方面。

高等教育的本质是高等教育学的基本理论问题,建构高等教育学体系框架绕不开这个问题。对高等教育本质的认识,有的研究表述为"培养高级专门人才的社会实践活动",有的研究表述为"高深知识教与学的社会实践活动",这些表述事实上都包含着人、社会、高深知识三个要素。表述可能不一,但是对高等教育本质的理解,都是从高等教育内部和外部的基本关系中去把握,即在高等教育与社会、高等教育与人、高等教育与高深知识的关系中去理解和把握。

高等学校的职能是人才培养、科学研究、社会服务。高等学校职能的产生,与社会、人、高深知识密不可分。高等学校以人才培养为根本使命,以高深知识作为加工的基本材料,其基本的活动方式是高深知识的传递、发现、应用、理解。当这样的基本活动与高等学校需要承担的社会责任、与社会的要求和人的要求结合时,就成了高等学校的职能。

大学文化是在大学人、高深知识、社会环境三者的相互作用下产生的。文化是社会实践的产物,大学文化是大学人社会实践的产物。大学的社会实践是什么,即高深知识的传递、发现、应用和理解。也就是说,大学人在这样的过程中形成特有的价值观念、思维方式和行为方式,大学文化也因此产生。任何文化的产生都离不开社会环境的作用,因为人的社会实践总是在一定的社会环境中进行的,大学文化同样如此。大学文化的核心是大学精神,大学精神的基本内容如育人为本、学术自由、自主办学、社会责任等,都是对高等教育与社会、高等教育与人、高等教育与高深知识三者关系的理性概括与抽象。

高等教育培养目标的确定,受社会、人和高深知识的制约。教育的根本任务是培养人,高等教育的培养目标指向培养什么样的人的问题,涉及人才的基本规格和质量标准。有学者指出,"高等教育应该以社会需求为依据设定自己的目标,也应该以人的需求为依据设定自己的目标"①。这一点与普通教育没有区别,但是,由于高等教育涉及的高深知识数量巨大、结构复杂,而且又在不断变化,对不同学校、不同学科、不同专业的人才基本规格和质量标准作出具体规定时,或者说制定培养目标时,必须在满足社会需要、人的发展需要的同时,还要依据学科知识自身的逻辑体系以及学科之间的相互关系,即必须依据高深知识。因此,有学者指出,高等学校确定某类人才的培养目标时,必须以"学科专家的建议、学习者个体发展需要和社会发展"为依据,并认为高等教育的培养目标有三个来源,即知识、个人、社会。②

高等学校专业、课程的建设,也受社会、人和高深知识的制约。高等教育是建立在普通教育基础上的专业教育,高等学校的学生是在一个一个专业中培养的,专业是高等学校人才培养的基本单位。一般来说,高等学校的专业是根据社会职业分工而设置的,其人才培养的层次、规格和素质要满足

① 周川.关于高等教育目标的理论思考[J].上海高教研究,1990(2):6-10.

② 中国高等教育学会.回顾与展望:1983~2003 高教研究论文集[M].北京:北京理工大学出版社,2003:450-454.

社会职业分工的需要，所以，专业是高等学校与社会连接的桥梁和纽带。同时，从专业本身的内涵及其基本要素来看，专业由培养目标、课程体系、教学活动构成。从这个意义来说，专业是围绕培养目标形成的课程体系。课程体系一般由公共课、基础课、专业基础课、专业课等构成，其内容都是高深知识，是按照培养目标经过选择的学科知识。

布鲁贝克提出了高等学校课程的“适切性”概念，这是理解高等学校课程的一个重要概念。布鲁贝克围绕课程的“适切性”提出：“适切性的对象是学生个人，还是整个社会？是那些实际的社会问题，还是一门学科的逻辑体系的完善？”[①]实际上，布鲁贝克的课程“适切性”关系到三个方面，即课程与社会、课程与个人、课程与高深知识。课程本身是学科知识的系统化、逻辑化、结构化，课程不是学科知识的简单复制和移动、剪接。正如布鲁贝克所指出的，“学问本身太丰富、太广泛，不可能全部容纳在课程之中，我们必须有所扬弃”[②]。这个扬弃的过程，就是“与高等教育目标相一致”的学科知识系统化、逻辑化和结构化的过程。因此，高等学校设置课程时必须考虑学科知识的“适切性”，也必须考虑对学生的“适切性”与对社会的“适切性”。也就是说，高等学校的课程与社会、人、高深知识关系密切，或者说，高等学校的课程受社会、人、高深知识三者制约。

从学科发展的历史来看，一门学科可以有不同的学科体系或学科范式，这在许多学科的建设过程中都有所体现。在高等教育学学科建设的过程中，许多学者就高等教育学学科体系或学科范式展开诸多探讨，提出不同的学科体系或学科范式，这有利于百家争鸣，繁荣高等教育学学科建设。高等教育学学科尚不成熟，在高等教育学学科建设过程中，让人们担心的不是争论与立异，而是沉寂与凝固，因而对高等教育学学科体系建构和高等教育学“再学科化”应有更多的包容性和创造性，从而发挥学者和学术共同体的智慧，并在更多的探讨与争鸣中不断形成共识和接近真理。

---

① 布鲁贝克.高等教育哲学[M].王承绪，郑继伟，张维平，等译.杭州：杭州大学出版社，1994：103.

② 布鲁贝克.高等教育哲学[M].王承绪，郑继伟，张维平，等译.杭州：杭州大学出版社，1994：104.

第二讲
高等教育学的理论图景

高等教育学的学科建设始终是我国高等教育研究者关心的根本议题。自1983年高等教育学被列为教育学二级学科以来，经过40多年的发展，高等教育研究领域可谓研究机构众多、研究队伍壮大、分支学科细化、研究范围拓展、研究成果可观。这一系列发展成就无不表明，高等教育学正在逐步走向成熟。但与“外部标准”相比，衡量学科成熟与否更重要的是“内部标准”，尤其是生产和建构相对成熟的理论和理论体系。回首学科发展史，借鉴教育学理论体系、探寻学科逻辑起点、引进多学科理论与方法等均是高等教育研究者在不同阶段构建学科理论所做出的积极探索，这些历史性贡献完成了特定时期的学科建设使命，但尚未从根本上改变高等教育学理论贫困的境遇。这也是为什么我们要在今天重新审视并重视高等教育学理论生产议题的重要缘由。进言之，这不仅是学科自身发展的内在要求，而且是推动高等教育改革的实践诉求，更是增强中国高等教育学科国际学术话语权的现实吁求。[①] 我们不禁追问：已经“不惑之年”的高等教育学究竟呈现出一幅怎样的理论图景？理论生产与社会发展之间的互动是如何刻画当前高等教育学的理论图景的？未来高等教育学何以描绘“江山如画”的理论图景？如果上述问题得不到严肃而审慎的回答，那么高等教育学的理论贫困将难以消除，理论研究工作者的焦虑将无法纾解，指导高等教育发展与变革的底气亦略显不足。由此观之，高等教育学理论生产作为高等教育学学科建设的核心命题，不仅是一个历史课题，也是一个现实议题。

① 解德渤.中国特色高等教育学理论体系何以构建：基于学科隐喻的视角[J].高等教育研究，2020(7)：49-57.

一、高等教育研究的理论境遇

若要系统解答当前我国高等教育研究面临怎样的理论境遇,必须澄清理论的本来面目,即“什么是或不是理论”“什么算或不算理论”“某理论究竟是何种层面或类型的理论”。显然,它们分别指向理论形态问题、理论标准问题以及理论结构问题,三者共同成为评判或鉴赏高等教育学理论图景的前置性命题。

1.从理论形态看高等教育学的理论图景

一道非常奇特的景观是,理论在我国高等教育研究中存在既泛化又窄化的双重情形。就前者而言,许多学者都自称理论研究者,学术群体不可谓不庞大,产出的成果也大多冠以“理论成果”;就后者而言,高等教育学自身的理论贫困与集体意识中的理论焦虑相互叠加,使我们对理论的渴求与崇拜到了无可复加的地步。坦率地说,我们对“理论”的理解尚未形成共识,这就涉及高等教育学的理论形态问题,即理论究竟以什么样的面孔呈现。

我们需要认真辨析“理论”“主义”“思想”“学说”“学派”“流派”“观点”等概念。因为只有在统一参照系中,作为概念谱系而存在的“理论”才能更好地被理解与把握。何谓理论?理论是指人们按照已有知识或经验,通过一定的方法对自然、社会现象进行的合乎逻辑的可靠总结。需要注意的是,自然科学与社会科学的理论构建逻辑是不同的——自然科学通常基于纯粹理性,指向公理式的原则和方法,而社会科学往往基于价值理性,指向信念般的原则和方法。[①] 主义是观点或学说体系化的结果,且它们的背后都存在一个共同的信念、信仰或必须遵循的最高准则,这些信念或信仰恰恰构成了主义的核心内容。如让-雅克·卢梭(Jean-Jacques Rousseau)的“自然主义教育”、约翰·杜威(John Dewey)的“实用主义教育”、罗伯特·赫钦斯(Robert Maynard Hutchins)的“永恒主义教育”、威廉·巴格莱(William Chandler Bagley)的“要素主义教育”。思想或称观念,是意识或思维的一种运动及其结果,从叙述结构上说是相对开放并闪烁着智慧火花的观念体系,如蔡元培、梅贻琦、王亚南、屈伯川、朱九思等著名大学校长的办学思想,或

① 刘小枫.现代性社会理论绪论[M].上海:上海三联书店,1998:281.

潘懋元、汪永铨、薛天祥、杨德广等著名学者的高等教育思想。学说是一种自成系统的学术主张或理论，或称自成体系、自圆其说的“一家之言”。教育学的“全面发展学说”，天文学的“地心说”“宇宙大爆炸学说”，化学的“燃素说”，地理学的“大陆漂移假说”“板块构造学说”等都属于“学说”的范畴。学派是一个学术团体，其内部成员具有较为一致的核心主张、研究范式或价值信念等，是某种理论倾向或观点学说的内部传承与扩张，如伦敦学派、法兰克福学派、芝加哥学派等。与学派相比，流派涉及范围要广一些，流派的产生可以是人为归类的，如20世纪以来教育学发展主要包括实验教育学、文化教育学、马克思主义教育学、实用主义教育学以及批判教育学五大流派。观点是观察事物时主体所处的立场或出发点以及由此产生的基本看法，但并非所有的观点都是真知灼见，需谨慎辨识。

概言之，观点是理论生产的原材料，思想是理论生产的半成品。学说是理论的表现形态之一，它有真知与假说之分，有些学说是经检验证明了的，有些则需要进一步检验。那些戴着“主义”面具的学说也是理论的重要表现形态，且是对某种理论的极致化表达方式。学派与流派均可视作某种理论的“家”，学派是理论的学缘之家，流派是理论的社群之家。从理论形态看，高等教育研究的观点趋于多元、思想不断涌现，但独具个性色彩的学说、偏向结构特征的理论以及别具信念味道的主义尚不丰富，即理论图景局部景色别致，而整体相对黯淡。

2.从理论标准看高等教育学的理论图景

值得深思的是，当前不少高等教育研究者对西方教育理论或其他学科的理论如数家珍，但对本土的高等教育理论却支支吾吾，说不上来。莫非高等教育研究真的是“一棵只开花不结果的树”？坦率地说，高等教育研究者对国外理论似乎有一种天然崇拜，对本土理论却有一种本能的苛责，这种在理论评判中出现的双重标准也许不是高等教育学独有的现象，而是中国哲学社会科学，如经济学、社会学、政治学、管理学等面临的共同难题。那么，具备哪些要素才称得上“理论”呢？

目前已有的理论评判标准主要有“二标准说”“三标准说”以及“五标准说”。在爱因斯坦看来，评判科学理论的两个标准是“外部证实”和“内部完备”。所谓“外部证实”，指的是理论不应当同经验事实相矛盾，这是衡量理论的外部标准；所谓“内部完备”，指的是基本概念以及理论本身的逻辑具有自洽性、简洁性，这是衡量理论的内部标准。[①] 美国学者格莱德勒（Margaret E.Gredler）从理论要素的完整性出发提出三条评判标准，即一套清晰明确的假设，理论中关键术语的明确定义，源于假设的具体命题的检验。[②] 在基本要求上，学者们将理论标准的认识拓展为简洁性、自洽性、可检验性、对话性及预言性五项原则。下列理论通常符合理论评判内外部的“两条标准”，也契合三要素的“三条标准”，并或多或少地满足五原则的“五条标准”。如自然科学中数学的“集合论”“混沌理论”“图论”“数论”和“概率论”等，物理学的“相对论”“弦理论”“超弦理论”“大统一理论”“声学理论”等，生物学的“进化论”“遗传论”，气象学的“全球暖化理论”等。社会科学理论也可谓精彩纷呈，以社会学为例，这些理论包括奥古斯特·孔德（Auguste Comte）的“社会实证论”、赫伯特·斯宾塞（Herbert Spencer）的“社会进化论”、埃米尔·涂尔干（Émile Durkheim）的“社会团结理论”、卡尔·马克思（Karl Marx）的“社会实践论”、维尔弗雷多·帕累托（Vilfredo Pareto）的“非理性实证论”、丹尼尔·贝尔（Daniel Bell）的“后工业社会理论”等[③]。

当前高等教育理论生产确实遵循着“外部证实”的理论标准，但尚未实现从经验事实到成型理论的跃迁，其关键在于研究者对“内部完备”理论标准的追求不足。高等教育学的理论生产之所以面临重重困境，主要原因在于现有理论大多未抽离或创造出作为理论基本要素的核心概念以及“概念串”，没有完成对理论假设的前置性、理论阐述的简洁性、内部逻辑的自洽性的全面省思，从而无法实现这些理论在对话、指导实践和理论预言方面的重要功用。从理论标准看，高等教育学理论图景的构图元素稍显不足，色彩饱和度较低。

3.从理论结构看高等教育学的理论图景

毋庸置疑，高等教育学理论研究呈现出一派繁荣景象，但生产出的公认

---

① 爱因斯坦.爱因斯坦文集（第 1 卷）[M].许良英，范岱年，译.北京：商务印书馆，1976：10-11.

② 格莱德勒.学习与教学：从理论到实践[M].5 版.张奇，译.北京：中国轻工业出版社，2007：12.

③ 刘少杰.国外社会学理论[M].北京：高等教育出版社，2006：16-268.

理论却寥寥无几。大多数理论工作者秉承"晨兴理荒秽,带月荷锄归"的工作态度,不可谓不勤奋,但终归是一腔"草盛豆苗稀"的嗟叹。需要扪心自问的是,我们声称从事高等教育学理论研究的工作者生产出的究竟是什么理论呢?这涉及理论结构问题,即何种层面与类型的理论。

理论既有层次之分又有类型之别。就层次来说,理论既有宏大理论,也有中层理论,还有微型理论。宏大理论通常关注的是一般现象背后的规律运作,是试图包罗一切、解释所有的统一理论,如"结构功能主义""社会冲突论""社会互动论"等。中层理论的学术导向在于弥合经验研究和宏大理论之间的鸿沟,如"社会流动理论""社会分层理论""角色冲突理论""自杀论""社会失范论"等。微型理论大多是针对某种现象而引申出来的颇具启发意义的理论认识,如"教师期望效应""墨菲定律""马太效应""羊群效应""蝴蝶效应"等。从类型来说,我们可以把理论分为源理论、原理论和元理论三种。源理论是对现实问题的理论思考,即源于实践经验且理论化了的总结与概括,如我国民办高等教育发展的"第三条道路"①。原理论是对基本问题的理论探究,即通过原理式探究而获得的具有普遍意义的基本规律,如"教育内外部关系规律"学说。元理论着眼于对命题或理论本身的再研究,即采用批判态度与方法不断进行哲学拷问并生成的理论认识,如"教育内外部关系规律的间性思想"②。可以说,源理论、原理论、元理论分别对应实践高等教育学、科学高等教育学与元高等教育学,它们都有各自的理论抱负,只不过是理论取向与抽象层次有所不同而已。

回望学术史,我们曾开展过两次规模较大的高等教育学理论探讨。第一次探讨是从 1993 年到 1997 年,最终形成了"理论要点六十条"。第二次探讨是从 2012 年到 2017 年,最终形成了"高教思想六十条"。③ 这些是针对高等教育何以发展的理论要点与思想指南,大多着眼于宏观层面,且属于源

---

① 潘懋元,邬大光,别敦荣.我国民办高等教育发展的第三条道路[J].高等教育研究,2012(4):1-8.

② 李枭鹰,袁开源,唐德海.教育内外部关系规律的间性思想及其理论价值[J].江苏高教,2021(1):1-6.

③ 陈浩.推进高等教育理论创新与实践创新良性互动:中国特色高等教育思想体系研究成果述评[J].中国高教研究,2017(8):26-29.

理论的范畴,可作为描绘高等教育学理论图景的重要素材。从理论层次角度看,高等教育学的理论图景偏重宏观轮廓的勾勒,对中观与微观的刻画仍需加强;从理论类型角度看,高等教育学的理论图景突出的是源理论,而原理论与元理论的意象空间略显逼仄。

目前理论生产与体系建构的任务对高等教育学及其众多研究者而言,真的是一种苛责吗?其实并非如此。当然,现实中不乏一些自我辩解的声音——即便没有成型的、成熟的高等教育学理论,中国高等教育的改革与发展不也依然波澜壮阔吗?中国高等教育现实的成功不是最好的理论写照吗?需要澄清的是,这也许不是源于理论的力量,而是来自实践的智慧,抑或是中国独特的制度优势发挥着根本作用。不容辩驳的事实是,高等教育学在过去面临理论贫困的窘境,现在依然面临,而理论贫困的根源在于个体乃至集体无意识的学术劳动与高等教育的本土实践、时代课题之间尚未形成有效的社会互动与知识联结,致使高等教育研究者的理论困顿始终挥之不去。

二、知识社会学视野下的高等教育理论生产

理论生产机制是研究者在理论生产过程中共同遵守的一套制度化的方式与方法,通常表现为一种集体的默契与行动。目前高等教育研究领域的经验研究不是理论导向的,无法形成真正的知识积累。换言之,高等教育研究如果没有形成知识发展的连续性,是难以完成理论生产与建构任务的。这表明,高等教育学尚未建立起有效的知识增长与理论生产机制。究其原因,我们可以从知识社会学(sociology of knowledge)中获得启发:知识是群体互动和社会协商的产物,理论生产与建构有赖群体意识共鸣与社会历史互动。

1.走近知识社会学

自启蒙运动以来,许多思想家试图将人们从幻想、迷信和宗教教义中解放出来[①],从而知识与社会的关系问题开始进入他们的视野,并成为知识社

① 胡辉华.知识社会学的出路初探[J].哲学研究,2006(5):73-80,128.

会学探讨的核心命题。何谓知识社会学？德国社会学家卡尔·曼海姆（Karl Mannheim）在《意识形态与乌托邦》一书中提出：知识社会学是社会学一个最年轻的分支；作为一个理论，它致力于分析知识与存在之间的关系，作为一种历史学—社会学研究，它试图在人类思想发展过程中追溯这种关系所具有的表现形式。①

从发展脉络上说，马克思提出的“社会存在决定社会意识”的唯物史观为知识社会学奠定了基调，这就是为什么美国社会学家罗伯特·默顿（Robert King Merton）如此认为“马克思主义是知识社会学的风暴中心”②。1924年，德国哲学家马克斯·舍勒（Max Scheler）首先创用了“知识社会学”的概念。1929年，曼海姆系统阐述了知识社会学的理论——“关联论”。1966年，美国知识社会学家彼得·伯格（Peter Ludwig Berger）和托马斯·卢克曼（Thomas Luckmann）提出知识社会学的“建构论”，即人类现实是一种社会建构的结果。③ 简言之，知识社会学主要经历了从“决定论”到“关联论”再到“建构论”的整体演进。④ 在研究对象上，知识社会学最初考察的知识范围局限在人文社会科学领域，20世纪70年代随着科学知识社会学出现，科学知识作为真理认识出现动摇，亦被纳入知识社会学的考察视野。

从核心观点来看，知识社会学一贯认为，个人不是孤立的，而是生活在群体之中的，我们需要把个人与群体的背景结合起来考虑，只有将集体无意识的控制与社会环境结合起来，才能真正看清事实。在曼海姆看来，知识社会学的第一个特征是，关注的重点不在于个人思维，而是特定群体中既成的思想模式。⑤ 第二个特征是，这种具体的思想模式必须与产生集体行动的背景结合起来。⑥ 就此而言，知识社会学给予我们的启发在于，“构成知识信念的是社会而非个人，主张知识社会学的研究重心应该放在社会环境中而

① 曼海姆.意识形态与乌托邦[M].姚仁权，译.北京：九州出版社，2007：541.

② 默顿.科学社会学：理论与经验研究[M].鲁旭东，林聚任，译.北京：商务印书馆，2003：16.

③ 伯格，卢克曼.现实的社会建构：知识社会学论纲[M].吴肃然，译.北京大学出版社，2019：235.

④ 黄晓慧，黄甫全.从决定论到建构论：知识社会学理论发展轨迹考略[J].学术研究，2008（1）：91-96，160.

⑤ 曼海姆.意识形态与乌托邦[M].姚仁权，译.北京：九州出版社，2007：8.

⑥ 曼海姆.意识形态与乌托邦[M].姚仁权，译.北京：九州出版社，2007：9.

不是限于个人的思想……知识是群体互动和社会协商的产物"①。同理,理论建构也不是个体凭空产生的,是群体互动、社会协商的结果。

需要说明的是,知识社会学亦非凭空产生,它的产生从根本上符合该领域研究者所提出的学术主张。伯格和卢克曼指出,知识社会学的思想源头主要是19世纪德国思想史的三大发展:马克思主义哲学、尼采哲学与历史主义②。总体而言,知识社会学不仅对如何看待知识与社会的关联表现出独到眼光,而且对知识与社会如何相互作用或建构的分析也尤为出色,从而实现了认识论与方法论的有机统一。

2.从年会主题透视高等教育研究的群体意识

按照知识社会学的观点,若对高等教育学的理论生产图景进行整体刻画,它并不是一项孤立的行动,我们必须从群体意识着手。1993年成立的"全国高等教育学研究会"是专门从事高等教育基本理论研究的学术组织,于2005年改名为"中国高等教育学会高等教育学专业委员会",至今共举办了26次年会。无疑,这些年会主题是我国高等教育理论工作者群体意识的集中写照,如表2-1所示。它体现为学术共同体所共享的知识领域,也勾勒出高等教育研究群体的知识画像,同时映射出特定时期的社会背景、知识生产与社会历史的互动特征及阶段演进特征。

表2-1 中国高等教育学会高等教育学专业委员会历届年会主题

序号	时间	地点	承办单位	会议主题
1	1992年12月19—21日	厦门	厦门大学	全国高等教育学学科建设研讨会
2	1993年10月19—22日	上海	华东师范大学	建设有中国特色的社会主义高等教育理论体系
3	1995年3月28—31日	汕头	汕头大学	重新认识高等教育基本理论问题

① 崔绪治,浦根祥.从知识社会学到科学知识社会学[J].教学与研究,1997(10):43-46.

② 伯格,卢克曼.现实的社会建构:知识社会学论纲[M].吴肃然,译.北京大学出版社,2019:8.

续表

序号	时间	地点	承办单位	会议主题
4	1997 年 4 月 27—29 日	天津	天津市教育科学研究院	高等教育理论研究如何更好地为高等教育发展与改革实践服务
5	1998 年 5 月 5—7 日	烟台	烟台师范学院（今鲁东大学）	知识经济与大学教育改革和发展的关系
6	2001 年 5 月 26—28 日	武汉	华中科技大学	21 世纪中国高等教育质量及其保障
7	2002 年 6 月 14—16 日	桂林	广西师范大学	高等教育大众化过程中的质量问题、高等教育产业与民办高等教育问题以及女性高等教育发展问题
8	2003 年 11 月 15—17 日	珠海	中山大学	现代大学精神、大学文化与大学制度创新
9	2005 年 11 月 3—5 日	上海	上海交通大学	全球化背景下高等教育改革与发展
10	2008 年 1 月 3—6 日	齐齐哈尔	齐齐哈尔职业学院（今齐齐哈尔工程学院）	回顾与展望中国高等教育改革
11	2008 年 10 月 24—26 日	宜昌	三峡大学	改革开放 30 年与中国高等教育改革和发展
12	2009 年 9 月 27—29 日	昆明	云南大学	中国高等教育改革开放 30 年发展基础上进一步创新的理论与实践探讨
13	2010 年 12 月 13—14 日	上海	上海师范大学	现代大学制度建设
14	2011 年 9 月 17—18 日	石河子	石河子大学	高等教育研究的使命与挑战

续表

序号	时间	地点	承办单位	会议主题
15	2012 年 8 月 11—12 日	长春	吉林大学	大学治理的理论与实践
16	2013 年 10 月 26—27 日	武汉	华中科技大学	变革中的高等教育:理论、动向与趋势
17	2014 年 7 月 17—18 日	兰州	兰州大学	全面深化高等教育改革的理论与实践
18	2015 年 10 月 23—25 日	马鞍山	安徽工业大学	高等教育改革发展的新思维、新常态与新趋势
19	2016 年 12 月 16—18 日	汕头	汕头大学	“双一流”建设背景下高等教育学学科发展
20	2017 年 10 月 19—20 日	信阳	信阳师范学院(今信阳师范大学)	面向 2030 的高等教育现代化: 国家行动和高校发展
21	2018 年 10 月 13—14 日	曲阜	曲阜师范大学	新时代我国一流本科教育的理论与实践
22	2019 年 11 月 9—11 日	徐州	江苏师范大学	中国高等教育改革发展 70 年:历史传承与创新发展
23	2020 年 11 月 27—29 日	上海	华东师范大学	后疫情时代高等教育改革与发展:趋势、问题与对策
24	2021 年 12 月 31 日—2022 年 1 月 2 日	海口	海南师范大学	普及化时代的高等教育改革与发展
25	2022 年 12 月 23—24 日	线上会议	—	我国高等学校人才培养的理论与实践
26	2023 年 10 月 13—15 日	厦门	厦门大学	高等教育学学科建设四十年回顾与展望——纪念高等教育学学科设立四十周年暨高等教育学专业委员会创会三十周年

透过历届年会主题,我们可以发现,高等教育理论研究者的群体意识表现出以下特征。第一,理论研究与应用研究的共鸣、协奏几乎贯穿始终,呈现“两轨并行,有所交叉”的总体特征。如研究者对“高等教育质量”“现代大学制度”“大学治理”“‘双一流’建设”“一流本科教育”“高等教育普及化”等主题的敏锐把握,说明高等教育理论不是无源之水,而是源于实践、高于实践又归于实践。第二,学术回眸与学术前瞻的相关主题频频出现,呈现“不忘历史,展望未来”的时间特征,特别是针对特定时间节点开展了诸多研讨,如以“改革开放 30 年”“新中国成立 70 年”“高等教育学学科设立 40 年”为契机进行高等教育改革经验与理论成果、学科建设经验与理论成果的总结,以“21 世纪初”“面向 2030”“新时代”“后疫情时代”等为大背景对未来高等教育的变革与发展做出理论预判。第三,关于学科建设的集体讨论从热潮到回落再到间或性地进入人们的视野,呈现出“钟摆运动,弹性回归”的阶段特征。前三次年会对以理论体系建设为目标的学科建设表现出浓厚兴趣,但在 1997 年“天津会议”之后,问题研究占据主流,而 2011 年“石河子会议”、2013 年“武汉会议”、2016 年“汕头会议”、2023 年“厦门会议”集中对高等教育研究与学科发展问题进行了有益反思,2020 年“上海会议”对学科建设也表现出足够的关怀。可以说,上述群体意识的产生与当时的社会背景密切相关,但与理论生产息息相关的基本概念、基本方法、基本命题与基本规律等尚未完全进入讨论日程。对此,潘懋元先生反复强调,“近年来,高等教育应用研究的味道较浓,而从学科角度出发的理论研究有所弱化”,高等教育研究者“要注重学科基础理论的研究,要以深刻的高等教育研究理论引领高等教育改革的实践”。[①] 这说明,中国高等教育学会高等教育学专业委员会所肩负的理论建设任务独具风格,但道阻且长。

3.“教育内外部关系规律”学说建构的沉思

高等教育理论通常是在与高等教育实践的双向互动中建构起来的。同

① 董立平.潘懋元与中国高等教育学会高等教育学专业委员会[J].高等教育研究,2013(4):8-19.

时,“知识生产并非个人的智力游戏,而是知识社会共同参与的精神劳作”①,即高等教育理论生产离不开社会实践,也离不开群体参与。目前,在国内高等教育学界,还没有哪一个理论能像“教育内外部关系规律”一样引起如此广泛而持续的讨论,邬大光教授更是将其称为“高等教育学的理论符号”②。我们可从潘懋元先生的“教育内外部关系规律”中发现理论生产的社会背景、理论源头、具体命题以及群体参与等完整要素,这对探寻高等教育理论生产的密码大有裨益。

从社会背景上说,我国教育刚刚从“文革”的阴霾中走出来时,人们都认识到遵循教育规律的重要性,但教育规律究竟是什么,没有人能够说清楚。潘懋元先生于1980年卓有创见地提出“教育内外部关系规律”,这就是对当时社会环境与群体困惑的理论回应。从理论源头上说,“教育内外部关系规律”的提出受马克思主义哲学和系统论的影响,从而实现了认识论和方法论的有机统一。从认识论上说,“我在研究教育内外部关系规律时,对我直接影响的就是内因与外因的关系规律”③。从方法论上说,“我在思考教育发展规律时就借鉴了系统论的不少思想”④。潘懋元先生对这两大理论源头也做出过详细解释,“因为我们主要是受马克思主义哲学的影响,所以指导我们的世界观和方法论的都是马克思主义唯物辩证法和历史辩证法”⑤,同时“我在思考教育规律时,正是系统论思想开始影响我国学术界的时候”⑥。这从根本上符合了知识社会学的基本主张。从具体命题来说,“教育内外部关系规律”主要包括外部关系规律、内部关系规律和二者关系阐述三大命题。与反映客观实在的“实然命题”不同,“教育内外部关系规律”属于规范命题,即教育基本规律包含诸多价值判断,它往往规定着哪些教育行为是可以做的、应该做的。这与马克思揭示的“两个必然”的人类社会发展规律具

① 拉图尔.科学在行动:怎样在社会中跟随科学家和工程师[M].刘文旋,郑开,译.北京:东方出版社,2005:41-48.

② 邬大光.潘懋元:高等教育学的中国符号[J].高等教育研究,2020(7):1-12.

③ 潘懋元.实践—理论—应用:潘懋元口述史[M].武汉:华中科技大学出版社,2019:40.

④ 潘懋元.实践—理论—应用:潘懋元口述史[M].武汉:华中科技大学出版社,2019:41.

⑤ 潘懋元.实践—理论—应用:潘懋元口述史[M].武汉:华中科技大学出版社,2019:40.

⑥ 潘懋元.实践—理论—应用:潘懋元口述史[M].武汉:华中科技大学出版社,2019:41.

相似之处。从群体参与角度来看，关于“教育内外部关系规律”的讨论、争鸣在过去的40多年间几乎没有中断过，第一次争鸣出现在20世纪八九十年代，最早由北京师范大学的孙喜亭、孙振东引发，第二次争鸣出现在2013年之后，最早由北京大学的展立新、陈学飞发起。两次较大规模的学术争鸣热潮吸引了许多研究者围绕该学说开展直接或间接的丰富与拓展工作。这不仅深化了研究者对“教育内外部关系规律”的认识，而且对提升高等教育研究的理论水平、推动高等教育学学科建设可谓意义非凡。

可以说，“教育内外部关系规律”的提出与发展蕴含着高等教育学理论生产的关键密码，同时为高等教育理论建构提供了有效范本。从理论形态看，“教育内外部关系规律”属于“学说”的范畴；从理论标准上说，“教育内外部关系规律”具有简洁性、自洽性、对话性及预言性；从理论结构上说，作为宏大理论的“教育内外部关系规律”实现了从源理论到原理论的升华。基于知识社会学的分析，“教育内外部关系规律”正是群体互动和社会协商的理论产物。

4. 当理论脱掉语境、立场、边界的外衣

知识社会学揭示出知识与社会之间的关系，映射出任何一种理论的提出都不是个体思维的产物，而是群体互动、社会协商的结果。任何一种理论的提出都有其特定的语境、特别的立场以及特殊的边界，几乎不存在一种理论“药方”可以普适到“包治百病”的地步。对此，理论生产者与使用者都应保持清醒的认识。

我国从事高等教育研究的理论生产者习惯于针对热点话题（如“大学治理”“大学教学”“大学课程”“一流学科”等）展开理论思考并提出一些观点。其中，有三个方面值得深思。第一，高等教育理论的“深加工”程度有待提高。一个不得不承认的事实是，目前高等教育学理论生产技术仍处于粗放阶段，理论产品的质量难获认可。第二，当前大多数理论工作者缺乏“学术反刍”意识，难以把个体观点串联起来形成“理论雏形”，遑论审思观点背后的前提是什么、语境是什么、立场是什么、边界是什么，进而形成完整的理论样态乃至进行有效的理论对话，这似乎是一个集体无意识的技术漏洞。第三，高等教育学之所以面临理论成果不丰富、理论标准不达标以及理论形态不完整等问题,还有一个重要原因就是缺少一批甘于且敢于从事元高等教育学研究的学者,这大概就是为什么有学者发出"进一步加强元高等教育学研究"呼喊的缘由。① 高等教育学的理论研究工作者应扎扎实实做一些知识清理工作,还原或者赋予理论特定语境、特别立场以及特殊边界的社会外衣。

上述情形的出现,一方面缘于我国高等教育学仍是一门"正在走向成熟的学科",另一方面是因为我们所借鉴的国外高等教育理论并不完整。当我们有意或无意地剪掉理论语境、理论立场或者理论边界之外衣的时候,来自国外的理论就会走上神坛,最终让我们陷入理论普遍主义与西方中心的误区。比如说,马丁·特罗(Martin Trow)的"高等教育大众化理论"是基于美国高等教育发展情形作出的描述性判断,如果我们把其中的量化指标作为我国高等教育发展目标或衡量标准,就等于泛化了理论的言说语境。再比如,菲利普·阿特巴赫(Philip G. Altbach)的"高等教育依附理论"是站在发达国家立场上来思考问题的,如果我们直接拿来分析我国高等教育发展道路,就会在研究立场上犯错误。还有一些国外高等教育理论,如伯顿·克拉克的"高等教育'冷却'功能理论"(1960 年)、"三角协调模型"(1983 年),约瑟夫·本-戴维(Joseph Ben-David)的"学术中心转移论"(1971 年),文森特·丁托(Vincent Tinto)的"学生辍学理论"(1975 年),埃里克·阿什比(Eric Ashby)的"大学遗传环境论"(1974 年),卡尔·维克(Karl E. Weick)的"松散耦合理论"(1976 年),布鲁斯·约翰斯通(D. Bruce Johnstone)的"高等教育成本分担理论"(1986 年),这些理论的适用边界在哪里,究竟能解释什么或不能解释什么,我们似乎并没有真正探讨过,大多奉行"拿来主义"的态度。具体到高等教育治理研究领域,如"制度理论""资源依赖理论""委托代理理论""管家理论""利益相关者理论""开放系统理论"以及"社会认知理论"等②,研究者在选择相关理论来开展有关大学治理等具体

① 邬大光.论我国高等教育学体系的特殊性[J].厦门大学学报(哲学社会科学版),2020(5):18-25.

② 奥斯丁,琼斯.高等教育治理:全球视野、理论与实践[M].孟彦,刘益东,译.北京:学苑出版社,2020:30-83.

问题的研究时，应对不同理论的语境、立场、边界进行梳理。显然，当某种理论脱下语境、立场、边界等“外衣”企图走向普适性应用的时候，它的解释效力就会大打折扣。知识社会学一再提醒我们：请给高等教育学理论“穿上衣服”。

三、高等教育学的理论图景何以描绘

高等教育理论研究者的共同期盼就是，未来高等教育学的理论图景可以变得“江山如画”。这涉及高等教育学理论生产机制的完善问题。其中，理论分工机制设定基本前提，理论筛选机制强化质量意识，理论加工机制推动理论生产，理论竞争机制增进理论优势。当前理论分工机制的重点在提炼已有理论成果，理论筛选机制的重心在梳理相关学科理论，理论加工机制的基础在重点加强案例研究，理论竞争机制的核心在强化学术争鸣意识。唯有如此，才能真正描绘出具有中国底色、达到世界水平的高等教育学理论图景。

1.坚定理论自信，积极提炼已有的理论成果

当前许多高等教育理论研究者更多扮演的是一种理论消费者的角色，试图用国外理论或者其他学科理论进行论证或者佐证，尚未发挥出作为理论生产者的实质作用。这种理论不自信从表面上看是由本土理论成果匮乏造成的，但归根结底是因为理论分工没有达成默契，致使实践高等教育学、科学高等教育学以及元高等教育学的众多理论工作者无法以各自规范的、专业分工的方式进行理论生产，从而陷入理论生产不自觉的境地，甚至出现理论生产不自知的情形。从群体分工角度看，高等教育理论生产既需要“理论淬炼者”，还需要“理论创造者”，更需要“理论清扫者”。这就要求我们坚定理论自信，提炼已有的理论成果，从而完成理论生产的深加工、精加工。

仅就目力之所及，潘懋元的“教育内外部关系规律”、涂又光的“泡菜理论”、张楚廷的“高等教育生命论”、张德祥的“高等教育基本关系说”、张应强的“高等教育类市场化理论”、王洪才的“大学创新教学理论”、李枭鹰的“高等教育关系论”以及在我国高等教育实践界一度流行的“文化素质教育理论”等都值得我们进行深入挖掘、丰富拓展。这些理论有的是宏大理论，

有的是中层理论，有的是微型理论；有的已广为人知，有的还不为人知；有的已较为成熟，有的尚处于成长之中。关键需要我们剖析理论产生的特定语境、适用范围、解释力及其局限性，全面评估理论贡献，方可恰当使用理论工具。也就是说，我们的确要重视理论的作用与力量，但不要把理论看作是完美无瑕的，既要有发现理论之美的眼光，又要有承认理论局限的勇气，还要有勘测理论边界的智慧。一方面，高等教育理论研究者应提炼自己的研究成果，不断进行补充、完善、检验乃至修正；另一方面，从事高等教育元研究的学者需要做好理论清理工作，最终将集体智慧添加到正在逐步建立起来的理论大厦之中。我们期待，将来高等教育理论研究者不只是与某研究领域联系起来，还能拥有一个或几个公认的理论标签，或为原创理论的标签，或为完善理论的标签。

2.秉承开放态度，系统梳理相关学科理论

高等教育学的独特研究方法可能就是多学科方法[①]，而从事高等教育多学科研究的重要法则在于以我为主、博采众长。当前高等教育理论界面临的一个现实问题是，如何建立并完善高等教育理论生产的筛选机制。要解决这一问题，需要我们秉承开放态度，系统梳理相关学科理论。

高等教育学中的不同研究主题对其他学科理论的偏好有所不同。对高等教育自身的理解，我们需要从教育学理论中汲取营养，如陶行知的“生活教育理论”、晏阳初的“平民教育理论”、梁漱溟的“乡村教育理论”以及黄炎培的“职业教育理论”。大学组织、大学治理等主题需要我们深入学习管理学、政治学的相关理论，如管理学的“权变理论”“高层梯队理论”“资源基础理论”“利益相关者理论”等[②]，政治学的“行为主义”“理性选择”“新制度主义”等研究范式。我们研究大学战略规划就需要认真梳理战略管理学的理论，其中的设计学派、定位学派、认知学派、权力学派、文化学派、环境学派以及结构学派等蔚为大观[③]。高校经费、人力资本、大学生就业等主题需要我们借鉴经济学的理论成果，如“成本理论”“需求理论”“竞争理论”“博弈

① 潘懋元.多学科观点的高等教育研究[M].上海:上海教育出版社,2001:4.
② 谭力文.管理学学科地图[M].北京:北京大学出版社,2019:94-114.
③ 金占明.战略管理学科地图[M].北京:北京大学出版社,2016:28-45.

论”“交易成本理论”“委托代理理论”等。我们研究大学教学是否把基础教育领域精彩纷呈的教学理论(如“教育性教学”“结构性教学”“最优化教学”“发展性教学”“范例教学”以及“非指导性教学”等)吃透了呢?我们研究大学课程是否把教育学中的课程理论(如“学科中心”“经验主义”“改造主义”“存在主义”和“后现代主义”等)弄通了呢?我们研究大学生学习是否深入把握教育心理学中的“行为主义”“认知主义”“建构主义”“人本主义”等学习理论了呢?

这是不是意味着高等教育学的“学术领地”都被瓜分了?高等教育这片领地的理论开采趋于枯竭,而留给高等教育学的理论矿藏几乎没有了呢?从积极角度看,其他学科为高等教育学的理论生产与建构提供了有效参照。问题的关键在于,我们要搞懂、弄通这些理论产生的集体精神与社会背景,否则因囫囵吞枣而导致的消化不良将对学科发展造成巨大伤害。在条件允许的情况下,学术界可以发挥集体智慧筛选相关理论,汇编《高等教育学理论手册》,从而推进人才培养与科学研究工作走向新的发展阶段。

3.加强案例研究,重点开展中层理论的建构

对现实经验的归纳或者借助某些理论的演绎成为知识生产或理论建构的过渡性法则。但如果使用不当,就容易导致两种结果:一方面,倘若认识不具洞察力,这些知识或理论不过是一种“表层理论”,难以从基本常识或模糊经验的层面超拔出来,这是当前高等教育研究的通病;另一方面,倘若研究对象过于宏大,这些知识或理论就会迈向“宏大叙事”,既无法完全证实也无法证伪,只能作为一种大概率的社会规律或抽象的理论形态隐匿存在于社会实践中。这就要求我们积极开展中层理论的建构,特别是加强案例研究。

伯顿·克拉克是通过案例研究开展中层理论建构的典型学者。① 鲜为人知的是,伯顿·克拉克的老师是菲利普·塞尔兹尼克(Philip Selznick),塞尔兹尼克的老师是默顿,而默顿恰恰是中层理论的首倡者,也是知识社会学

① 魏署光.论伯顿·克拉克晚年的案例研究与中层理论建构[J].西南交通大学学报(社会科学版),2010(4):42-45,85.

发展进程中不可绕过的关键人物。伯顿·克拉克曾援引牛津大学本特·弗吕夫布耶格(Bent Flyvbjerg)的一段话来表达案例研究的惊人优势:“一门没有得到彻底执行的案例研究的学科,是一门没有系统地产生典型的学科,而一门没有产生典型的学科是一门不起作用的学科。在社会科学,特别是那些发觉自己薄弱的学科,更多的优秀案例研究有助于改善这种局面。”①显然,高等教育学需要开展案例研究,它不仅为高等教育研究提供了理论生产的经验基础,而且是高等教育研究者与实践者不断进行沟通互动、双向建构理论的行动思路。那么,如何通过案例研究进行理论生产呢?伯顿·克拉克在其自传中给出了异常精练且值得深思的解答:“后来无论我研究什么,我的工作模式都是三步:案例研究、构造概念、写书。”②言下之意,从案例研究中萃取概念,通过概念之间的逻辑关联建构中层理论。一个典型案例的挖掘是积累理论生产原材料的法门,而一个独特概念的提出可能是突破理论生产“天花板”的秘诀。简言之,案例研究是前提,构造概念是关键,理论生产是结果。

管理学已通过大量的案例研究实现了理论创新,对高等教育学具有较强的示范效应。如此而言,高等教育理论研究者不仅应致力于案例研究,还应致力于打造“中国高等教育案例库”。该案例总库可分为“大学治理案例库”“学科建设案例库”“课程教学案例库”“大学校长案例库”“教师发展案例库”“学生发展案例库”等多个子库。那样的话,我们对经验的理解与把握可以走向清晰,理论生产的程序可以迈向规范。“中国高等教育案例库”的建设与以往零散案例研究的目标追求表现出较大不同,与当前许多教育智库在功能发挥上也表现出很大差别。显然,扎根中国大地研究高等教育是其最根本的底色,它不仅能引发国内外不同学科学者的关注,还能明显提升人才培养质量、科学研究水平以及咨询服务能力。

4.强化学术争鸣,实现理论有效竞争与发展

理论萌芽的缝隙往往出现在以往理论无法解释或难以触及的地带,而

---

① 克拉克.大学的持续变革:创业型大学新案例和新概念[M].王承绪,译.北京:人民教育出版社,2008:1.

② 克拉克.我的学术生涯(上)[J].赵炬明,译.现代大学教育,2002(6):8-14.

理论的快速发展需要基于社会现实问题在不同视角、观点、立场的争鸣中汲取成长力量。“理论的进步是在不同的认识角度和不同的认知方式的选择和竞争中实现的。”①亦即理论未进步的原因之一在于没有找寻到更多的认识角度与认识方式,从而无法实现理论的有效竞争。

我国高等教育研究 40 余年间有影响力的学术争鸣屈指可数,但这些争鸣为我们深入把握事物本质提供了多元视角,在推动理论发展上发挥着独特功用。争论双方为确证自己的观点,应对各自的理论前提、理论立场以及论证依据等进行深入思考。在这种反驳与辩护的攻守之中,原有理论的缺陷或不足就可以充分暴露出来,原有理论得以深化或修正,新思想得以萌发或涌现。同时,这样的学术辩论有助于营造良好的学术风气,为研究者不畏权威、追求真理形成示范效应,从而对构建学术共同体意义非凡。另外,持中守正的学术争鸣对不同学派的形成也大有裨益。但坦率地说,当前我国高等教育研究领域认真而深刻的学术探讨还非常少。因此,学术共同体需要强化学术争鸣意识,尤其是知名的高等教育理论研究者应肩负起不容推卸的理论争辩的职责。学术期刊作为“学术守门员”,也是不可忽视的群体,它们可以通过设置“学术争鸣”专栏来鼓励开展健康、理性的学术讨论,为百家争鸣提供平台、创造氛围。

高等教育学的学科建设需要进入一个集体理论反思的时期——我们生产出来的是理论原材料、半成品还是成品,是次品、合格品还是精品?尽管理论生产与建构是少数研究者的行为,但理论反思应成为绝大多数研究者的基本意识。如何开展中国特色高等教育研究的理论建设是学术界接下来甚至未来很长一段时间必须面对的重大问题。我们共同的期盼是,“创造有解释力和生命力的本土概念和本土理论,与国际学术界开展有影响力的理论对话”②,亦即培养学科意识,凝聚学科共识,升华学科情感,承担学科责任,履行学科承诺。

① 杜育红.美国教育管理研究理论化运动的方法论及其批判[J].国家高级教育行政学院学报,1999(2):74-78.

② 谢喆平,刘惠琴.经验生成与逻辑推演:高等教育理论的两种构建路径[J].清华大学教育研究,2020(6):18-24.

第三讲
高等教育研究的学科交叉范式

在以潘懋元先生为代表的老一辈高等教育研究专家的艰苦创业下，在一大批高等教育研究者的接续努力下，我国高等教育学走过了辉煌的40年，学科体系不断完善、学术体系不断优化、话语体系不断增强。但是，我国高等教育学的发展道路并不平坦，它在困惑中砥砺前行、在争议中开拓进取。最大困惑与争议当属：高等教育研究是一门学科还是一个研究领域？学科与领域之争看似是立场之争，但在根本上是范式之争。

一、作为高等教育研究第三范式的学科交叉

在美国科学哲学家托马斯·库恩（Thomas Samuel Kuhn）的理论体系中，范式具有方法论意义，“它们包括定律、理论、应用和仪器在一起——为特定的连贯的科学研究的传统提供模型”，更深层次的是，“以共同范式为基础进行研究的人，都承诺同样的规则和标准从事科学实践”。[①] “学科论”是站在独立学科的立场上，在研究范式上表征为“体系范式”，试图建构一个相对完整的高等教育学理论体系；“领域论”则不赞成独立学科的立场，在研究范式上表征为“问题范式”，主要强调解决高等教育实践中的具体问题。表面看来，高等教育研究的两种立场、两种范式冰火难容，但在学科发展过程中二者逐步走向结合，悄然间产生了作为第三范式的学科交叉范式。

1.体系范式

1983年3月，国务院学位委员会颁布《高等学校和科研机构授予博士

① 库恩.科学革命的结构[M].金吾伦，胡新和，译.北京：北京大学出版社，2003：9-10.

和硕士学位的学科、专业目录(试行草案)》,将高等教育学列为二级学科。自此,我国高等教育学获得合法的学科身份。但外部合法性的确立并不能解除内部合法性的危机。正因如此,高等教育研究的"体系范式"在学科创建早期占据主流话语,围绕独立研究对象、独立研究方法、独立理论体系的传统"三独立"学科标准展开探讨,特别是对理论体系的强烈追求在高等教育学专业委员会的年会主题中可见一斑。1992年"厦门会议"的主题是"全国高等教育学学科建设研讨会",1993年"上海会议"的主题是"建设有中国特色的社会主义高等教育理论体系",1995年"汕头会议"的主题是"重新认识高等教育基本理论问题",这都反映出中国高等教育学在学科发展早期对"体系范式"的集体承认与共同追求。

高等教育研究"体系范式"的展开方式主要有三:其一,借鉴教育学的教材体系来建构高等教育学理论体系,采取的是迁移式思维方式。潘懋元先生对此毫不讳言:"这个体系,总的说,是参考普通教育学的一般体系而定的。"[①]在学科创建初期,高等教育学基本遵循"高等教育学=教育学原理+高等教育实践"的公式开展体系建设。[②] 这种方式为高等教育学的早期发展奠定了必要的知识基础。其二,通过寻找逻辑起点来建构高等教育学的概念系统与理论体系,采取的是演绎式思维方式。1995年至2005年这10年间,关于高等教育学逻辑起点的讨论最为火热,出现了"高深专门知识的教与学""高深知识""知识""办学育才""大学生""课程"以及"学问"等诸多学说,但没有哪位学者根据自己确立的逻辑起点建构起学科理论体系,不免落入"只开花不结果"的情形。[③] 其三,结合高等教育的具体实践或工作经验建构高等教育学理论体系,采取的是归纳式思维方式。比如将高等教育大众化发展道路、高等教育体制改革、高等教育结构调整、高等教育质量建设、学位与研究生教育改革、高等教育法治化建设、高等教育国际交流合

① 潘懋元.在《高等教育学》教材听取意见座谈会上的发言[J].高等教育研究,1984(1):17-20.

② 王洪才.中国高等教育学的创立、再造与转向[J].厦门大学学报(哲学社会科学版),2009(4):51-58.

③ 李硕豪.一种高等教育学理论体系建构说——逻辑起点论述评[J].教育理论与实践,2005(4):9-11.

作等吸纳到理论体系之中，这就是试图把工作经验体系化的积极尝试。虽说“体系范式”的种种努力取得了不少研究成果，但对于创建初期的高等教育学而言确实有些勉为其难。毕竟，不完善的知识生产机制和不充分的有效知识积累，难以支撑起中国高等教育学体系建设的艰巨任务。

2.问题范式

像美国的莱斯特·古德柴尔德（Lester F.Goodchild）、菲利普·阿特巴赫（Philip G.Altbach），英国的克里夫·丘奇（Clive H.Church），德国的乌尔里希·泰希勒（Ulrich Teichler）等都秉持“领域论”。他们普遍认为，高等教育研究具有广泛而不系统的特征，与大多数跨学科一样面临着制度基础脆弱的命运，所以只能作为交叉学科领域，而不太容易以独立学科的形式出现[①]。果真如此吗？值得思考的是，高等教育研究在美国是一个比在欧洲更成熟的研究领域，其高等教育研究在中国却发展成为一门制度基础更牢固的独立学科。这说明，是一个研究领域还是一门学科，其实并不存在一个确切、统一的标准答案，它不过是知识建构的结果，也是社会建构的结果。阿特巴赫曾对高等教育研究“作为领域”这一建构性事实给出诸多理由，比如获得的经费和支持甚少，与学科相关的院系、教授职位等学科制度基础缺乏，没有一个清晰的学术范围，研究人员数量不足，学科交叉的优势同时阻碍了长久领域的创建等。[②] 但上述经费、教职、组织、人员等偏重外部“学科条件”的理由在中国不成问题，因为中国高等教育学从一开始走的就是一条不同于西方的学科化发展道路。从知识社会学来看，高等教育研究的两种立场、两种范式都是特定社会背景下的建构产物。

1997 年的“天津会议”是我国高等教育学发展史上至关重要的转折点。这次会议的主题是“高等教育理论研究如何更好地为高等教育发展与改革实践服务”，就此拉开了研究范式转换的序幕——从“体系范式”迈向“问题范式”。此后，高等教育研究关注了知识经济、高等教育大众化、高等教育质

① 陈洪捷，施晓光，蒋凯.国外高等教育学基本文献讲读[M].北京：北京大学出版社，2014：5-45.

② 阿特巴赫.高等教育变革的国际趋势[M].蒋凯，主译.北京：北京大学出版社，2009：210-227.

量保障、现代大学制度、大学治理、高等教育强国、“双一流”建设等现实议题与具体问题，为高等教育改革与发展提供了必要的研究基础与决策支持。高等教育研究者经过长时间的问题研究与知识积累，高等教育学的内部合法性有所增强，但没有实质性改观，这与高等教育系统的复杂性不无关系。但更重要的是，高等教育研究者需要走出自身“单一学科”的视域局限，从其他学科那里汲取理论灵感或实践智慧，学科交叉范式开始登上舞台。

3.学科交叉范式

学科交叉范式是我国高等教育学在“体系范式”与“问题范式”之外的第三范式。它既肯定了高等教育学的学科地位，又尊重了高等教育学的学科交叉禀赋，能够调和“学科论”与“领域论”之间的冲突，有利于“在学科与领域间走向成熟”①。由此而言，高等教育研究的两种立场、两种范式在一定条件下可以走向结合。

实际上，我国高等教育学在20世纪末就有开展学科交叉研究的意识与行动，特别是2001年出版的《多学科观点的高等教育研究》在推动学科交叉的研究范式上发挥着启蒙作用。2020年，国务院学位委员会在原有十三个学科门类的基础上增设“交叉学科门类”，传递出大力开展学科交叉研究的积极信号，学科交叉范式进一步深入人心。潘懋元先生敏锐捕捉到学科管理政策的最新变化，撰文提出在第十四大门类之下设置高等教育学为一级学科的“交叉方案”设想，并从研究对象、研究人员、课程设置、研究方法以及社会需要等角度给出理由。② 后来，也有学者在此基础上补充了知识生产模式变革、创新人才培养要求的分析视角③，试图阐明高等教育学成为交叉学科的可能性。在此，需要辨明的是，“学科交叉”与“交叉学科”是两个既有联系但又不同的概念。“学科交叉”是两门以上的学科在交叉地带开展研究活动，前提是独立学科的存在，着力点在于运用交叉思维，表达的是一种学科活动及其过程；“交叉学科”则是在学科交叉的基础上建构出新兴且相对

① 别敦荣.在学科与领域间走向成熟：高等教育学的不惑嬗变[J].教育研究，2023(5)：16-29. 潘懋元，陈斌.论作为交叉学科的高等教育学[J].高等教育研究，2021(4)：56-60.

② 潘懋元，陈斌.论作为交叉学科的高等教育学[J].高等教育研究，2021(4)：56-60.

③ 陈兴德，张斌.高等教育学："交叉学科"门下的一级学科——中国高等教育学学科身份重塑的一种可能路径[J].中国高等教育评论，2022(2)：68-81.

成熟的知识结构，最终形成一门新学科，表达的是学科性质及其结果。即“学科交叉”是形成“交叉学科”的前提和基础，“交叉学科”是开展“学科交叉”的可能结果。坦诚地说，高等教育学想要发展成为交叉学科门类之下的一级学科，难度极大。然而，高等教育学具有开放性、包容性、整合性的学科品性，它在主题、理论、方法、主体等方面的学科交叉优势表现明显，学科交叉范式大有可为。概言之，学科交叉范式表现出问题导向、交叉思维与体系化追求的总体特征，从而是对“体系范式”和“问题范式”的迭代。

回首过去的40年，中国高等教育学相继踏上“体系范式”与“问题范式”的发展道路，“学科交叉范式”很可能是第三范式，有助于实现前两种研究范式的相互融通。“作为学科建制的高等教育学”与“作为知识体系的高等教育学”两种形态需要同频共振①，借助学科交叉的研究范式实现学科高质量发展。在此，我们需要明确回答如下问题：其一，如何理解高等教育研究的学科交叉范式，这是一个尚未完全明晰的前提性命题；其二，高等教育研究的学科交叉范式是当前发展的新策略还是学科史的自然演进，这是需要审慎回答的核心问题；其三，当前及接下来很长一段时间，高等教育研究的学科交叉范式应该如何发展，这是需要在逻辑解析、回望历史的基础上做出发展路径的总体判断。

二、高等教育研究学科交叉范式的逻辑解析

从科技史角度考察，科学家们自16世纪就开始了对学科交叉活动的探索，进入18世纪之后踏上现代科学的道路，到20世纪对交叉学科表现出浓厚兴趣。有研究者以隐喻的方式表达：“20世纪的前夜，科学大军兵分两路，一路沿纵向突破，不断把各门经典学科推向新的发展阶段；另一路人马则在不同学科之间的交叉点和结合部不断寻找战机，相续开辟出一个又一个广阔的新战场。”②21世纪以来，学科交叉活动愈加频繁，在交叉领域取得的研究成果令人瞩目。概括来说，学科交叉方式不外乎嫁接、渗透与融通三

① 张应强.当前我国高等教育学的危机与应对[J].高等教育研究，2017(1)：8-11，24.

② 徐飞.交叉学科的早期发展[J].科学技术与辩证法，1992(1)：52-55，64.

种①,学科交叉范式表现出“多学科交叉”“跨学科交叉”与“超学科交叉”三种形态。

1.多学科交叉:学科交叉范式的初阶形态

多学科(multi-disciplinary)高等教育研究通常是利用其他学科的视角、观点、概念、理论、方法等对高等教育学的相关主题进行研究,属于学科交叉范式的初阶形态。像伯顿·克拉克主编的《高等教育新论:多学科的研究》、潘懋元先生主编的《多学科观点的高等教育研究》都是其中的代表性成果。哪些学科与高等教育学是亲缘学科?乌尔里希·泰希勒在《高等教育研究:一个多学科研究的案例》一文中提出:“很明显,教育学、心理学、社会学、政治科学、法律和管理科学、经济学和工商研究可以说是对高等教育研究有贡献的学科。”②泰希勒所指的是传统意义上高等教育研究的亲缘学科。随着社会科技发展,科学学、政策学、统计学、信息科学、神经科学等学科给高等教育研究带来新的活力。

除积极影响外,多学科对高等教育研究所带来的挑战亦不容忽视。其一,不同学科具有不同立场,政治学有政治学的研究立场,经济学有经济学的研究立场,社会学有社会学的研究立场,当这种隐性而深具支配力量的研究立场涉入高等教育研究之中时,可能会出现自身学科的立场阙如、立场摇摆抑或立场错位。其二,多学科研究的典型特点在于“多”,这意味着多学科主体之间需要开展协同合作从而形成具有洞察力的结论,这着实是一个不小的挑战。其三,不同学科对同一个高等教育研究主题的关注焦点有所差异甚至大相径庭,这就存在学科视角上的筛选与竞争问题,如何在多学科视角的宽阔视野与最佳视点之间寻求平衡,从而避免滑入学科相对主义的陷阱,则是我们面临的另一个现实问题。其四,多学科研究侧重开阔学科视野,多少有点像情报交流会,导致各门学科专家各谈各的③,虽有观点上的分

① 金哲.论当代交叉学科[J].上海社会科学院学术季刊,1994(3):140-149.

② 泰希勒.高等教育研究:一个多学科研究的案例[J].叶赋桂,译.清华大学教育研究,2003(1):1-8,48.

③ 程静.高等教育中的跨学科研究及其对跨学科高等教育研究的启示[D].南京:南京师范大学,2011:40.

享,但在操作意义上缺乏有机作用,这也是限制多学科研究方法具体应用的最大障碍。

2.跨学科交叉:学科交叉范式的中阶形态

跨学科(inter-disciplinary)高等教育研究不是两个及以上学科在高等教育相关研究领域的简单混合,而是通过化合(A+B=AB,如高等教育学+社会学=高等教育社会学)的方式而形成的高等教育研究新产物,属于学科交叉范式的中阶形态。倘若其他学科知识与高等教育学之间没有相互作用、相互渗透,依然是其他学科知识在高等教育研究领域的具体应用,那就不能算作真正意义上的跨学科。在跨学科的化合过程中,知识之间的跨界整合需要适宜的反应条件(如"加热""高温""电解")方可实现。

跨学科高等教育研究至少需要具备三个基本条件:第一,开发出共同的研究领域,即学术主题之"领地跨界";第二,研究团队来自不同学科或研究者具备多元且扎实的学术基础,即研究主体之"跨界心向"与"跨界能力";第三,跨学科研究成果对各自学科发展具有较为明显的促进作用,不能是"剃头挑子一头热",否则难以形成跨学科成果的强化机制,即学术成果的"跨界共享"。进言之,跨学科高等教育研究隐含的一个前提就是,其他学科与高等教育学都是相对独立的学科,从而是平等的,方才是可以对话的,在寻找学科间性中实现相互渗透。不得不说,当前高等教育学在不少研究主题上都有跨学科研究的需求,但由于学科地位、学科壁垒等现实问题的存在,高等教育研究对其他学科的学者无法产生足够的吸引力,不少高等教育研究者借助自身有限的跨学科视野进行研究,导致学术成果质量不高,其成果也难以在其他学科领域正常流通。目前,上述基本条件中后两个条件仍不成熟,这是制约跨学科高等教育研究深入开展的难题。

3.超学科交叉:学科交叉范式的高阶形态

超学科(trans-disciplinary)高等教育研究是超越了多学科的"平行视野"与跨学科的"相交视野",对高等教育中存在的诸多复杂问题进行学科组块化的透视,以融通思维展示出一种"俯瞰视野",属于学科交叉范式的高阶形态。这种解决问题的高远视野来自集体智慧,因为"超学科知识生产的主体不再局限于学科或者跨学科的学术工作者,更广泛地指向每一个为问题解决而做出贡献的非学术工作者,可以是教授、工程师、政府官员、社会人士等等"[1]。在此情形下,专属于某个学科的知识可能就会失效,"学块""学块矩阵"成为超学科的主要表征形式。[2] 从学科立场来看,多学科研究属于"他学科立场",跨学科研究属于"学科间立场",而超学科研究则属于"无学科立场"。当然,这里的"无学科立场"并非彻底没有学科立场的意思,而是说没有一个固定不变的学科立场,它也不是一个类似于"最大公约数"的学科间性立场,应该是且只能是最有利于问题解决的正义立场。

费孝通先生就将"人类学"看作是一门以超学科形态而存在的学科[3],高等教育研究也契合超学科的诸多特征。不可否认,高等教育系统是复杂多样的,高等教育目标多元且带有较大的模糊性,涉及中央政府、地方政府、社会、市场、高校、教师、学生、家长、校友等多元利益主体。这意味着,超学科高等教育研究往往面临的是高等教育领域中的重大且复杂的难题,比如怎样稳步推进新时代高等教育强国建设。很明显,这不是几个高等教育研究者可以承担的课题,也不是几个相关学科研究专家可以破解的命题,它必须借助多方力量(如政府官员、企业人士、社会力量、高校、科研系统、教师、学生等)、多个学科(如高等教育学、政治学、经济学、财政学、政策学、法学等)进行广泛调研、反复研讨、协同攻关以及实践检验等,方有可能取得明显的改革成效。在新型举国体制下,超学科高等教育研究具备了释放能量的制度前提,但由高等教育研究者来组织动员实属勉为其难。

整体而言,"多学科交叉""跨学科交叉""超学科交叉"都是学科交叉范式的存在样态。学科交叉在无意间所表现出的"去学科化"思维与行动,会对长久以来的高等教育学"学科化"任务与努力造成一定的威胁。但从积极角度看,它又为"再学科化"提供了有益的学术资源并开拓出更为广阔的发展道路。由此观之,从单学科到多学科、跨学科乃至超学科的演化[4],学科发展呈现出"直线—平行—相交—矩阵"知识生产模式的迭代升级,表征出

---

① 王晓玲,张德祥.试论学科知识生产的三种模式[J].复旦教育论坛,2020(2):12-17.

② 吴超.学科交叉新视角:从"学科"到"学块"[N].中国科学报,2021-08-19(008).

③ 费孝通.从人类学是一门交叉的学科谈起[J].广西民族学院学报(哲学社会科学版),1997(2):13-15.

④ 许慈晖.超学科视域下地方高校学科建设行动路径[J].闽江学刊,2020(4):100-103.

“学科化—去学科化—再学科化”的整体脉络。

三、高等教育研究学科交叉范式的历史进路

如果说1983年高等教育学被列为二级学科是一种外部合法性的确立，那么1984年《高等教育学》的出版则是内部合法性逐步增强的起点，它标志着中国高等教育学的正式诞生。自诞生之日起，高等教育学就具有学科交叉的隐性基因，这种隐性基因在学科发展过程中显性化地表达为“遗传性状”。2001年《多学科观点的高等教育研究》的面世是高等教育学在18岁“成人礼”上完成的一项重要宣誓，“多学科交叉”底色愈加明显。2010年以后，由于多学科高等教育研究作为一种方法论具有自身难以克服的局限性而进入沉寂期，跨学科高等教育研究以一种静悄悄的姿态勃兴起来，“跨学科交叉”色彩逐渐浓郁。如今，高等教育在理论与实践上亟待破解的重大命题强烈呼唤超学科的协同研究，“超学科交叉”元素开始增多，成为未来高等教育学学科建设的发展路向。

1.高等教育学具有学科交叉的基因

在学科创立初期，我国高等教育学就受到教育学、心理学、系统科学、马克思主义哲学等学科知识的深刻影响，即学科交叉的基因是高等教育学诞生的重要条件。

高等教育学确实是由教育学孕生，并在相当长的一段时间里从母体学科汲取营养，这是无法辩驳的事实。“教育学的理论体系基本上是凯洛夫主编的《教育学》的继承和改造”①，而凯洛夫的教育学又是德国赫尔巴特教育学体系和马列主义教育观的结合产物。赫尔巴特所确立的教育学体系之所以被誉为“科学教育学”，是因为两大理论基础或学科支柱为实践哲学（伦理学）和心理学。据此判断，高等教育学在发展初期自然也接受着来自哲学和心理学的理论馈赠。哲学尤其是马克思主义哲学对早期高等教育学发展具有根本性影响。潘懋元先生在其口述史中提到：“我在总结两条规律时就

① 张忠华.教育学中国化百年反思[J].高等教育研究，2006(6)：86-92.

充分运用了马克思主义的唯物辩证法的认识论原理。”[①]如何从马克思主义哲学中探寻学科建设密码，是当前高等教育研究者需要回答的重要命题。在对高等教育基本特点进行分析的时候，潘懋元先生从心理学的视角专门提出：“一般全日制普通本科学生年龄是20岁左右的青年，他们的身心发展已趋于成熟；他们既不同于身心发展尚未成熟的儿童、少年，也不同于身心发展已经成熟的成人。必须根据他们的年龄特征进行教育。”[②]直到今天，厦门大学高等教育学硕士研究生在一年级的第一学期都要必修“青年心理学”这门课程。此外，潘懋元先生还专门提及：“我在思考教育规律时，正是系统论思想开始影响中国学术界的时候……系统论思想也是我提出两条规律学说的方法论基础。”[③]总之，高等教育学自学科诞生之日就携带着学科交叉的基因，只不过这种基因是一种隐性存在。

2.多学科高等教育研究的确立

《多学科观点的高等教育研究》的面世，意味着我国高等教育研究多学科范式的确立，宣告高等教育学以一种更加独立、开放与包容的姿态，从其他学科那里汲取成长的力量。“多学科交叉”在我国高等教育研究中的出现绝非偶然，而是多种因素共同作用的结果。一是高等教育改革实践需要高等教育学的理论指导，这是社会转型发展对高等教育、高等教育学提出的知识要求；二是高等教育学的学科建设在“体系范式”上并未取得实质性突破，1997年“天津会议”之后，转向“问题范式”或“实效范式”[④]，“两轨并行，有所交叉”[⑤]的学科发展思路亟须增加多学科的研究视点；三是教育内外部关系规律的深入探讨，如高等教育与政治的关系、高等教育与经济的关系、高等教育与文化的关系等，这必然会涉及政治学、经济学、文化学等其他学科知识；四是受到伯顿·克拉克著作的启发。

---

① 潘懋元.实践—理论—应用:潘懋元口述史[M].武汉:华中科技大学出版社,2019:40.

② 潘懋元.关于高等教育学科建设的反思[J].中国教育科学,2014(4):3-19,2,237.

③ 潘懋元.实践—理论—应用:潘懋元口述史[M].武汉:华中科技大学出版社,2019:41.

④ 王洪才.论高教研究的四种范式[J].北京师范大学学报(人文社会科学版),2002(3):74-82.

⑤ 余小波,蒋家琼,李震声.新时代高等教育科学研究的使命担当:著名教育家潘懋元先生访谈录[J].大学教育科学,2020(1):4-7.

伯顿·克拉克等人在1984年春出版了*Perspectives on Higher Education: Eight Disciplinary and Comparative Views*，这本书“以1982年夏在美国加利福尼亚大学洛杉矶分校举行的一次国际会议上的论文为基础加以撰写”①。参与者来自美国、英国、法国、巴西四个国家，他们的知识背景分属历史学、政治学、经济学、组织学、社会学、文化学、科学学、政策学，即站在八个学科的各自立场上对高等教育现象或问题进行观照。整体观之，那次意义深远的国际会议、这本影响深远的学术著作更像是多学科研究“拼盘”，但其中的某一个报告、某一篇论文确实称得上跨学科研究成果。经王承绪先生团队翻译之后，中文版《高等教育新论：多学科的研究》在1988年出版发行。受此启发，潘懋元先生认识到多学科高等教育研究的重要价值，但也指出该书主要展现了仅八个学科与高等教育的关联，而遗漏了与之关系更密切的如心理学、哲学、系统科学等学科②。正因如此，潘懋元先生组织一批高等教育研究者从历史学（潘懋元、刘少雪）、哲学（韩延明）、心理学（林金辉）、文化学（张应强）、科学学（何云坤）、经济学（陈彬）、社会学（张德祥）、政治学（张德祥）、管理学（别敦荣）、系统科学（别敦荣）以及比较教育学（杨锐）共11个学科对高等教育学相关问题进行透视。稍加辨析，不难发现：我国的多学科高等教育研究走的是一条不同于伯顿·克拉克的路子，参与者都是高等教育研究者而非来自其他学科，是站在高等教育学立场上博采其他学科之所长。

潘懋元先生提出：“高等教育学的独特的研究方法可能就是多学科研究方法。”③这一论断为高等教育研究提供了方法论基础。从方法借鉴与创新的角度而言，《多学科观点的高等教育研究》为我国高等教育学的学科建设找到一条熟悉而清晰的道路。之所以说道路是“熟悉”的，是因为高等教育学的诞生本来就是学科交叉的胜利与成就，教育内外部关系规律的拓展与深化需要其他学科视野。之所以说道路是“清晰”的，是因为多学科高等教

---

① 克拉克.高等教育新论：多学科的研究[M].2版.王承绪，徐辉，郑继伟，等译.杭州：浙江教育出版社，2001：中文版序.

② 潘懋元.多学科观点的高等教育研究[M].上海：上海教育出版社.2001：6

③ 潘懋元.多学科观点的高等教育研究[M].上海：上海教育出版社.2001：4.

育研究作为一种方法论意义，从隐性层面正式走到显性层面。高等教育系统的复杂性使其具有了“横看成岭侧成峰，远近高低各不同”的独特景观，而“不识庐山真面目，只缘身在此山中”的视域局限迫使我们必须悦纳多学科高等教育研究。这一时期，教育学、哲学、心理学、系统科学等“亲缘学科”对高等教育学的影响式微，而社会学、管理学、政策学、经济学等“社缘学科”对高等教育学的影响力日益增加，在具体研究成果中可以发现种种迹象，即高等教育学与其他学科的亲疏关系或称“朋友圈”的微妙变化始终没有停止过。在2000—2010年间，从认识论层面探讨“什么是多学科高等教育研究”的成果较多，但从方法论层面回应“如何开展多学科高等教育研究”的成果稀少。[①] 由于方法自身操作流程的模糊性、研究者对方法的认知偏差、研究者多学科视野的局限等问题，多学科高等教育研究在具体应用中受到冷遇。[②]

3.跨学科高等教育研究的觉醒

针对2000—2023年发表的论文，以“多学科高等教育研究”为主题词进行检索，剔除无关文献后进行文献计量可视化分析，我们发现：多学科高等教育研究自2010年达到顶峰之后开始减少，今天呈现出相对沉寂的趋势。这种现象如何解释？可以说，“多学科高等教育研究趋于沉寂”既是一个真命题又是一个假命题。说其为真命题，是因为近年来我们对多学科高等教育研究方法本身的探讨确实不多，而运用多学科方法解释高等教育现象或问题的典型研究更是凤毛麟角。说其为假命题，主要是因为“多学科”高等教育研究在悄然间迈向了“跨学科”[③]，沿着高等教育学横跨交叉的方向蓬勃发展。

“跨学科研究”与“多学科研究”运用于中国高等教育学研究领域的时间大致相近，甚至说“跨学科研究”还要早一些。两种方法虽有相近之处，但

---

① 许宏.关于我国高等教育多学科研究方式的思考：基于2000—2010年高等教育多学科研究文本特点的分析[J].现代大学教育，2012(3)：62-67.

② 解德渤，王洪才.高等教育多学科研究的认识偏向与实践误区：兼议高等教育学的学科发展方向[J].现代大学教育，2015(3)：28-35，113.

③ 汤晓蒙，刘晖.从“多学科”研究走向“跨学科”研究：高等教育学科的方法论转向[J].教育研究，2014(12)：24-29.

不可等同。“1999 年西班牙比较教育学者费兰·费雷尔在谈到世界教育研究的趋势时说:‘近来,跨学科研究已是一种确定的科学做法,而单纯的多学科研究正在逐渐失去意义。’”[①]国内学者也表达了类似观点,多学科研究是高等教育研究的一项重要准备工作,而跨学科研究才是高等教育理论建构要采取的真正行动[②]。这就意味着,“多学科方法”可以使研究者突破原有的学科壁垒,获得一种更为宽阔的研究视野,但具体到某一个问题上,必须找到位置绝佳的那个观景台才行,此时的研究视点与研究立场都会发生变化,也就是跨学科研究所倡导的某一个或几个恰当的学科视角、学科间性的研究立场。“比如用纯粹经济学的方法来处理教育中的经济问题,很多时候就不合适,在经济学上是正确的东西,在教育经济学上却可能是错误的。”[③]类似的跨学科高等教育研究,不是固守高等教育学立场,也不是偏执于其他学科立场,而是以一种视域融合、科际整合的眼光来看待、思考与解决问题。

实际上,许多高等教育研究者是跨界而来的,“当时的高等教育研究刚刚兴起,多数学者从各种不同的学科转入”[④]——像涂又光学哲学的,汪永铨学物理的,周远清学自动控制的,张楚廷、薛天祥学数学的,杨德广学地理的,钟秉林、阎凤桥是学机械工程的,陈学飞、龚放是学中文的,刘献君是发配电专业的,刘海峰学历史的,史静寰、邬大光、陈洪捷、别敦荣都是学外语出身,张应强是学矿场地球物理的,阎光才是学石油地质的,还有不少专家学者也具有跨学科知识背景,后来因各种机缘巧合进入高等教育研究这片领地。原有知识背景在一定程度上影响着高等教育研究者的理论建构,有的在研究主题上可以觉察到,有的则通过学术风格隐性表达出来。只不过,2000 年之前的跨学科研究路径还不是特别明朗。在多学科研究兴起后,跨学科研究的话语并不占上风,但欣喜的是,跨学科成果有所发展。像中国高等教育学会在 2008 年前后出版的那套高等教育学硕士研究生教学参考用

---

① 孙振东.当前我国教育学建设中的几个问题[J].教育学报,2005(5):18-26.

② 王洪才,汤建.高等教育跨学科研究:源起·机理·实践[J].现代大学教育,2019(1):1-7.

③ 李晓阳.跨学科研究:高等教育学研究范式的必然选择[J].大学·研究与评价,2007(5):47-51.

④ 陈洪捷.北大高等教育研究:学科发展与范式变迁[J].北京大学教育评论,2010(4):2-11,187.

书，8 本中有 4 本属于跨学科成果——《高等教育史》《高等教育社会学》《高等教育心理学》《高等教育组织与管理》。除此之外，高等教育经济学、高等教育法学、高等教育政治学等也都有不同程度的发展，但发展不充分、不平衡的问题依然突出。在 2010 年以后，多学科研究与跨学科研究在学术话语与具体应用上出现“此消彼长”的情形。有研究者做出这样的判断：“未来高等教育理论的重大进展甚至突破，在很大程度上要取决于跨学科研究的效果，取决于这种研究的广泛性和深入性。”[①]这种认识正在得到大家的心理认同，跨学科高等教育研究已经觉醒。

如果说“多学科交叉”为高等教育研究拓宽视野，“跨学科交叉”为高等教育研究锚定视点，那么“超学科交叉”则为高等教育研究开辟了更为广阔的发展空间。在学科发展史上，有几次以超学科面貌呈现出来的高等教育研究活动，比如 1993—1997 年，国家教育委员会高等教育司（现教育部高等教育司）组织了“建设有中国特色社会主义高等教育理论研究”；2012—2017 年，中国高等教育学会组织了“中国特色高等教育思想体系研究”；自 2018 年至今，教育部高等教育司组织了“新时代中国高等教育理论体系研究”。超学科交叉范式在高等教育学学科建设中将继续发挥更大的作用。

四、高等教育研究学科交叉范式的现实路径

未来的高等教育研究应该会呈现出“多学科交叉范式”“跨学科交叉范式”与“超学科交叉范式”多元发展的格局。为强化学科交叉范式，高等教育研究需要实现三大转向：在研究主体上，“个体研究”转向“集体研究”；在研究方法上，“模糊要求”走向“操作规程”；在研究成果上，“零散知识”迈向“整合知识”。

1.强化集体研究，打造学科交叉研究的学术联合体

从本质上说，高等教育学的哲学基础是复杂论，因而它属于集体主义导向的研究范式。强化集体研究需要做好如下工作。首先，有意识地邀请其他学科的研究者、高等教育管理者、政府部门与产业行业的领导者等，共同

---

① 尹伟.跨学科研究生教育：一个值得关注的问题[J].现代教育管理，2009(8)：104-107.

探讨高等教育研究的重大议题。比如围绕“中国大学治理”，哲学研究者谈“中国大学治理的哲性反思与重启”，政治学研究者谈“中国大学治理的权力结构及其制约”，经济学研究者谈“中国大学治理成本与资源配置”，法学研究者谈“中国大学治理的法律关系及其规制”，管理学研究者谈“中国大学治理的组织惯性及其创新”，非研究人士也可以为大学治理现代化提供资源或贡献智慧，等等。上述任何一项研究都属于学科交叉研究，这要求高等教育研究者与多元主体在组织外部形成“结构相对松散”的学术联合体。其次，打破人才招聘中的门户成见，吸引不同学科背景的研究者投入高等教育研究之中。目前，我们在人才引进上还不够开放、大胆，完全可以根据发展需要和时机招聘一些非高等教育学专业毕业的博士，如哲学、政治学、经济学、法学、管理学、历史学、社会学、统计学、计算机等专业的博士，从事高等教育相关研究。这样的话，高等教育研究者就与其他学科研究者在组织内部形成“结构相对紧致”的学术联合体。再次，高等教育研究者也可以根据自己的学科背景、研究兴趣侧重某一门学科，对高等教育现象或问题进行透视，但须抱定开放与谦逊姿态将个体研究融入集体研究之中，不要陷入自娱自乐、孤芳自赏的盲目境地。最后，坦诚的学术交流与争鸣是必不可少的。我们要正确看待与评价学术同行的知识贡献，然而“我们急切地想与外国人交流对话，却对自己身边的研究没有感觉。……我们对自己同行的研究不屑一顾”①。要鼓励并包容新思想、新观点和新方法，让学术争鸣成为一种风尚，因为“在高等教育学学科建设过程中，让人们担心的不是争论与立异，而是沉寂与凝固”②。即高等教育研究呼唤“学术共同体”而非“学术单位体”③。

2.打破学科边界，确立学科交叉研究的具体操作规程

学科交叉研究需要打破学科边界，但许多研究者不太能说清楚“交叉”的具体方法与经验。美国学者艾伦·雷普克（Allen F.Repko）和加拿大学者

① 蒋建华.与北京师大教育学院郭华博士谈：中国教育研究需要中国气派[N].中国教育报，2004-05-15(003).

② 张德祥.高等教育基本关系与高等教育学体系建设[J].高等教育研究，2020(10)：46-54.

③ 张应强，周钦.从学术单位体治理走向学术共同体治理：我国大学学术治理改革的基本方向[J].高等教育研究，2022(2)：31-41.

里克·斯佐斯塔克(Rick Szostak)在《如何进行跨学科研究》一书中进行了较为详尽的说明,对从事高等教育学科交叉研究具有启发意义。① 其核心步骤为以下五步。第一步,确定一个交叉学科选题。该选题仅凭高等教育学知识无法解决,如"大学数字治理的法权结构"。第二步,甄别该选题可能涉及的学科范围,如高等教育学、公共管理学、法学等,多学科视角将为研究者提供开阔的学术视野,如果研究者熟悉这些学科知识中的一类或几类,研究可以继续推进,否则就要回到第一步重新确定选题,或者学习相关交叉学科知识,或者加强与其他学科研究者、非研究人士的实质性合作。第三步,分析研究问题,寻找相关学科或部门的学术资源。高等教育学可提供的学术见解是,大学治理结构分为内部治理结构与外部治理结构;公共管理学可提供的学术见解是,基于信息技术的数字治理是一种新兴治理模式,挑战了传统治理秩序;法学可提供的学术见解是,法权结构是制度化的权力(权利)要素及其相互作用的形式;高等教育管理者可提供的学术见解是,数字治理并不能解决所有问题,传统治理模式依然发挥作用;数字产业公司管理者可提供的学术见解是,数字治理离不开数字基建,数字化时代塑造了大学与社会之间的新型关系。第四步,在不同学科、多元主体的见解之中寻找共识,形成一个更全面的认识或假说。即数字化时代的到来挑战了大学治理法权结构,从内部与外部两方面建构大学数字治理的法权结构势在必行。第五步,通过问卷、访谈、专家咨询等方法丰富、验证、调整该认识或假说。高等教育学科交叉研究成果的水平高低在很大程度上依赖于研究者自身学科素养、学术训练的扎实与否。

3.促进科际整合,完善学科交叉研究的知识累积机制

当我们强调学科交叉研究的时候,知识分化工作会做得比较出色,但与之相伴的知识整合工作就显得更加迫切。知识分化是科际整合的前奏,科际整合更有助于知识分化。正如苏联学者C.斯米尔诺夫所言:"科学史证明,科学知识的分化过程和整化过程并不相互排斥,而是相互交织,彼此转

① 雷普克,斯佐斯塔克.如何进行跨学科研究[M].2版.傅存良,译.北京:北京大学出版社,2021:76-78.

化。分化本是向更深更广的整化过渡，而更深更广的整化既决定了新的分化可能性，又规定了新质的分化形式。”[①]促进科际整合需要解答以下问题：①谁来整合？这是整合主体问题。“那些分裂知识的人，有责任把知识整合起来。”[②]从事高等教育学科交叉研究的学者本身就肩负着知识整合的任务，而元高等教育研究者也可以在进行知识清理的同时展开知识整合工作，协同合作产出《高等教育管理学知识进展 2023》《高等教育大数据知识进展 2023》《高等教育政治学知识进展 2023》等学科交叉研究成果手册，最好每年梳理一次。②怎样整合？这是整合方式问题。科际整合强调的是，“两门或两门以上的学科之间紧密的和明显的相互作用，包括从简单的交换学术思想，直至全面交流学术观点、方法、程序、认识和术语以及各种资料”[③]。这就要求研究者摒弃浮躁的学术心理，以一种同理之心、共情之心，按照高等教育学科交叉研究的“核心议题”“基本概念”“重要理论”“方法创新”“学术争鸣”等去粗取精、去伪存真，推动学科交叉知识生产的有效筛选与精加工。③如何从制度上保障学科交叉知识的持续累积？建立畅通的多学科交流渠道，成立稳定的跨学科研究组织，确立解决重大问题的超学科研究机制，加大对学科交叉成果评价的制度倾斜等，这些制度举措将会大大释放研究者在学科交叉成果及其知识整合上的激情与创造力。

过去 40 年，我国高等教育学在“学科化”发展道路上已经取得显著的阶段性成绩。伴随多学科研究的兴起、跨学科研究的深入与超学科研究的初现，高等教育学在学科交叉范式的推动下出现了“去学科化”的征兆与危机，但如果我们在集体研究、方法细化、知识整合上做足文章，那么我国高等教育学就会在“再学科化”道路上行稳致远。

---

① 斯米尔诺夫.现代科学中跨学科过程的某些发展趋势[J].亦舟，译.国外社会科学，1985(7):3-7,28.

② 克拉克.高等教育新论：多学科的研究[M].2 版.王承绪，徐辉，郑继伟，等译.杭州：浙江教育出版社，2001:3.

③ 金吾伦.跨学科研究引论[M].北京：中央编译出版社，1997:45-46.

第四讲
高等教育学教材建设的回顾与展望

教材即教学材料，主要是指“依据教学大纲和教学实际需要为教师、学生选编的教科书、讲义、讲授提纲、参考书目、图片、教学影片、唱片、录音、录像以及计算机软件等”①。作为教学内容的物化形态，教材凝结了教学目标、教学内容和教学模式等，教材建设对于高等教育学理论体系发展、高等教育学学科建设以及国家高等教育使命的完成与实现等都具有重要的作用。高等教育学学科自成立以来，其学科建设问题就引起了国内诸多学者的热烈争鸣，许多研究者从高等教育学的学科性质、属性、定位、功能、目标、原理、规律、理论、实践、方法与方向等诸多角度对高等教育学发展提出了见仁见智的解读，这期间有过许多毋庸置疑的共识，但仍存在着诸多悬而未决的争论。然而，很少有学者对高等教育学40年来研究成果的载体——教材——给予足够的关注和研究。据笔者不完全统计，截至2023年年底，不包括再版、重印或者修订的各类著作，以高等教育学命名的各类专著、培训教材、学生读本等已有70余部。如果把与高等教育学学科建设相关的各种分支学科领域（如高等教育史、高等教育社会学、高等教育管理学、高等教育文化学、高等教育经济学、高等教育政治学）衍生教材统计在内，这个数量则更为庞大。可以说，在短短40年的时间里，我国高等教育学教材体系已然蔚为大观。教材反映了一个时代、一门学科的理论研究成果与实践改革经验，它不仅是对一门学科前阶段研究成果的概括，同时也是引领新一代研究人员迈入学科大门的钥匙。因此，梳理与反思我国高等教育学教材发展历

① 中国百科大辞典编辑委员会.中国百科大辞典[M].2版.北京：中国大百科全书出版社，2004：2655.

程，对我国高等教育学的学科体系建设与理论体系建设等都具有十分深远的意义。

一、高等教育学教材建设的总体概况

自 1983 年高等教育学作为教育学二级学科被国务院学位委员会正式确认至今，高等教育学学科已有 40 年的发展历程。40 年来，我国高等教育学教材体系快速发展，逐渐从无到有、从小到大、从简单到复杂。高等教育学教材体系分化日臻完善，产生了类型不同的、各具特色的高等教育学教材，呈现出一片百花齐放、百家争鸣的繁荣景象，初步建构了高等教育学教材的整体框架体系，基本满足了各种培训和学校开设课程的需要。总的来看，我国高等教育学教材建设的整体情况如下。

（一）高等教育学教材体系建设的萌芽准备期（1978—1984 年）

1978 年，潘懋元先生相继发表了《开展高等教育的理论研究》《必须开展高等教育的理论研究——建立高等教育学科刍议》等文章，大力推行高等教育研究，认为高等教育的任务是研究高等教育问题，推动学校的教育改革，并在厦门大学组建成立我国第一个“高等教育科学研究室”。1983 年 5 月，由厦门大学、华东师范大学、上海市高等教育局（今改组为“上海市教育委员会”）等单位积极发起并创建了中国高等教育学会，标志着我国第一个专门性质的高等教育研究学会的正式成立。同年，“高等教育学”被列入国务院学位委员会颁布的《高等学校和科研机构授予博士和硕士学位的学科、专业目录》（试行草案），成为教育学下的一个二级学科，很多高校开始设立“高等教育学”硕士学位授予点和博士学位授予点，这标志着高等教育学在学科建制上获得合法性，并正式进入学科建制阶段。1984 年，由潘懋元主编，集厦门大学高等教育科学研究室、上海市高等教育局、华东师范大学、北京工业大学、河北大学、中央教育行政学院（现名“国家教育行政学院”）等数个高等院校和研究机构之力，合吴丽卿、王仁欣、张树森、王增炳等数十位高等教育领域的专家学者之功，编纂了我国第一部高等教育学的教材——《高等教育学》。该教材分上下部，由人民教育出版社与福建教育出版社共同出版发行,可以说是我国高等教育学领域的第一部从学科意义上编纂成的高等教育学专门教材。该部教材主要从高等教育的性质与任务、高等学校的培养目标、大学生身心发展特征、大学教师、教学过程与原则、课程论、教学形式与方法、学业检查与评定、教学手段等几个层面建构教材知识体系。潘懋元先生在该书中首次界定了高等教育学的研究对象、任务、特点、基本体系和研究内容,建构了高等教育学的基本线索与大致轮廓,成为我国后来很多版本《高等教育学》教材编写的难以逾越的"母版教材"。有学者认为,1984 年潘懋元先生主编的《高等教育学》出版,标志着我国高等教育学学科理论体系的初步成型,也标志着高等教育学正式成为一门独立的学科。[①] 这部教材立意于改革开放初期高等教育学急需学科建设的殷切期盼与现实境遇,将分散的高等教育改革实践经验与理论研究结合起来,通过多次讨论、论证逐渐建构了高等教育学的教材结构。由于书中较多内容是从经验总结而来,缺乏成熟的理论与科学体系参考,因此这部教材带有明显的"创业"性质,正如教材开篇指出"高等教育学是一门新学科,缺乏成熟的理论和科学的体系可以遵循"[②]。但不管怎样,这部教材的出版标志着我国高等教育学教材体系建设进入萌芽准备期。

(二)高等教育学教材体系建设的繁荣发展期(1985—2011 年)

随着国务院学位委员会将高等教育学作为二级学科得以确认,高等教育学学科获得合法性地位并有了稳定的学科人才培养基地,学科建制正式开始。由此,我国高等教育界掀起了"高等教育学学科建设"研究的热潮,教材编写的自觉化、组织化、规模化的特征显现。1985 年之后,高等教育研究机构与高等教育学会相继成立,高等教育研究机构和学术交流平台也得到快速发展,这加快了高等教育理论研究的步伐,为高等教育学教材体系进入繁荣发展期奠定了基础。据不完全统计,1987 年全国有 700 多个高等教育研究机构,其中 90%以上的研究机构在高校,比 1983 年增加近 500 个,平均

① 张忠华,吴莉.高等教育学教材建设 30 年:历程、经验与问题[J].高校教育管理,2010(1):85-90.

② 潘懋元.高等教育学[M].北京:人民教育出版社,1984:序.

每年有100个高等教育研究机构成立。① 这一时期，精英化与大众化、内涵建设与外延发展、公平与效率、质量保障与绩效问责等多种高等教育现实问题纷至沓来，全国高等教育界掀起了“高等教育学学科建设”研究的热潮，教材编写的自觉化、组织化的特征显现，更多学者开始从学科地位、功能、使命、理论体系、逻辑起点、知识体系建构等方面对高等教育学教材进行深入探索，并出现了诸多比较新颖的教材编写与建构方式，如郑启明、薛天祥的《高等教育学》(1985)，任宇的《高等教育学选讲》(1986)，中央教育行政学院的《高等教育原理》(1987)，田建国的《高等教育学》(1990)，杨德广的《高等教育学概论》(1991)，胡建华等的《高等教育学新论》(1995)，潘懋元主编的《新编高等教育学》(1996)，蔡克勇的《高等教育学引论》(1996)，谢安邦的《高等教育学》(1998)，薛天祥的《高等教育学》(2001)，张楚廷的《高等教育哲学》(2005)，冷余生的高等教育学(2006)，傅树京的《高等教育学》(2007)，顾建民的《高等教育学》(2008)。这些研究成果中比较有特色、有影响是潘懋元、薛天祥、傅树京等人的教材。潘懋元(2001)主编的《多学科观点的高等教育研究》从社会学、政治学、管理学、系统科学、心理学等11门学科视角对高等教育问题进行思考和研究，阐明了多学科观点对高等教育研究的重要性和必要性；薛天祥(2001)的《高等教育学》以高深专门知识的教与学为高等教育学理论体系的逻辑起点，建构了一种新的高等教育学理论体系，试图克服“知识框架”型体系的“无序”和散论的缺陷，尝试建构高等教育学科学的理论体系；傅树京(2007)的《高等教育学》加入了对高等学校科学研究与技术开发、高等教育全球化和高等教育的热点问题的讨论。可以看出，这些教材在不同程度上注意吸收世界高等教育研究和其他学科领域研究的最新成果，重视理论联系实际，尤其是对学校的干部培训具有较强的指导性和针对性。并且，教材编写的国际视野更加广阔，较为注重利用其他学科的研究成果丰富高等教育学教材的知识体系，且更加注重知识内容编排的逻辑性、系统性、学术性等。

---

① 李均.中国高等教育研究史[M].广州:广东高等教育出版社,2005:106,191.

（三）高等教育学教材体系建设的深化探索期（2012年至今）

2012年，教育部印发实施的《教育部关于全面提高高等教育质量的若干意见》中首次提出了高等教育内涵式发展的总体要求。党的十八大报告中提出“推动高等教育内涵式发展”，党的十九大报告中习近平总书记明确要求“实现高等教育内涵式发展”。可以说，自2012年以来，内涵式发展成为我国高等教育的总路线和主基调，而教材建设作为高校强化内涵建设、提高人才培养质量、推动教育高质量发展的关键抓手，呈现出许多新的发展特征。第一，高等教育学的学科自信与自主建构意识显著增强，构建中国式高等教育学理论体系成为教材建设的重要关切点与着力点；第二，在教育转型带来知识融合与学科“领域化”的发展趋势下，教材建设的指导思想对高等教育学是一门学科还是一个研究领域的争辩逐渐平淡，而是更加关注知识愈发庞杂、方法更加多样、边界逐渐模糊的高等教育学学科建设之路；第三，高等教育学教材建设更加注重以建立系统的高等教育学学科体系为旨趣，重新反思高等教育学学科建设问题，努力创造“高等教育的自身理论”而非“有关高等教育的理论”。与此同时，大量适应高等教育教学与发展需要的译本教材或者衍生教材也不断涌现，如《高等教育心理学》（张积家，2016；潘晓良，2017；徐碧波，2023）、《高等教育经济学》（徐国兴，2013）、《高等教育社会学》（朱志勇，2013；王处辉，2021）、《中外高等教育史》（郝维谦，2020；黄福涛，2021）、《高校德育》（马建青，2022）、《高校课程与教学论》（黄福涛，2023）、《高校教师职业道德》（李建华，2015；王柏文等，2019；白金山，2021）等，这些教材不仅是用于学生教学和师资培训的重要依据，也成为学生入学和资格考试的重要参考资料。可以看出，这一时期的高等教育学教材建设进入更加深入的探索与发展阶段，尽管以高校教师和教育行政人员培训为主的高等教育学教材仍占主流，但哲学、政治学、社会学、经济学乃至计算机科学等多个学科的概念和理论更多地被高等教育教材研究者和设计者所借用，具有自主建构意识、学科交叉意识和理论体系意识的新型高等教育学教材理念更加彰显，关于高等教育的元研究、关系研究、跨学科研究逐渐丰富，从单数高等教育学发展成为复数高等教育学成为研究人员对高等教育学类型的集体共识。

二、高等教育学教材体系建设的演变特征

从高等教育学学科建设的角度来看,教材建设是专业建设、课程建设的重要支撑,是高等教育学学科建设的三大支柱(教材、教师、教学设施)之一。自1983年高等教育学获得学科建制的合法性至今,高等教育已有40余年的学科发展历程,自然也存在近40年的教材发展历程。近40年来,我国高等教育学教材体系建设经历了从无到有、从小到大、从简单到复杂的发展过程,其演变特征主要包括以下四个方面。

(一)价值取向:从实践服务取向走向理论建构取向

一般来说,学科的成长发展要经历一个漫长的发展过程,是“自下而上的学科探索”与“自上而下的学科建构”相统一的过程。学科发展伊始,尚没有形成学科的统一范式,这个阶段需要不同的学者去摸索、总结、探究与发现。随着学科范式的确立,然后才能进入“自下而上运用本质规律去建构学科”的学科发展阶段,并逐渐形成学科范式。学科范式是指导学科生长的隐性不可见的内在发展力量,如果一个学科的研究范式没有问题,那么通过总结经验和吸取教训就可以在局部成功的基础上发展完善为全局的成果,形成学科的整体理论。[①] 我国高等教育学科根植和孕生于我国独特的高等教育问题情景,是一批又一批高等教育学人在实践中通过摸索、探究、发现与总结而逐步建构起来的,它从一开始就具有典型的实践服务导向。从20世纪90年代开始,高等教育理论界就明确地意识到,“如果不去接触高等教育实践,就会理论脱离实际,高等教育学学科建设最终也难以走向成熟”[②]。1999年以来,随着我国高等教育规模的大扩张、大发展,各类高等教育发展问题也随之而来,如知识经济、内涵建设、高等教育大众化、高等教育国际化、大学理念与制度、高等教育质量保障、世界一流大学与一流学科建设等问题相继成为学者们探索的热点问题。问题研究更加促进高等教育学教材知识体系的发展和完善,以解决现实问题为导向成为高等教育学学科体系

---

① 钟义信.统一智能理论[M].北京:科学出版社,2023:20.

② 林金辉.高等教育学学科建设的基本轨迹及其走向[J].教育研究,2003(2):34-38.

建构的一大特色。可以说,高等教育学教材建设的合法性不能脱离对高等教育实践问题的持续关注和深入研究。

我国高等教育学教材的价值面向从一开始就与我国高等教育的历史和现实紧密相连,经历了从实践服务取向到理论建构取向的转型。教材发展的研究大体呈现两种路径:第一种路径是"经验总结"路径(应用研究),这是编写高等教育教材必然要经历的初级阶段。由于缺乏成熟的理论体系,高等教育教材编写者主要基于个体经验进行教材编纂,通过知识的逻辑形式对个别事物、个别现象进行记叙性的判断,从外在联系和展现的侧面反映对象,如课程、专业、教学、管理等。第二种路径是"理论建构"路径(理论研究),这是我国高等教育学教材发展到一定阶段才出现的,这一阶段注重揭示事物的内在联系和深层次的运动规律,"是一种用以说明事物本质的抽象体系,即概念体系"[①],如高等教育的本质、规律、原理、逻辑起点等的研究。

需要说明的是,不管是经验总结型的教材体系还是理论建构型的教材体系建设,两者的阶段区分其实并不明显,甚至经常是相伴相生的。我国高等教育学虽然获得了学科建制,但其理论建设要远远落后于实践探索,我国高等教育学教材体系最初是从实践中形成的,这是毋庸置疑的,但是其理论体系建设也紧随其后,直到现在理论体系建设也并未完成,还有很长的路要走。提升高等教育学理论研究的解释力、建构力与影响力,加强高等教育学教材的理论研究,仍是高等教育学教材建设的重要内容。从实践服务取向走向理论建构取向是我国特色高等教育学科发展的必然趋势,也是高等教育学学科体系不断走向成熟的标志。随着更多研究者的介入,高等教育学教材开始从关注高等教育的现实问题转向思考高等教育学的规律问题、价值问题、逻辑起点问题等,理论研究逐渐丰富起来。当然,直到今日,高等教育学的教材体系建设仍然存在着学科理论基础比较薄弱,理论知识体系具有移植"普通教育学"知识体系嫌疑等问题。[②] 总之,教材建设要立足实践,又要高于实践,是对实践经验的总结和概括,也是对具体的抽象,只有把理

① 薛天祥.高等教育学[M].桂林:广西师范大学出版社,2001:7.
② 侯怀银.高等教育学[M].太原:山西人民出版社,2014:7-9.

论研究和实践改革紧密结合起来,二者才能共同发展,相得益彰。

2.知识基础:从教育学知识基础转向多学科知识基础

高等教育学源于普通教育学,其教材体系在教学、课程、管理等领域都是以教育学为母学科来建构的。潘懋元先生在《高等教育学》教材听取意见座谈会上也谈到,《高等教育学》的体系"总的说,是参考普通教育学的一般体系而定的,但并非照搬"①。潘懋元先生借用普通教育学理论体系为参照系,结合我国的高等教育实际,创立了高等教育学知识体系的框架,完成了高等教育学学科建设的第一步。② 之后,对于如何处理高等教育学与普通教育学的关系,高等教育研究者相继提出了很多方案,如"并列方案""更名方案""行业取向方案"等等。③ 可以说,起初高等教育学教材体系建设主要是借鉴教育学学科知识内容,经过选择、过滤、移植和修缮等生成高等教育学教材。

经典学科教材设计的最大特点是高筑围墙壁垒,圈定并保护自己的学术领地,通过框定研究对象、创设学术概念、建构学术方法等加高学术壁垒,排斥其他学科的染指。高等教育学研究对象的复杂性决定了高等教育学教材建设不能故步自封,必须积极吸收其他学科的知识营养,通过借鉴、比较、对话等方式走开放化的教材建设必要道路。随着高等教育研究的深入,学者发现,普通教育学主要以中小学教育为研究对象,对高等教育关注不够甚至视而不见,这使得在逻辑上作为普通教育学下位学科的高等教育学从普通教育学中找不到理论根基。④ 再加上现代科学的发展,打破了学科之间的壁垒,学科交叉融合是高等教育学学科发展的必然趋势和重要特征。可以说,高等教育学不同于经典学科的重要特征就在于其不能完全依靠自身来认识和解决高等教育问题,而必须将问题放在复杂的政治、经济、文化和社会背景中予以把握。

事实上,从高等教育学学科的实践特色以及我国高等教育发展的现实

---

① 潘懋元. 在《高等教育学》教材听取意见座谈会上的发言[J].高等教育研究,1984(1):17-20.

② 张忠华,吴莉.高等教育学教材建设30年:历程、经验与问题[J].高校教育管理,2010(1):85-90.

③ 杨家榜,苏林琴.高等教育学"升一"论述评[J].现代大学教育,2021(1):10-19,110-111.

④ 李硕豪.高等教育学学科性质辨析[J].高等教育研究,2002(1):64-67.

境况而言，最初遵循由普通教育学到高等教育学的学科发展路径，这一发展路径使得高等教育学学科的合理性受到质疑。[①] 随着问题的增多，更多学者开始重新思考高等教育学教材体系建构的学科基础问题，开始走出教育学的单一学科分析框架，发展成为教育学、心理学、哲学、社会学、管理学等多学科分析框架。高等教育学教材体系建设逐步从以教育学知识引入为主转变为借鉴和吸收多学科的知识基础和研究成果来建构明晰自身的理论框架。潘懋元先生及其弟子主编的《多学科观点的高等教育研究》一书重点采用历史学、哲学、心理学、文化学等 11 个学科的观点和方法对高等教育进行研究，其动机是通过多学科研究，更好地认清高等教育是什么，高等教育干什么、能干什么，为建构高等教育学理论体系做好理论和方法的准备。[②] 因此，我国高等教育学教材体系尽管是从教育学的知识逻辑中生发出来的，并具有现实的问题导向型属性，但其在知识基础上应走出教育学的学科范式，从我国高等教育的历史和现实问题出发，注重借鉴、吸收和运用多学科的知识基础。

40 年来，经过一代又一代高等教育学者的不断努力，推陈出新、另辟蹊径，高等教育学教材建设早已走出了教育学知识体系的范畴，开始从政治学、社会学、哲学、心理学、管理学、生态学、系统科学等多个学科汲取营养，出版了形形色色的高等教育学著作和教材，使得高等教育学教材的学科视野不断拓展，知识体系不断分化，为建构真正意义上的高等教育学理论体系积累了丰富的素材。总的来看，我国高等教育学教材在对知识体系进行选择和编纂的过程中已然形成了纵横交织、层次多样、内容丰富的知识体系，既有以研究高等教育学概念、逻辑起点、研究对象、研究方法为基础的高等教育元科学，又有以高等教育史、高等教育学原理为基础的高等教育学专门学科，还有以高等教育管理学、高等教育经济学、高等教育社会学为基础的高等教育学交叉学科，这体现高等教育学“多学科”的研究和实践特色。在高等教育学学科建设的初始阶段，移植其他学科的研究方法是不可避免的。

---

① 侯怀银，王茜.我国高等教育学学科体系、学术体系和话语体系建设[J].现代教育管理，2023(1)：12-21.

② 李均.中国高等教育研究史[M].广州：广东高等教育出版社，2005：332.

同时,我们也应该警惕,高等教育学教材体系建设在内容选择和表达方式上仍需要体现原创精神,创造出具有学理性、专业性的适切的新术语,不要使高等教育学重新陷入“多学科困境”,丧失独立学科地位,成了其他学科的“跑马场”。

3.建构主体:从自发建构为主转向有组织建构为主

从高等教育学教材近40年的发展历程来看,高等教育学教材的编纂主体有高等教育学学者,也有高等教育管理者,有高等学校也有研究机构和政府组织,体现出个体建构与组织建构相统一的发展特征。个体建构是高等教育学教材体系建构初始阶段的发展特征,主要是学者基于个人教学经验形成的教学用书和学术探究性著作,如潘懋元、王伟廉主编的《高等教育学》(1995)、胡建华等著的《高等教育学新论》(1995)、潘懋元主编的《新编高等教育学》(1996)、蔡克勇主编的《高等教育学引论》(1996)、谢安邦主编的《高等教育学》(1998)。组织建构是高等教育学教材建构的第二阶段,是在个体建构基础上出现的教材建构方式,这类教材主要用于师资培训或岗前培训,保证培训质量,由高等教育管理部门组织人力,按照一定的目标和原则统一编写,带有教师资格入门、教师职业化标签等意蕴。如1995年由云南省教委高教处、云南省高等学校师资培训中心、贵州省教委高教处、贵州省高等学校师资培训中心、四川省高校师资(干部)培训中心组织编写的《高等教育学》主要是为云南、贵州、四川三省高校青年教师教育科学理论培训而编写。1998年8月,教育部人事司组织相关专家学者依据《高等学校教师岗前培训教学指导纲要》,编写了《高等教育法规》《高等教育学》《高等教育心理学》以及《高等学校教师职业道德修养》四部岗前培训教材,这四部教材由高等教育出版社负责出版,其中谢安邦教授编写的《高等教育学》教材,主要从高等教育的本质与目的、教师与学生、教学活动、科学研究与技术开发、大学生社会实践活动与指导、高等学校制度、高等教育管理体制与结构等几个部分来建构。2011年,宋友荔、饶玲主编《高等教育学》由山西省高校师资培训中心资助,介绍了高等教育的本质、高等教育的目的、高等学校教育制度、高等学校的教育主体、高等学校课程和课程体系、高等学校教学、高等教育结构和管理体制、高等学校德育与大学生实践活动等内容。

2015年,胡弼成主编的《高等教育学》由湖南省高等学校师资培训中心组织编写,从哲学、一般科学和高等教育三个层面提供了高等教育学的研究方法,将高等教育划分为成长中的高等教育与扩张中的高等教育,介绍高等教育研究与高等教育学的关系,梳理了高等教育学的产生与形成过程,继而从高等教育的本质、目的、结构与功能、教师与学生以及高等学校科学研究、高等学校服务社会、高等教育管理、高等学校教育制度等几个层面分析了高等教育学的性质、动力和哲学体系。

梳理总结高等教育学教材建设近40年的历程不难发现,我国的高等教育学教材体系主要包含培训教材、学生教材和学术专著三种形式。具体而言,第一种形式为高等教育领域的师资培训类教材。这类教材针对新入职的大学青年教师而编写,种类繁多,大多由每个省的高等学校师资培训中心牵头组编,其章节内容包括高等教育的本质、规律 功能、目的、制度与管理体制、教师与学生、课程、教学、德育、科学研究、评价和管理等多个方面。第二种形式是以高等教育学教学为目的的学生教材及其衍生教材,主要是针对本科生、研究生的教学用书,因为普通高校的本科生很少有这门课程,仅教育类专业的学生有这门选修课程。这类教材的体量也比较大,且衍生教材很多,涉及学科很多,如高等教育社会学、高等教育经济学、高等教育政治学等。第三种形式是以高等教育研究为目的的研究型教材,如薛天祥的《高等教育学》、胡建华的《高等教育学新论》、王伟廉的《高等教育学》、王建华的《高等教育学的建构》、李均的《中国高等教育研究史》等。

需要指出的是,这三种教材形式并不是同时出现的,但也没有绝对清晰的时间界限,大致经历了从个体自发建构为主到群体有组织建构为主的发展过程。起初,高等教育学教材主要是部分高等教育研究者基于个人经验总结,结合高等学校的教学实践而自发编纂的,具有偶然性和个别性。譬如,潘懋元先生早在20世纪50年代,给大学新教师讲授教育学课程的时候,就发现教育学主要研究中小学教育问题,其理论不能满足大学教师的工作要求,于是萌发了应当有一门"高等学校教育学"课程的感悟,开始了关于高等教育的专门研究,并编写了《高等学校教育学讲义》。20世纪80年代,在原来《高等学校教育学讲义》的基础上经过增删修补,出版了我国第一部

《高等教育学》教材，这都是潘懋元先生个人多年来实践工作经验和理论思考的总结。随着高等教育学学科合法性的确立，专门的高等教育研究机构、期刊、研究者越来越多，高等教育学学科地位不断提高，同时对政府的影响也不断增强。出于培养青年教师和服务学科教学的目的，各种师资培训类教材和研究生教学用书不断增多，教材编写逐渐出现团队化、规模化、多学科的发展趋势。再加上后学科时代，知识生产模式变革与超学科知识生产方式的出现，学科互涉与学科交叉的深入，以学科交叉、团队作战为主要特征的有组织式的高等教育学教材建构方式更为普遍。

4.建构逻辑：从二元逻辑建构转向三元逻辑建构

高等教育学教材体系建设，离不开对高等教育学知识框架结构的分析与探讨。我们知道，高等教育学的传统知识框架主要来自教育学的知识框架，这也使得高等教育学的教材建构最初与教育学的教材建构具有很大的相似性，即主要是从教育与社会、教育与人两个层面来建构其逻辑框架的。黄济教授在《教育哲学通论》中明确指出，教育与社会和人的关系是教育中永恒的课题，而且是教育中其他一切问题的出发点。① 从一定意义上来说，高等教育学教材框架的逻辑建构，借鉴和移植教育学的逻辑框架有其合理性，因为高等教育与社会、与人的关系是高等教育最基本的两种关系，这也是教育内外部关系规律的核心要旨。但是，作为高等教育核心材料的高深知识，在传统高等教育教材体系框架中却没有受到应有的重视。

高深知识是区别高等教育与普通教育的特殊性所在。伯顿·克拉克指出，“任何社会里，学术工作都是围绕着特殊的理智材料组织起来的”②。很多学者，如薛天祥（1997）、王建华（2004）、张德祥（2015）等，关注和认识到了这一点，开始积极呼吁加强高等教育学理论体系的第三个视角，即高深知识的研究。2020 年，张德祥教授在《高等教育基本关系与高等教育学体系建设》一文中，呼吁从三个视角统合的角度对高等教育学学科体系进行分析和建构，认为社会、人与高深知识共同构成高等教育学体系框架的三个基本

① 黄济.教育哲学通论[M].太原：山西教育出版社，1998：333-334.

② 克拉克.高等教育系统：学术组织的跨国研究[M].王承绪，徐辉，殷企平，等译.杭州：杭州大学出版社，1994：11.

维度。这些探究都体现了高等教育学理论体系从二元逻辑结构趋于三元逻辑结构的转向，对高等教育学教材体系建设也具有重要影响。

总之，近40年来，高等教育学教材的分析框架从关注高等教育与社会、人的二元逻辑结构逐渐演变和发展为关注高等教育与社会、人、高深知识的三元逻辑结构，其逻辑结构体系在理论深度、系统性等方面更加突出高等教育自身的鲜明特点，在关注学生的身心发展特点以及高等教育的社会责任和社会功能的同时，更加注重对高等教育知识发展逻辑的思考和探究。

三、高等教育学教材建设的发展建议

通观我国近40年来高等教育学教材编审现状，存在着许多共通性问题：学科定力不强，思维导向局限于领域论和学科论的固有窠臼；学术研究的意识淡薄，致使前沿性、原创性、拓展性的学科知识欠缺；知识内容选择与使用随意，教材编排逻辑结构雷同与重复的现象明显；教学形式单一，不能适应信息化、数字化时代的高等教育发展趋势；教材建设的经验性和工作性色彩较浓，理论性或原理性不足；等等。这些情况在某种程度上增加和扩大了人们对高等教育学学科合法性的质疑，不利于高等教育学学科建设。我们认为，高等教育学教材建设要有以下几个方面的作为。

（一）以“中国特色、世界水平”坚守高等教育学教材的理论品质

回顾高等教育学教材建设的历程，分析70余部高等教育学教材的基本内容，不难发现，关于高等教育教材的认知已然形成了很多共性结论，如高等教育发展史、高等教育的基本概念、高等教育本质、高等教育规律、高等教育目的等。然而，高等教育研究者同样存在着很多分歧，如对高等教育的研究范式（学科范式还是领域范式）、逻辑起点、研究方法等仍各持己见。可以说，在我国学科建设领域，没有任何一门学科像高等教育学这样，具有如此强烈的学科情怀和如此突出的学科危机。任何教材都体现着一定的导向和立场，这是教材“立得住”的价值基础。高等教育学学科论与领域论之争由来已久，这种争论对于促进学科对话、凝聚学科共识、激发学科创造力等方面具有重要作用，但如果过分局限于学科论和领域论之争，我国高等教育学

未来的发展很可能就会陷入停滞状态，违背高等教育学科建设的意愿和初衷。我们应该看到，学科论与领域论尽管一定程度上影响了高等教育学教材建设的理念选择与知识编排方式，但并不影响高等教育教材体系建设的科学性。教育学学科的发展历史告诉我们，过分依赖他国的教育理论给我国教育实践带来了不少的消极影响。我国的高等教育学有自身的历史背景和现实国情，它从一开始就具有浓厚的学科情怀，就不同于国外高等教育研究的发展方向，这是我国高等教育学的理论品质，也是我国高等教育学的特色、优势和创新。在高等教育学教材建设的过程中，我们必须坚定自身的学科定力，走出学科论和领域论之争，矢志以“中国特色、世界水平”思想和价值引领，根据现代学科的属性和发展路径来建设高等教育学理论体系和教材体系。

（二）以“理实结合、团队合作”完善高等教育学教材的内容设计

教材是知识的载体，高等教育学教材体系与知识体系是密不可分的概念。教材明确了高等教育的性质、任务、目标、过程、原则、方法、手段等多个层面的理论问题，是系统化、结构化、逻辑化的高等教育知识体系，因此有学者认为我国的高等教育学理论体系基本上是教材体系。[①] 如前所述，我国高等教育学科是从我国高等教育发展的现实问题中成长起来的，经历了从实践服务导向到理论建构导向的发展历程。并且，随着高等教育学理论研究与实践探索的深入，跨学科、有组织、体系化的高等教育学教材正在不断涌现。高等教育学是实践性很强的学科，通过高等教育学教材近 40 年的发展历程不难看出，实践服务导向和理论建构导向一直是支撑我国高等教育学教材体系建构的基本原则，这是学界的共识。但是，由于种种因素的影响，理论与实践“两张皮”的偏误也一直存在，从未真正解决。理论与实践的偏离致使高等教育学教材抄袭、复制、趋同现象严重，教材内容死板，缺乏新意，既不能给学生理论思维的启发，也不能给学生实践智慧的启迪。在这样的背景下，高等教育学教材体系建设需要进一步加强理论与实践的融合，并

---

① 张忠华，吴莉.高等教育学教材建设 30 年：历程、经验与问题［J］.高校教育管理，2010(1)：85-90.

通过跨学科、有组织、体系化的高等教育学团队建设提升和优化高等教育学知识体系和理论体系，进而完善高等教育学教材体系。

第一，加强高等教育学教材的学术史梳理。学术史是展示一门学科生成、发展和演变的“影像”和“轨道”，它提供了学科最基本的知识图景，也奠基和张扬了学科未来发展的想象力。学术史的梳理能让读者清楚高等教育核心议题的起点性研究、生长性研究、发展性研究、突破性研究、总结性研究的状貌，懂得从哪里开始继续往下研究，知道从哪里拓展新的研究，从而形成创新性的研究成果。①

第二，加强高等教育学教材的学科群建设。我国高等教育学科经过40年的“外生”和“内裂”，已经实现由“单数”高等教育学到“复数”高等教育学的转变，形成一个以高等教育学原理为主干，以高等教育史、大学教学论、大学课程论等为分支的庞大的学科群。② 通过学科群建设，能够帮助读者运用多学科、跨学科知识理解与分析高等教育学理论与现实问题，拓展和增长高等教育研究兴趣面。

第三，加强高等教育学教材的人物志梳理。从主体的角度来看，“编者—学者—教师—学生”等共同构成了教材知识体系编研相促、教学相长的主体，也构成了教材使用、演进、循环的主体活动结构。教材建设的意义就在于通过活动转换，高等教育的公共知识转化为个体知识。因此，高等教育学教材不仅要展示高等教育学系统性、逻辑性的知识体系，而且要展示高等教育学研究的过程和方法，展示高等教育学独特的思维范式，更要展示高等教育学学术共同体等为之付出的共同努力和不懈探索。高等教育学科发展史是由一系列重要学科人物组成和建构起来的生动画卷，高等教育学教材建设一直存在着“见物不见人”的现象，过于注重对一般原理的传授而忽视对重要人物的描述。这就使得立体、生动的高等教育学科发展史变得机械而平面，让读者失去模仿、探究的动力和兴趣。

第四，加强高等教育学教材的团队化建设。教材建设总的来说是要解决“教给谁”“谁来教”和“怎么教”的问题，这归根结底都是人的问题。也就

① 李枭鹰.重申高等教育学教材建设[J].中国高等教育评论,2023(2):16-19.

② 杨家榜,苏林琴.高等教育学“升一”论述评[J].现代大学教育,2021(1):10-19,110-111.

是说，影响教材建设的因素很多，例如国家政策、教师需求、学术环境、学生特征等，但其中最核心的要素是人才，是学科团队建设。教材是体系化、逻辑化的知识体系，其编写程序对编写者的能力要求和知识要求来说比一般的著作要更为严格和审慎。由于知识水平、个人学科背景与认知差异的局限，通过跨学科、规模化、团队化、学派化的方式来建构高等教育学教材体系具有突出的优势。尤其是在分析和解决复杂的高等教育现象和问题的时候，这种团队化作战方式具有更好的问题导向意识和理论建构优势。不论从国家层面来看一门学科，还是从世界范围来看一门学科，如果没有形成几个学派，这门学科就缺乏支撑力量。[①] 加强学术团队建设，重点打造一些高水平高等教育学教材编纂团队，通过团队合作与学派争鸣等方式，丰富、拓展和优化高等教育学教材的知识基础、学术范式和话语体系等。我们认为，通过以上四个方面的教材建设，就能够很好地将理论与实践结合，推动高等教育学教材体系的进一步发展和完善。

（三）以“研究性与育人性互促”释放高等教育学教材的基本功能

教材总是具有一定的功能导向，其功能不是单向传输的载体和工具，它对学生发展的重要意义是“激活”，其主要功能是要增强学生自我发展、自我完善、自我建构的机能[②]。高等教育学在我国是一门年轻的学科，高等教育学教材体系建设也刚刚走过“不惑”之年，在新形势下面临着许多新问题和新现象。目前，学界关于高等教育学的理论研究尽管达成了很多共识（如高等教育的性质、任务、目标、过程、原则），但是还有很多的“分歧”（如概念问题、规律问题、方法问题）需要通过持续的、深入的研究才能辨明。有学者认为，我国的高等教育学理论体系基本上是教材体系[③]，而高等教育学理论体系建设直到今日仍处在起步阶段，需要更多学人不断加强“研究”才能不断进一步彰明。也就是说，教材具有“研究性”，通过不断的理论研究，教材建

① 叶澜.关于加强教育科学“自我意识”的思考[J].华东师范大学学报（教育科学版），1987（3）：23-30.

② 石鸥.教科书概论[M].广州：广东教育出版社，2019：38-55.

③ 张忠华，吴莉.高等教育学教材建设30年：历程、经验与问题[J].高校教育管理，2010，4（1）：85-90.

设的知识体系才能不断完善。同时,教材的本质属性是教学性①。高等教育学教材建设如果离开了对人之问题的思考与观照,也难以称得上是有质量的教材。我国的高等教育学教材建设经过 40 年的发展已然取得了十分丰硕的成果,但教材建设的经验性和工作性色彩较浓,理论性或原理性明显不足,看似繁荣的高等教育学教材建设实则并未形成高等教育学术共同体应有的责任意识,既缺乏对高等教育问题系统性的学理思考,也缺乏对高等教育学人多样化的主体观照。我们认为,高等教育学教材建设要进一步强化其"研究性"与"育人性"功能。第一,作为比较年轻的学科,高等教育学学术共同体在学科信念、研究范式等很多基本问题上尚未达成共识,因此教材建设要强化团队合作,重点打造一些高水平的"高等教育学教材编纂团队",通过团队合作与学派争鸣等方式,树立高等教育学教材高质量建设的共同体意识与责任意识。第二,要加强对高等教育学核心议题的梳理和研究,呈现真实、生动的高等教育研究核心议题,了解高等教育研究现实状貌与未来发展趋势,呈现高等教育学立体化的"研究地图"。第三,要加强对高等教育学人关键人物的整理和研究,通过展示关键人物对高等教育重大理论与现实问题的发现与探索史,揭示生动丰富的高等教育学人物群像和知识图谱,引导更多学人树立和生成高等教育研究的问题意识、责任意识和共同体意识,推动高等教育教材研究的繁荣发展。

(四)以"平面化与立体化结合"优化高等教育学教材的传播方式

众多的高等教育学教材,以平面化的纸质教材为主,其内容体系存在着严重的雷同、重复、传统和陈旧现象。在当前的时代背景下,信息技术的快速发展使高等学校学生的学习习惯和阅读习惯发生了改变,不断朝个性化、自主学习式的方向发展。立体化教材的背后需要强大的资源库作为支撑,以纸质教材为依托,多种类型数字化资源同步建设,形成相互配套、相互支撑、互为一体的多元立体结构。同时,立体化教材在内容修订上具有明显优势,线上资源可以随时根据政策法规、理论知识或工作实务等的变化进行调整,有利于保持教材内容的前瞻性和与时俱进性,及时将前沿的高等教育学

① 赵占良.试论教材的功能定位[J].课程·教材·教法,2021(12):4-10.

知识传递给学生。面对不断变化的新的高等教育世界，高等教育学教材一直敢于打破旧的范式，寻找高等教育学新的话语体系，为新的教材范式的建构打下基础。

高等教育学是一门实践性很强的学科，高等教育学的教材体系也应该兼顾平面化教材与立体化教材的统一。教材是教师教学工作的主要依据，或者说是其“话本”或“剧本”①。为了满足学生的新需求，高等教育学教材建设必须与信息技术进行融合，从平面走向立体，通过信息技术观照、吸收和反映现实的高等教育问题、案例等，将其融入教材设计，提升学生的阅读和研究兴趣以及解决实际高等教育问题的能力。近年来，随着信息技术和数字技术的发展，翻转课堂、慕课、微课等网络课程的兴起，混合式教学的不断推进，各个学科都在推进立体化教材建设。高等教育学教材建设也出现诸多新的网络载体形式，如国家智慧教育公共服务平台、国家高等教育智慧教育平台等都是全国性、综合性在线开放课程平台，这些平台提供了很多线上教材资源，包括文本、图片、视频等，这都成为当前高等教育学教材建设的新色调和新亮点。总之，立体化教材突破了传统的教师单向传授渠道，成为一种师生对话、交流、互动和联结的工具，对于辅助实现高等教育学的教学目标具有重要的助力作用。

四、结语

高等教育学教材建设是一项事关高等教育学传统与现代、历史与未来、职责与使命的战略性、系统性工程。从高等教育学教材体系的内部关系来看，高等教育学教材建设是专业建设和课程建设的重要支撑，是高等教育学学科建设的一项重要内容，是深化高等教育改革、全面推进素质教育的重要保障。从高等教育学教材体系的外部关系来看，高等教育学教材是高等学校的人才培养体系，还是国家的事权，关涉社会主义现代化建设的整体目标。从高等教育学教材体系自身来看，高等教育学教材是高等教育的知识体系，也是高等教育的理论体系，一门成熟的学科必须有完整的科学理论体

① 曾天山.教材论[M].北京:人民教育出版社,2019:24-25.

系，而教材体系就是科学理论体系建构的重中之重。我国在世界上率先创建了高等教育学这门学科，迄今已有 40 多年的发展历程，高等教育学教材建设与学科建设、理论体系建设与人才培养体系建设等几乎同步，共同塑造了我国高等教育学的独特景观和整体风貌。高等教育学教材体系的完善，反映了高等教育学理论体系的不断发展，也反映了高等教育学学科建设进程的加快。但是也应该看到，高等教育学的学科地位与学科事实之间依然存在着矛盾，高等教育学理论体系建设与教材体系建设的任务还远远没有完成。正如潘懋元先生所说："在中国，高等教育学的专著、教材虽然已经出版多部，但是高等教育学尚不是一门成熟的学科。"①。

高等教育学人是高等教育学教材体系建设的中坚力量，高等教育学教材体系正是在一代又一代学人的不断思考、探索、创新中发展起来的。2022 年 12 月 6 日，我国高等教育学的学科创始人潘懋元先生因病辞世。作为高等教育学科的创立者和国内第一部高等教育学教材的编纂者，其思想和实践引领了高等教育学学科建设，为我国高等教育发展做出了重要的、不可磨灭的贡献，其开创的思想体系、理论体系和话语体系也成为后来高等教育学教材建设不可绕开的"灯塔"和"路标"。当前，高等教育学科正处在快速生长和发展的阶段，其旺盛的生命活力并不会随着先生的离世而衰减，一代又一代的高等教育学人有责任承担高等教育学的研究使命，沿着潘先生开辟的领域"跟着说""接着说"和"创新说"，不断丰富高等教育学理论体系。随着数字化时代的到来，高等教育学学科建设进入新的发展阶段，高等教育学教材体系建设面临着新的变化和挑战，高等教育学教材建设的任务依然任重而道远，需要更多的高等教育学人前赴后继，为之呼号和奋斗，不断丰富、发展和完善高等教育学理论体系。

---

①　胡建华，陈列，周川，等.高等教育学新论[M].2 版.南京：江苏教育出版社，2006：1.

第五讲
高等教育本质的再认识

本质是什么?《中国大百科全书·哲学卷》认为,“本质是指事物的内部联系,由事物内部矛盾所构成”①。《辞海》认为,本质“与‘现象’相对,构成辩证法的一对范畴。本质是事物的根本性质,是事物内部相对稳定的联系,由事物所具有的特殊矛盾构成。现象是事物的外部联系和表面特征,是本质的外在表现。本质和现象是对立的统一。两者相互区别:本质比现象深刻、稳定;现象比本质丰富、生动、易变。两者又相互统一:本质决定现象,总要表现为一定的现象;现象总是这样或那样地体现本质,它的存在和变化总是从属于本质。现象可区分为真象和假象。假象是本质的一种歪曲的表现。任何事物都是本质与现象的统一,本质自身是多层次的。透过现象把握本质是科学的基本任务”②。

根据《中国大百科全书·哲学卷》和《辞海》的释义,高等教育本质实乃高等教育之为高等教育的根本性质,对应的问题是“高等教育是什么”。高等教育本质问题是高等教育研究的开源问题、首要问题和根本问题,是探讨高等教育规律、高等教育性质、高等教育特征、高等教育功能、高等教育价值等问题的根基,是主宰高等教育研究中一系列问题的“地下通道”,作为潜在性的思想力量贯穿于高等教育研究的全过程以及方方面面。进一步去追溯,高等教育本质问题又存在自身的“地下通道”。

过去,我们热衷于从简单性思维、还原论和科学主义等视角来研究高等

① 中国大百科全书总编辑委员会《哲学》编辑委员会.中国大百科全书:哲学[M].北京:中国大百科全书出版社,1987:269.

② 陈至立.辞海[M].7版.上海:上海辞书出版社,2022:121.

教育,暴露出诸多不适或弊端。随着人类认识与行动范式的大范围转变,如今的高等教育研究已越来越受到复杂性科学、生成论、整体论、系统论和关系论等的深刻影响,它们也日益成为思考高等教育本质问题的潜在性主导力量,内在关联着对诸如以下问题的回答:为什么要探讨高等教育本质?高等教育本质与高等教育现象是什么关系?高等教育本质可变吗?高等教育本质到底是单本质还是复本质?高等教育本质认识的依据是什么?等等。为此,本讲拟在梳理高等教育典型界说的基础上,立足于高等教育的复杂性,对高等教育本质进行再认识。

一、高等教育的典型界说

人类高等教育古来有之。在我国,其滥觞可以追溯至先秦时期;在西方,也可以回溯到年代同样久远的古希腊、古罗马时期。不过,随着高等教育新事物、新现象、新形式、新类型、新层次、新观念等的不断涌现,高等教育的概念内涵也在发生变化,现当代高等教育相较于古代高等教育,在诸多方面都俨然已"改头换面"。一般认为,现当代高等教育由近代意义上的高等教育发展演化而来,后者主要发轫于中世纪的西欧,以中世纪大学的兴起为重要标志。

现当代语境下的高等教育究竟为何物?对此存在形形色色的理解或解读。在西方世界,高等教育(higher education)与"第三级教育"(tertiary education)、"中等(学)后教育"(post-secondary education)等概念是相互交叉、缠绕或替代使用的。联合国教科文组织1962年召开的高等教育会议指出:"高等教育是由大学、文理学院、理工学院和师范学院等机构实施的各种类型的教育(学术、专业、技术、艺术教育和师范教育等),其基本入学条件为完成中等教育……"1976年,同样由该组织制订的《国际教育标准分类法》(ISCED)则以"第三级教育"指代中等以上的教育:"以完成中等教育(第二级教育)或具有同等学力为进入本级教育的最低要求……上述第三级教育包括由大学、各级各类独立学院、高等专科学院、各种成人教育机构及其他有关机构实施的该级正规和非正规教育。"之所以采用"第三级教育"的指称而有意规避"高等教育"的说法,主要是因为"高等"通常意味着"大学",

但事实上,许多“大学的替代机构”(alternatives to universities)都为高等教育提供重要力量。自从20世纪70年代以来,不少西方学者提出将高等教育界定为“广义的中等(学)后教育”。在整合的基础上,联合国教科文组织1998年在《面向二十一世纪高等教育宣言》中指出,高等教育是“由大学或国家主管当局批准为高等院校的其他教育机构提供的各类中学后的学习、培训或研究培训”。

20世纪80年代初期,不同于西方“问题领域型”的高等教育研究道路,我国教育界创造性地开辟了一条“学科建制型”的高等教育研究道路,创建了具有高度特殊性的、有别于普通教育学的高等教育学学科,针对高等教育问题展开了系统而深入的研究,而高等教育本质及其概念界定问题,无疑成为高等教育研究的首要问题。在适当因循了“第三级教育”“中等(学)后教育”等观点的基础上,我国学者纷纷就高等教育提出了独到见解。潘懋元先生是我国高等教育学的开创者,在其主编的我国第一部高等教育学教材《高等教育学》中,他指出:“高等教育是建立在普通教育基础上的专业教育,以培养专门人才为目标。”①普通教育是高等教育的基础,二者之间是一种相互衔接和递进的关系。该定义奠定了我国高等教育概念研究的基调。在后续出版的《新编高等教育学》中,潘懋元先生就该定义作出了些许调整:“高等教育是建立在普通教育(或基础教育)基础上的专业性教育……以培养各种专门人才为目标。”②自此开始,大同小异的高等教育界说层出不穷。郑启明和薛天祥表示:“高等教育是学制体系中的第三个阶段,亦即最高阶段,是在完全的中等教育基础上进行各种层次、各种形式的专业教育的总称。”③胡建华等认为:“高等教育是在完全中等教育基础之上进行的各种学术性、专业性教育。”④谢安邦详细阐发了高等教育的内涵:“高等教育概念应从两个方面进行界定,一是高等教育在整个学制体系中的位置,二是高等教育的性质。从高等教育在整个学制体系中的位置看,高等教育是初等教

① 潘懋元.高等教育学:上[M].北京:人民教育出版社,1984:3.
② 潘懋元.新编高等教育学[M].2版.北京:北京师范大学出版社,2009:5.
③ 郑启明,薛天祥.高等教育学:修订本[M].2版.上海:华东师范大学出版社,1988:1.
④ 胡建华,周川,陈列,等.高等教育学新论[M].南京:江苏教育出版社,1995:5.

育、中等教育、高等教育三级学制体系中的最高阶段，它是建立在完整的中等教育基础之上的教育。从高等教育的性质看，高等教育是一种专业教育，是依据专业分工培养高级人才的活动。”[①]在此基础上，他进一步概括为：“高等教育是在完全的中等教育基础上进行的专业教育，是培养各类高级专门人才的社会活动。”[②]顾建民在明确了高等教育所处位置及其性质的基础上，在高等教育概念界定中增加了组织形式的内容，认为“高等教育是在中等教育基础上，由大学和其他各类高等院校提供，以培养各种高级专门人才为目标的教育”[③]。薛天祥从既定的逻辑起点（高深知识的教与学）出发，通过依次增加种差的方法，经过严密的逻辑演绎推导出高等教育概念，即“高等教育是在完全中等教育基础上的专业教育……高等教育的特殊本质是社会发展对高级专门人才的需求与高级专门人才培养的实际状况之间的矛盾”[④]。同样地，以高深知识为核心切入点，张楚廷认为“以研习高深学问为内容的培养专门人才的活动，称为高等教育”[⑤]。杨德广教授给出的定义则是：“高等教育是指对中等教育以上程度的人，以传授和研究各种科学、技术、艺术等有关学问为主要活动，以培养高级专门人才为主要目的，有一定专业方向的教育。”[⑥]与上述界定方式较为不同，王冀生从宏观视角来解读高等教育，认为“高等教育，就其基本性质来说，是一种非义务性的专门教育，属于第三产业的范畴”[⑦]，将高等教育视为一种特殊产业。

我国相关法律法规及各类工具书中也有对高等教育概念的解释。譬如，全国人大常委会于 1998 年颁布、2018 年最新修正的《中华人民共和国高等教育法》对高等教育的定义是：“本法所称高等教育，是指在完成高级中等教育基础上实施的教育。”《简明教育辞典》认为：“高等教育是指建立在中等教育基础上的各种专业教育。”[⑧]《中国大百科全书 · 教育卷》中的界定

① 谢安邦.高等教育学[M].北京：高等教育出版社，1998：4-5.
② 谢安邦.高等教育学[M].北京：高等教育出版社，1998：5.
③ 顾建民.高等教育学[M].杭州：浙江大学出版社，2008：3.
④ 薛天祥.高等教育学[M].桂林：广西师范大学出版社，2001：16.
⑤ 张楚廷.高等教育学导论[M].北京：人民教育出版社，2010：5.
⑥ 杨德广.高等教育学概论[M].上海：华东师范大学出版社，2002：3.
⑦ 王冀生.宏观高等教育学[M].北京：高等教育出版社，2000：140.
⑧ 姜文闵，韩宗礼.简明教育辞典[M].西安：陕西人民教育出版社，1988：432.

为:“高等教育从广义上说是指一切建立在普通教育的基础上的专业教育。”[①]《高等教育辞典》给出的释义是:“高等教育又称中学后教育、第三级教育。指建立在普通教育基础上,传授高深的科学文化知识与技能、培养高级专门人才的教育。”[②]《教育大辞典》将高等教育界定为“中等教育以上程度的各级各类教育的总称”[③]。《大辞海·教育卷》中也出现了关于高等教育的定义,认为其是“中等教育阶段以上的大学文化程度的专业教育”[④]。

综上可见,虽然不同学者及相关法律法规、工具书中都存在对高等教育概念的理解,但不难发现,种种理解具有很大的共通之处,都是以属加种差的方式进行定义式的界说。具体来看,这些定义可以分为不同的类型,或者说包含不同的要素:要么表现为一种结构定义或关系定义,即从高等教育在整个教育系统中的位置,与中等教育、初等教育等基础教育的层次关系上来理解和把握高等教育,层次意味着结构,结构意味着关系,因而可称之为结构性的或关系性的高等教育定义;要么表现为一种性质定义或功能定义,“高等教育实乃一种专业教育或专业性教育或培养专门人才的教育”“高等教育具有学术性,通过高深知识培养专门人才”“高等教育具有非义务性”……就是从性质或功能角度所作的高等教育定义;要么表现为一种混合定义,即在一个定义中,既包含高等教育的层次、结构、关系等要素,又涉及高等教育的性质、特征、功能等要素。上述定义中有不少属于混合定义,从层次、结构、关系、性质、特征、功能等方面出发,系统描绘高等教育的图景。

按照属加种差的方式进行定义式的高等教育概念解读,这必然是必要的,是通往高等教育本质理解的必由之路,也是打造高质量的高等教育研究与高等教育实践的先决条件。然而,这种属加种差式的定义对把握高等教育本质“作为有限”,是一种初步的和基本的高等教育认识,且刚性有余而弹性不足,不足以通往高等教育本质认识的理想彼岸,因此还有待进行再概念

① 中国大百科全书总编辑委员会《教育》编辑委员会.中国大百科全书:教育[M].北京:中国大百科全书出版社,1985:94.

② 朱九思,姚启和.高等教育辞典[M].武汉:湖北教育出版社,1993:72.

③ 顾明远.教育大辞典:简编本[M].上海:上海教育出版社,1999:111.

④ 夏征农,陈至立.大辞海:教育卷[M].上海:上海辞书出版社,2014:6.

化，寻找更加立体的高等教育认识。"'高等教育'的再概念化并不是为了寻求对于'高等教育'的具体定义方式，而是旨在不同层面呈现出对'高等教育'概念的不同理解，进而从最佳和最优角度对其予以总体整合。"①这反映了"由探究普适性的教育规律转向寻求情境化的教育意义"②的范式转换，是复杂性科学观照下的产物，同时根基于复杂的高等教育现实。为此，我们必须从复杂性视角出发，重识高等教育本质。

二、高等教育的复杂性

高等教育犹如一个无边的热带雨林，其众多的元素或亚系统纵横交错地结成一张巨大的网，多种不易控制的变量充斥其间，外形因笼罩着色彩斑斓的薄膜而显得有点变幻莫测，给人以"雾里看花"和"水中望月"的朦胧之感。如果认识不到高等教育的种种复杂性，就理解不了高等教育，更遑论走进高等教育的本质世界了。从高等教育内外部关系的视角来看，高等教育的复杂性主要表现为高等教育内部关系的复杂性、高等教育外部关系的复杂性和高等教育内外部关系的复杂性。

（一）高等教育内部关系的复杂性

高等教育内部关系的复杂性，首先表现为高等教育的构成要素多元且异质。一般而言，系统的复杂性与其构成要素以及各要素的组合方式高度相关，要素种类、数量和层次越多，组合方式越丰富多样，系统也就越复杂。高等教育包含大量要素，各要素本身又包含诸多具有不同状态和表现的元素，元素、状态和表现又往往有各种不同的"变态"，变态中又有大、中、小等不同程度。直观地看，一个国家的大学系统通常由诸多不同类型的高等院校构成，同类高等院校往往包含多所各具特色的高校，每一所高校又由多个不同的学科专业构成，而不同的学科专业以及同一学科专业内部不同要素通过相互作用形成复杂的竞争或协同关系。

---

① 张雅鑫，王建华."高等教育"概念的重新审视[J].中国高等教育评论，2023(2):91-107.

② 钟启泉，张华.在东西方对话中寻求教育意义[M]//多尔.后现代课程观.王红宇，译.北京：教育科学出版社，2000:主编寄语.

抛开构成高等教育的其他相关要素的多元性与异质性不说，单是数量庞大的教育者、受教育者和管理者，就足以使高等教育的运行发展异常复杂。人是有限理性与非理性的统一体，各自拥有其独特的思想动机、价值判断和行为选择，他们“一旦作为一种复杂性的存在进入教育过程，无论是从人作为教育系统基本要素的角度也好，还是由于人的复杂性而导致的教育对外在环境开放的角度也好，简单教育过程中那种人为的稳定与有序的运作状态必然会被打破，而出现一种动荡的‘涨落’起伏状态”[①]。在高等教育中，形形色色的“人”所具有的属性及其所处的状态，足以令高等教育的复杂性叹为观止。

高等教育内部关系的复杂性，其次还表现为高等教育具有立体式的网络结构。系统的秘密不在于实体，而在于关系。系统之所以成为系统，不仅因为系统拥有数不清的要素，还因为各要素之间存在特定的关系。没有特定的关系，各要素只能是一堆或一团松散而无关联的东西，不能产生整体性行为和组合功能。

高等教育由大量性质不同的要素构成，各构成要素之间相互联系、相互制约。从纵向来看，高等教育的每一个方面，都具有由一些更为基本的要素一层一层地组织起来的特点，从低层到高层、从部分到整体之间存在着隶属包含关系，整体上构成多个层面的垂直系统。从横向来看，高等教育有多少个面就有多少个纵向垂直系统，而每个纵向垂直系统有多少个阶梯就有多少个横向的水平层次。垂直的、纵向的系统关系和水平的、横向的系统关系，彼此相互结合构成了高等教育多方面、多层次的网络结构。正因为如此，潘懋元先生指出：“从高等教育结构的整体出发，它既包括宏观结构体系和微观结构体系，有纵向结构体系也有横向结构体系，也还包括静态结构体系和动态结构体系，是一个宏微渗透、纵横交错、动静结合的网状结构体。”[②]

高等教育结构关系的复杂性，可以通过具体的大学学科结构关系来解

---

① 么加利.走向复杂：教育视角的转换[M].重庆：西南师范大学出版社，2002：157.

② 潘懋元，王伟廉.高等教育学[M].福州：福建人民出版社，1995：65-66.

读。众所周知，大学是以学科建制为基本特征的，学科是大学的主要构成要素。大学尤其是综合性大学的学科关系相当复杂，各学科之间既存在链状关系，也存在环状关系，还存在网状关系，具有显著的垂直和水平分离特征。从纵向看，存在大学科系统套小学科系统、小学科系统套更小学科系统的现象，逐级叠加构成“学科金字塔”，从塔顶到塔底依次为学科门类群、一级学科群、二级学科群和三级学科群。同时，每个学科门类下面通常设有多个一级学科，每个一级学科下面通常设有多个二级学科，每个二级学科下面通常设有多个研究方向，即人们常说的“三级学科”。从横向看，大学中的每门学科似乎都是一个相对独立的学术组织，彼此有各自的边界和小环境，但是所有学科又都是同一“学科谱系树”的一个分支，不同学科之间存在或近或远的“亲缘关系”。在共同的大学环境中，每门学科既是其他学科的资源争夺者，又是其他学科的资源提供者，彼此之间既相互竞争，又协同发展，共生共荣。当然，“大学系统的学科结构并非简单的纵横二元结构，不同层级的学科通过纵横交错形成复杂的立体网络结构”①。

（二）高等教育外部关系的复杂性

高等教育不是社会中的“单子”，更不是社会中的“孤岛”。它不仅内部结构关系复杂，而且与外部不断变化着的环境系统之间的关系也相当复杂。这主要表现为，高等教育对于外部环境系统“既是自主的又是依赖的”②。之所以这么说，一是因为高等教育有自己相对独立的边界，具有一定的稳定性和封闭性，即使系统的一部分已经瓦解或死亡，它也依然能够保持自己的运动形态；二是高等教育必须适当地开放自己，从外部环境系统中不断地汲取物质、能量和信息，不断地改变自己以适应环境的变化。“一个与环境没有任何交换的封闭系统不可能出现自组织行为，对环境开放即与外界进行物质、能量、信息交换的系统才能产生自组织运动。”③事实上，没有一种生命有机体是可以孤立存在的，任何一种有机体的生存都必须依赖周围的环

① 李枭鹰.多样化与异质化：生态视域中的学科规划思维[J].学位与研究生教育，2006(7)：17-20.

② 莫兰.复杂思想：自觉的科学[M].陈一壮，译.北京：北京大学出版社，2001：236.

③ 么加利.走向复杂：教育视角的转换[M].重庆：西南师范大学出版社，2002：6-7.

境，都必须同周围环境进行物质、能量和信息的交换。当然，高等教育与社会系统之间的作用是相互的，它从社会系统汲取养料的同时，也为社会系统的稳定有序提供智力和人才支撑。

高等教育的外部环境是极其复杂的，复杂的根源不仅在于构成它的各子系统如政治、经济、文化等是动态变化的，而且各子系统之间的相互作用或相互关系是非线性的。由此，高等教育的演化发展表征为诸多变量的行为相互耦合产生错综复杂的系统行为，既包含着决定性的和可逆的因素，也包含随机性的和不可逆的因素，具有有序和无序交混的性质，即整体结构有序和局部杂乱无序并存，整体的结构有序维持着高等教育的聚合力，局部的杂乱无序激发了高等教育的创新和活力。从该意义上说，单纯的有序和确定性或纯粹的无序和不确定性，都不能对高等教育系统的演化发展予以完全解释或完整描绘。主要原因有六：一是高等教育的每个组成部分不能代替整体，每个局部不能说明整体，通过对某个组分或局部的了解无法知晓高等教育整体；二是高等教育有多种多样的子系统和子子系统，每个子系统都有相对独立的结构、功能和行为；三是高等教育各组成要素之间、不同层次之间相互关联、相互制约，存在复杂的非线性相互作用，而且相互作用的方式是多种多样的；四是高等教育与外部环境相互关联、相互作用，彼此之间既是自主的，又是依赖的；五是高等教育随时间而变化，通过系统内部和系统与环境的相互作用，不断适应、调节，运用自组织作用，经由不同阶段和不同过程，向更高级的有序化发展，呈现出独特的整体行为与特征；六是高等教育的演化发展具有阶段性，既有渐变也有突变，渐变是突变的基础，突变则是从低级到高级变化的原因，整个过程是非线性的。

（三）高等教育内外部关系的复杂性

作为社会系统的子系统或亚系统，高等教育一方面嵌镶在复杂的社会系统之中，与其他的社会子系统诸如经济系统、政治系统、文化系统以及各种社会因素之间存在着密切的联系，其运行发展要受到经济、政治、文化等的制约。另一方面，高等教育自身也由多种内在联系的子系统构成，各子系统之间相互作用、相互联系，彼此共处于复杂的非线性关系网络之中。非线性作用的存在致使高等教育的“构成特征不能由孤立的各部分的特征来说明”①,即单纯通过对高等教育某个子系统或与之关联的某个社会子系统的了解,根本不可能对高等教育整体做出完整的解释。同时,由于高等教育各种要素之间存在非线性作用,每个要素的变化都有可能成为其他要素变化的原因,也可以成为其他要素变化的结果。亦即说,高等教育每个要素的变化改变着其他要素或彼此之间的关系,也被其他因素或彼此之间的关系改变着,进而也改变着高等教育系统自身。因为在复杂性系统中,“一个子系统的变化必然影响到与其相联系的其他子系统发生变化,如此传递下去,交互影响,往往会在整个系统中形成一个不断强化、扩展的震荡,使系统表现出许多动态性的特征”②。因此,按照提出一系列定律的方法来描述高等教育的动态行为,当前虽不能下完全否定的判断,但研究业已表明,“用什么数学形式来定量地描述大系统诸变量的变化规律是研究大系统中最困难的一件事”③。

综上所述,高等教育是一种复杂性的现实存在,审视高等教育如同观庐山,“既要横看,看到它的逶迤壮观,又要侧看,看到它的千仞雄姿,既要入山探宝,洞悉其奥秘,又要走出山外,遥望它的全貌”④。高等教育虽算不上什么“千面魔球”,但若说它是一个与变幻莫测的环境嵌套在一起的“多面球体”绝不过分。对于这样的复杂性存在,我们采取属加种差的方式对其定义,无异于手持“奥卡姆剃刀”剔除我们认为无关紧要的部分,将留下的部分视为高等教育的本质,其结果就可想而知了。

那么,我们到底如何去界说高等教育?涂又光先生认为:“现在时兴的研究方法是定义。其实,定义是非常不可靠的,而且艰难到无以复加的程度。不用定义的方法,用什么方法?用定位的方法。……定位定得好,不仅可以起到定义的作用,还可以超过定义的作用。”⑤我们认为,对于复杂的高

① 贝塔朗菲.一般系统论:基础、发展和应用[M].林康义,魏宏森,译.北京:清华大学出版社,1987:46.

② 颜泽贤,张铁明.教育系统论[M].郑州:河南教育出版社,1991:28.

③ 钱学森,宋健.工程控制论(下册)[M].修订版.北京:科学出版社,1981:851.

④ 潘懋元.多学科观点的高等教育研究[J].高等教育研究,2002(1):10-11.

⑤ 涂又光.教育哲学课堂实录[M].雷洪德,整理.武汉:华中科技大学出版社,2020:45.

等教育，定位也不是最好的方法。不用定位的方法，用什么方法？可能需要“定义—定位—定性”的方法。根据上文的分析，我们将高等教育视为一种复杂的关系系统。作为一种关系系统，高等教育既是生成者也是生成物，而且二者之间存在永不停息的矛盾运动。要洞见高等教育的本质，我们必须立足于“原因—过程—结果”三重本体论意蕴去识读高等教育。

三、高等教育的三重本体论意蕴

立足于上述高等教育或高等教育关系的复杂性，高等教育可谓一种复杂的“关系性存在”或“关系集合体”或“关系系统”。任何事物都是“有结构”的存在，现代科学尚未发现存在“无结构”的事物，进一步说，任何事物都不是一种凝固或僵化的实体性存在，而是一种具有自身独特结构的关系性存在，事物自诞生之日起就同时伴生了其错综复杂的内外部关系。既然关系是考察事物的认识论起点，事物本质在关系中得以孕生和显现，那么关系自然也是高等教育本质认识的方法论武器和重要基石。

高等教育既在关系中“自成系统”，也在关系中与其他事物“互成系统”，还在关系中“生成演化”①；高等教育关系既是一种“存在原因”，也是一种“存在范型”，还是一种“存在场域”②。从该意义上看，高等教育的本质必须从高等教育的要素与要素、类型与类型、层次与层次、类型与层次、要素与部分、部分与部分、部分与整体、整体与环境等相互之间的关系中来审视。作为关系性存在的高等教育，恰恰反映了从定位和定性的视角对高等教育本质的认识。

鉴于高等教育的复杂性，关于高等教育有多种定义、定位和定性。法国学者加斯东·米亚拉雷（Gaston Mialaret）从机构、活动、内容和结果四重维度来解读教育的意涵，认为四种含义共同构成了教育的整体，从而摆脱了教育的具体定义方式的窠臼。国内有学者以米亚拉雷的理论为分析框架，试图对高等教育作相应的阐释，即作为机构的高等教育、作为活动的高等教

① 李枭鹰.高等教育内外部关系规律的元研究[J].中国高教研究,2016(11):12-17.

② 李枭鹰.高等教育关系是什么:关于潘懋元教育内外部关系规律的本体论探问[J].江苏高教,2022(8):15-23.

育、作为内容的高等教育和作为结果的高等教育①,这可以说是从定义式的高等教育理性化界说到定位式的高等教育立体化诠释的一次有益尝试。然而,这一尝试存在若干问题。有学者指出,“作为一种机构的‘高等教育’侧重于在组织和制度层面寻求对‘高等教育’的理解;作为一种活动的‘高等教育’侧重于在社会和政治层面寻求对‘高等教育’的理解;作为一种结果的‘高等教育’侧重于在高等教育类型和目的上寻求对‘高等教育’的理解。面向未来的‘高等教育’概念应该在作为一种内容的高等教育的本体论层面寻求对‘高等教育’的理解”②。言下之意,作为一种机构、活动或结果的高等教育,尚且停留在高等教育认识的外围,没有完全深入高等教育本体论意蕴的腹地,至少对高等教育的本体论意蕴认识不足;与此同时,作为一种机构、活动、结果乃至内容的高等教育,无不是从“外在于人”的视角来审视高等教育,而包括高等教育在内的任何形式、类型或层次的教育,在根本上都是为了培养人,“教育从人而来,向人而去,与人同转。追根溯源,人既是教育的原因,也是教育的结果;人既是教育的主体,也是教育的客体;人既是教育的主题,也是教育的灵魂;人既是教育的价值所在,也是衡量教育价值的尺度;人既是教育的元点,也是教育的回归点”③。“人空场”或者“人学空场”的高等教育认识,很难谈得上是触及高等教育本质的深刻认识。

从机构、活动、内容和结果这四重维度来解读高等教育,实乃一种罗列式的高等教育定位,由于彼此之间在周延性、连贯性和互补性上的不足或缺失,可能难以完整还原高等教育的本质。因为按照此方式,我们还可以继续提出作为制度的高等教育、作为文化的高等教育、作为系统的高等教育等一系列相关界说。列宁曾经指出,“‘一般者’即本质”④。综观上述作为机构的高等教育、作为活动的高等教育、作为内容的高等教育、作为制度的高等教育、作为文化的高等教育、作为系统的高等教育……不难发现,它们都涉

① 吴洪涛.高等教育的未来:终结或重构[J].高教探索,2014(1):5-9.

② 张雅鑫,王建华.“高等教育”概念的重新审视[J].中国高等教育评论,2023(2):91-107.

③ 李枭鹰,阮红梅,唐德海.教育为何要以人为本:并非一个毋庸赘述的问题[J].黑龙江高教研究,2020(11):11-15.

④ 列宁.黑格尔“哲学史讲义”一书摘要[M].北京:人民出版社,1955:26.

及作为原因的高等教育、作为过程的高等教育和作为结果的高等教育三个部分。换句话说，作为原因的高等教育、作为过程的高等教育和作为结果的高等教育，在高等教育本质问题上具有“一般者”的意义，即高等教育具有“原因—过程—结果”三重本体论意蕴，而且这三者是螺旋相依的。

（一）作为原因的高等教育

作为原因的高等教育，即作为改变其他事物以及自身的力量而存在的高等教育。我们需要一种改变外部世界的高等教育，更需要一种“产生高等教育的高等教育”，这就是作为原因的高等教育。作为原因的高等教育是一种能动的高等教育，强调高等教育的价值与功能。如前所述，国内高等教育界一般将高等教育界定为“建立在基础教育之上的培养各级各类高级专门人才的社会实践活动”，这种界定强调的是“作为原因的高等教育”。

关注作为原因的高等教育，就是要把高等教育的工作重心放到高等教育自身的建设上来，释放高等教育对个体发展进而对社会发展的促进力量。人才培养是作为原因的高等教育的核心要义，高等教育的其他任何工作，无不围绕着人才培养这一根本任务来运转。高等教育之所以“高等”，看似是出于对中等教育、初等教育等基础教育阶段的衔接与递进，即教育性质上的“高等”，实则源自高等教育在人才培养上的更高追求，源自高等教育在“让人像人”（让人从一个“自然实体”成长为一个“社会实体”）的基础上“让人更像人”，即“让一个个活生生的‘社会人’或‘社会实体’变得更有知识、更有能力、更有智慧、更有思想、更有格局、更有高度、更有视野、更有境界，完成一系列‘更’的升华和超越，从一种粗糙的、单调的、低水平的生命状态，跃迁和进化至一种更精致、更丰实、更高层次的生命状态”①。

（二）作为结果的高等教育

作为结果的高等教育，即作为其他事物的生成物而存在的高等教育。如果将作为原因的高等教育比喻为从某一端点发出的射线，那么，作为结果的高等教育则类似于一条反向的射线——前者是“由点到线”，后者是“由

① 李枭鹰，郭新伟.教育如何以人为本：一种人学视角的追问[J].沈阳师范大学学报(教育科学版)，2022(5)：9-15.

线到点”。与作为原因的高等教育相对应，作为结果的高等教育主要表现为一种被动的高等教育，强调高等教育的条件与环境建设。

相较于作为原因的高等教育，在现实中，我们往往更重视作为结果的高等教育，极度推崇高等教育条件或高等教育环境的建设。这些年来，我国高等教育领域的“211 工程”“985 工程”“C9 联盟”“111 计划”“2011 计划”等，以及眼下加紧推进的“双一流”建设工程，都反映了对高等教育条件或高等教育环境的热切关注。盲目地求大求全或求新求异，试图以指标、排名、软硬件设施、新校区扩建等来丈量高等教育的发展，也是过分聚焦于高等教育条件或高等教育环境的极端表现。问题在于，一流大学和一流学科建设必须服务于一流人才培养，一流大学和一流学科优势必须转化为人才培养优势，否则，形形色色的建设工程或计划就如同豪华住宅无人居住，只能充当一种装饰的摆设，或作为一种“炫富的资本”。这也就是说，各种各样的高等教育建设工程或计划以及高等教育评价指标的完善、大学排名的提升、软硬件设施的配置更新、办学场地的开发扩建等，充其量是高等教育条件或高等教育环境的发展，而非高等教育自身的发展，高等教育条件或高等教育环境的发展，永远也无法取代高等教育自身的发展。

（三）作为过程的高等教育

认识到作为结果的高等教育，进而关注高等教育条件或高等教育环境的建设，是高等教育本质认识的必要条件，却非充要条件。卡尔·雅斯贝尔斯（Karl Jaspers）曾经指出：“从大学改革的双重面向来看，以下两项任务不可分离：一是大学组织和建设的外部改造，二是为以新的形式重新确立大学之理念而做的内在转变。”“……两项任务应同时进行。前者需要人们思考和创造实现目标的手段，后者则要求人们反思大学所应具有的根本特质。”[①]前者主要反映了作为结果的高等教育，后者主要反映了作为原因的高等教育，二者应同时推进的要求则反映了作为过程的高等教育。所谓作为过程的高等教育，即在改变自身与改变其他事物的双向互动中演化发展的高等教育，强调高等教育的情境性和艺术性。

---

① 雅斯贝尔斯.什么是教育[M].童可依，译.北京：生活·读书·新知三联书店，2021：149.

关注作为过程的高等教育，意味着认识到作为原因的高等教育与作为结果的高等教育本就是相互交织和“无缝衔接”的，它们之间的分割实属出于理解的便利，在实践中绝非一种明智之举。作为原因的高等教育是能动的、自主的；作为结果的高等教育是被动的、依赖的；作为过程的高等教育兼具能动性与被动性、自主性与依赖性，是一种发展的高等教育。法国当代著名思想家埃德加·莫兰（Edgar Morin）认为，自主性在依赖性中编织和形成，这是生态关系中一个特有的悖论。[①] 正如“对环境的依赖是一个生物独立的必要条件”[②]，也可以说，“对高等教育环境或高等教育条件的依赖是高等教育自身发展的必要条件”。如果再像过去那样，只认识到作为结果的高等教育，那么对高等教育的理解就只会局限于高等教育的外在环境或条件，只要做好了外在环境或条件建设，高等教育建设就“大功告成”了；相反，若只聚焦于作为原因的高等教育，那么即使笃定高等教育的终极目的在于人才培养，也会因为缺乏必要的、适宜的和先进的高等教育环境或条件的支撑，而无法将育人理想化为现实。事实上，高等教育越“依赖”外在环境或条件，在自身发展或人才培养上也就越“自主”，反之则反。自主与依赖的辩证关系，在高等教育领域拥有强大的解释力，如大学、政府与市场的关系。

（四）高等教育作为“原因—过程—结果”螺旋相依的三联体

高等教育在过去所出现的一系列问题，归结来看，要么是缺乏对作为原因的高等教育的关注，要么是缺乏对作为结果的高等教育的关注，要么是缺乏对作为过程的高等教育的关注，要么是缺乏对作为“原因—过程—结果”螺旋相依的三联体而存在的高等教育的关注。从“原因—过程—结果”三联体的视角来看，高等教育既是一个生成物（作为结果的高等教育），也是它自身的生成者（作为原因的高等教育），还是它自身的生成过程（作为过程的高等教育）。以作为过程的高等教育为载体，作为原因的高等教育和作为结果的高等教育形成了一个运动着的小循环，或内圈循环；在此基础上，作为原因的高等教育、作为过程的高等教育和作为结果的高等教育又形成了一

① 莫兰.方法：天然之天性[M].吴泓缈，冯学俊，译.北京：北京大学出版社，2002：210.
② 莫兰.方法：天然之天性[M].吴泓缈，冯学俊，译.北京：北京大学出版社，2002：210.

个运动着的大循环,或外圈循环。“回环的观点不仅意味着通过反馈加强自身的过程,它还意味着一个回路的终结状态可以连接和返回起始状态,过程的结束喂养了过程的开端;终结依然是终结,但同时又是起始;起始依然是起始,但同时又是终结。”①“原因—过程—结果”的反馈和递归回环,不仅维持了高等教育的存在与正常运转,确保了高等教育的“生理常态稳定性”,而且还在正哺、反哺和互哺过程中推动了高等教育的螺旋式发展,通达高等教育高质量发展的理想彼岸。

① 莫兰.方法:天然之天性[M].吴泓缈,冯学俊,译.北京:北京大学出版社,2002:189.

第六讲
高等教育规律的逻辑划分及其家族性

高等教育规律是高等教育学的永恒问题和经典议题,因为高等教育学是一门研究高等教育问题或现象、揭示高等教育规律的学科。高等教育规律是高等教育学的理论难题,一系列根本性的理论命题需要求解,诸如是否有高等教育规律、能否认识高等教育规律、如何认识高等教育规律等,皆非已经解决的问题。这些年来,我们一直在研究高等教育规律,发表过一系列“论著”[①],但依然觉得高等教育规律是一个“千古之谜”,依然觉得尚未“走进高等教育规律”。鉴于不少议题在过去谈过了,为了不陷入低水平重复或“炒旧饭”的泥淖,本讲讨论一个新的议题——“高等教育规律的逻辑划分及其家族性”。

过去,人们普遍认为事物是一般性与特殊性的辩证统一,据此而将规律划分为一般规律和特殊规律。显然,这是一种二元逻辑划分。事实上,事物是总体性、一般性和特殊性的辩证统一,事物的运行发展要受到总体规律、一般规律和特殊规律的统摄、规约和支配。毫无疑问,高等教育是总体性、

---

① 关于高等教育规律,我们发表了《论教育规律与似规律现象》[《华东师范大学学报(教育科学版)》2007年第2期]、《走出教育规律的认识困境——兼论潘懋元先生提出的教育内外部关系规律》(《中国高教研究》2009年第3期)、《高等教育内外部关系规律的元研究》(《中国高教研究》2016年第11期)、《教育内外部关系规律的提出、对话和源流》[《厦门大学学报(哲学社会科学版)》2020年第5期]、《教育内外部关系规律的间性思想及其理论价值》(《江苏高教》2021年第1期)、《高等教育关系是什么——关于潘懋元教育内外部关系规律的本体论探问》(《江苏高教》2022年第8期)、《教育内外部关系规律的前提性追问与辩证性反思》(《中国高等教育评论》2022年第2期)、《走近高等教育规律研究》(《现代教育管理》2023年第11期)等系列论文,出版了对高等教育规律进行元研究的《高等教育关系论》(中国社会科学出版社2017年出版)以及专著《高等教育规律论》(中国社会科学出版社2024年出版),研究和讨论了高等教育规律的若干核心议题,与之有关的思想和观点不再赘述。——笔者注

一般性和特殊性的辩证统一体,这决定了高等教育的运行发展要受到高等教育总体规律、高等教育一般规律和高等教育特殊规律的统摄、规约和支配。为此,我们有必要讲清高等教育总体规律、高等教育一般规律和高等教育特殊规律的家族性,为我们理解高等教育规律的逻辑结构和建立高等教育规律谱系奠定基础。

一、高等教育总体规律的家族性

规律以关系的方式或形态存在,实乃列宁所说的"本质的关系或本质之间的关系"①。这是规律的本质规定性,是规律的内在规定性。世界诸规律以立体的、网络的、上下贯通的方式相互作用,合生出世界总体规律,呈现世界的总体发展趋势。与此同时,世界总体规律又反过来分生出世界诸规律并统摄世界诸规律,由此而形成总体规律与诸规律的双螺旋运转。规律作为一只看不见的手或一种神秘的力量,总是躲在万事万物的背后,统摄、规约和支配万事万物的运行发展。从系统科学的视角看,万事万物既在关系中"自成系统",又在关系中"互成系统",还在关系中"生成演化"。这实乃万事万物的"总体规律"。

世界是普遍联系的,规律是普遍存在的,总体规律也是普遍存在的。从宇观世界到微观世界,每一个领域都存在自身的总体规律,宇宙有宇宙的总体规律,总星系有总星系的总体规律,银河系有银河系的总体规律,太阳系有太阳系的总体规律,地球有地球的总体规律,自然有自然的总体规律,社会有社会的总体规律,社会各领域有社会各领域的总体规律,思维有思维的总体规律……不同领域的总体规律,呈现和刻画各自领域的总体趋势,统摄、规约和支配各自领域一切事物的运行发展。总体规律是一个相对的概念,某一总体规律相对于另一总体规律,可能只是一种一般规律甚或是特殊规律,或者说可能只是一种下位规律或子规律,像社会各领域的总体规律相对于社会总体规律,就是如此。这意味着在从宇观世界到微观世界的总体

① 中共中央马克思恩格斯列宁斯大林著作编译局.列宁哲学笔记[M].3版.北京:人民出版社,1974:161.

规律的链条中，存在形形色色的“中介性”总体规律，或者说这些总体规律经常扮演“中介规律”的角色，它们承上启下、彼此链接、相互规约，形成谱系性的总体规律结构。

从本质上说，总体规律是一种总体关系，亦即各种本质的关系或本质之间的关系的“格式塔”，不同领域的总体规律实乃不同领域的总体关系。这意味着对世界总体规律的发现，根基于对世界总体关系的认识；或者说，把握不了世界的总体关系，就发现不了世界的总体规律。这也是探寻、发现和揭示规律的总法则、总纲领和总范式。站在历史的长河中看，人类一直在努力探寻世界的总体关系，着力于揭示世界的总体规律，以达到揭开世界总体奥秘的目的。时至今日，人类对万事万物总体关系的探究已形成不少共识，诸如：无序是有序之源；世界总体上是由低级形态向高级形态演化；地球既在太阳系中自转，又在太阳系中与其他行星围绕太阳公转，还在太阳系中演化；社会形态由低级形式向高级形式转变，即奴隶社会取代原始社会，封建社会取代奴隶社会，资本主义社会取代封建社会，资本主义必然被社会主义、共产主义取代……如此种种，既是一种总体趋势，也是一种总体关系，还是一种总体规律。

高等教育既在关系中“自成系统”，又在关系中与其他系统“互成系统”，还在关系中“生成演化”，我们称之为“高等教育总体规律”①。这是一种本质的或本质之间的高等教育总体关系，亦即高等教育总体规律的质的规定性或内在规定性。这也意味着对高等教育总体规律的发现或揭示，必须根基于对高等教育总体关系的认识。高等教育总体关系是各种高等教育关系的总体或完型，我们一般难以通过经验把握到这种总体关系，但可以通过理性超越地、超前地把握到这种总体关系，这告诉我们发现和揭示高等教育总体规律离不开逻辑研究。相较于高等教育一般规律和高等教育特殊规律，高等教育总体规律具有以下“家族性”。

（一）上位性

作为各种本质的或本质之间的高等教育关系的“格式塔”，高等教育总

---

① 李枭鹰.论高等教育学学术体系的四重属性[J].高等教育研究，2021(6)：54-60.

体规律一方面由高等教育诸规律相互作用而整体生成，另一方面也蕴含了所有高等教育规律的本质规定性或“遗传信息”，由此而具有生发所有高等教育规律的“潜质潜能”。

从生态位上看，高等教育总体规律属于最上位的或最核心的高等教育规律，它汇聚了所有下位或外围的高等教育规律的本质规定性，对所有下位或外围的高等教育规律具有内在的统摄性、规约性和支配性。具体而言，在特定的高等教育规律的链条中，高等教育总体规律直接统摄所有的高等教育一般规律，间接统摄所有的高等教育特殊规律。这种关系如同“大道理统摄小道理，小道理必须服从大道理”。高等教育总体规律属于高等教育的“上位规律”或“大道理”，所有类型或层次的高等教育不能违背高等教育总体规律，否则，即使遵循了高等教育一般规律和高等教育特殊规律，也走不稳、走不远和走不好，迟早会“在阴沟里翻船”。

高等教育总体规律如同《道德经》中的“道”或“谷神”，具有海纳百川、万取一收的品质和精神，也因此而成为一切形态的高等教育或高等教育各部分必须遵循的共同规律。[①] 不管是哪种类型的高等教育，也不管是哪个层次的高等教育，还不管是何等大小的高等教育要素，它们的运行发展都不得违背高等教育总体规律。在高等教育规律谱系中，高等教育总体规律是“母规律”或“大道理”，各种高等教育规律一方面继承了高等教育总体规律的“遗传基因”，分有了高等教育总体规律的本质规定性；另一方面，也必然要受到高等教育总体规律的统摄、规约和支配，即高等教育总体规律统摄、规约和支配下位的所有高等教育规律。这是高等教育的“母规律”与“子规律”之间的“两重性逻辑”，这种“两重性逻辑”决定了各种高等教育规律相互对话的必要性、可能性与逻辑性。

高等教育总体规律具有统摄性、规约性和支配性，但这并不意味着它是“大一统的理论”，也并不意味着我们必须将所有的高等教育规律集成或聚形为一个凌驾于一切之上的高等教育理论，并以之解释或指导一切高等教

---

① 李枭鹰，齐小鹍.生成整体论视域中的一流学科建设[J].学位与研究生教育，2019(12)：25-29.

育的思想与行动。面对复杂的高等教育,试图找到或建立一种绝对的统一理论、总体综合和唯理排序,用以应对或求解所有的高等教育问题,不现实、不可取、不可行。用法国当代著名思想家埃德加·莫兰的话说,“普遍认识总是抽象的,贫乏的,‘意识形态’的,它只能是对实际的简化。同理,大一统理论为了避免知识分裂就必须遵循一条大肆简化和压缩的原则,让整个宇宙服从于一个唯一的逻辑公式。因此,所有寻找统一理论和普遍答案的尝试都没什么结果,反而是在葬礼中让人痛心地看到了科学分门别类的必要性”①。这在根本上揭示并点明了建立由不同类型和层次的高等教育规律构成的高等教育规律体系的必要性、可能性和逻辑性。

高等教育总体规律不能“包打天下”,离开了高等教育一般规律和高等教育特殊规律的协同合作,高等教育总体规律只能是一种“屠龙之术”。易言之,高等教育总体规律统摄、规约和支配高等教育一般规律和高等教育特殊规律,同时又必须通过高等教育一般规律和高等教育特殊规律来实现。但是,我们必须掌握高等教育总体规律,否则,高等教育一般规律和高等教育特殊规律就没有航标、航向和舵手。从整个高等教育规律体系来看,高等教育总体规律、高等教育一般规律和高等教育特殊规律是相互成就的,这种相互成就是系统科学特别强调的整体与局部的相互成就、总体理念与局部行动的相互成就。高等教育总体规律、高等教育一般规律和高等教育特殊规律是一个不可分割的有机整体,三者分处不同的生态位,各自以独有的方式发挥作用,谁也不能离开谁,相互之间存在不可分割的正哺、反哺和互哺关系。

(二)总趋性

总趋性亦即总体趋势。庄子有云:“大知闲闲,小知间间。”意思是大的智慧宽容广纳,小的智慧务求精细的区分和取舍。当然,这里没有贬低“小知”的意思,只是点明“大知”与“小知”的区别或特点。总体而言,人对世界的认识和描述都是近似的,比如:我们常说的“水平面”,其实也只是“近似的平面”;我们常说的“最小微粒”,其实也并不是“最小”。高等教育总体规

① 莫兰.方法:天然之天性[M].吴泓缈,冯学俊,译.北京:北京大学出版社,2002:9.

律一如“大知”，主要立足于高等教育的整体格局、总体关系和总体趋势，而不谋求对高等教育进行精细的、准确的区分和取舍。作为贯穿于所有类型或层次之高等教育及其要素的共同规律，高等教育总体规律只是描绘高等教育发展的整体格局、总体关系和总体趋势，不刻画高等教育的局部结构、细枝末节和具体环节。从复杂性科学的视角看，“高等教育是介于完全结构化与混沌之间的复杂系统，具有确定性与随机性、有序性与无序性交混的性质”①，我们也只能预测其运行发展的宏观趋势。

作为一种高等教育的整体格局、总体关系和总体趋势，高等教育总体规律表征为一种“统计性规律”而非“确定性规律”②，即一种对高等教育的整体格局、总体关系和总体趋势的“概率性表达”。高等教育规律是高等教育的规律，高等教育规律连同其统计性或概率性，随着高等教育的发展而变化，集中表现为普遍的小概率变成局部的或暂时的大概率，进而发展成整体的或稳定的大概率，呈现高等教育运行发展的总体趋势。这意味着综合分析形形色色的大小概率或准规律，可以帮助我们对高等教育的运行发展做出宏观的趋势性预测。

（三）共通性

不同的总体规律存在不同的适用范围，具体领域的总体规律在本领域是通行的、共通的和普适性的，超出本领域就未必适用了。譬如，唯物辩证法的对立统一规律、否定之否定规律、质量互变规律，实乃“对世界的全局性的辩证综合，因而它们的适用范围最广，不但适用于自然界，而且还适用于社会和思维”③，而自然辩证法的自然物结构规律、自然物运动规律、自然物发展规律、自然物循环规律，不是“对整个世界的辩证综合，只是对部分世界——狭义的自然界的辩证综合。虽然它们综合的范围已经很大，但毕竟还只是部分世界，因而它们的适用范围要比哲学规律小得多”④。以“斥引

① 李枭鹰.复杂性视域中的高等教育预测观[J].黑龙江高教研究,2009(2):7-9.

② 唐德海,李枭鹰.论教育规律与似规律现象[J].华东师范大学学报(教育科学版),2007(2):8-13,52.

③ 闵永昌,黄明理.论自然界的普遍规律[M].长沙:湖南大学出版社,1987:1.

④ 闵永昌,黄明理.论自然界的普遍规律[M].长沙:湖南大学出版社,1987:1.

致动规律”[①]为例，它既适用于无机界，也适用于有机界，因而适用于整个自然界，但也只是适用于自然界，而不适用于社会和思维。历史唯物主义表明，社会是运动的、变化的和发展的，社会的基本矛盾推动着社会向前发展；当旧的生产关系不适应生产力的性质时，总要被适合生产力性质的新的生产关系所代替。显然，我们不能把生产关系与生产力的适合与不适合的关系看成一种吸引运动与排斥运动，即一种遵循“斥引致动规律”的运动。当然，社会中自然物的运动也遵循斥引致动规律，但不能由此而推导出“斥引致动决定社会发展”。

世界总体规律是从世界诸规律辩证综合出来的共同规律，即一种从“差异”中综合出来的“共同”。因此，世界总体规律必然存在于世界的所有部分之中，贯穿于世界的所有部分之中。同理，高等教育总体规律必然“存在”于高等教育的所有部分之中，也必然“贯穿”于高等教育的所有部分之中。具体而言，作为一种高等教育的共同规律，高等教育总体规律贯穿于高等教育的所有要素、所有类型和所有层次，具有不可置疑的“共通性”。作为高等教育诸规律的辩证综合，高等教育总体规律是总体性高等教育规律、集成性高等教育规律和集群性高等教育规律。

二、高等教育一般规律的家族性

一般规律是事物的一般趋势或一般关系。历史唯物主义揭示，生产力的变化迟早要引起生产关系的变化，生产关系的变化迟早要引起社会性质的变化，这是生产力、生产关系和社会性质的一般关系，是人类社会发展的一般规律。从生态位来看，一般规律作为总体规律的下位规律，从总体规律分形而来，又以基座的方式支撑总体规律；一般规律继承或分有了总体规律的本质规定性，受总体规律的统摄、规约和支配。

不同领域存在各自的一般规律，诸如：自然领域的“自然物运动的规律、自然物空间结构的周期律、自然物转化的规律、自然物演化的规律”[②]；社会

① 闵永昌，黄明理．论自然界的普遍规律[M]．长沙：湖南大学出版社，1987：110.
② 闵永昌，黄明理．论自然界的普遍规律[M]．长沙：湖南大学出版社，1987：225.

领域的生产力与生产关系的矛盾运动规律、经济基础与上层建筑的矛盾运动规律;经济领域的价值规律、剩余价值规律;美学领域的形式美规律、内容美规律;高等教育领域的内部关系规律、外部关系规律。就高等教育而言,一般规律具有中位性、集合性和全局性,亦即高等教育一般规律的特性。当然,这种特性也适用于其他领域的一般规律,只是具体表述的话语体系有所不同而已。

(一)中位性

高等教育一般规律是本质的或本质之间的高等教育一般关系,这是高等教育一般规律的本质规定性。“高等教育总体规律—高等教育一般规律—高等教育特殊规律”对应“高等教育总体关系—高等教育一般关系—高等教育特殊关系”,“高等教育一般规律”和“高等教育一般关系”在各自的生态链中身处“中位”,扮演承上启下的地位和角色。

高等教育一般规律处在高等教育总体规律和高等教育特殊规律之间,因身处中位而具有“承上启下性”和“上传下达性”。这种承上启下性或上传下达性集中表现为:高等教育一般规律既是高等教育总体规律的“下位规律”,又是高等教育特殊规律的“上位规律”;高等教育一般规律既从高等教育总体规律分形而来,又向高等教育特殊规律分形而去;高等教育一般规律既分有了高等教育总体规律的本质规定性,又凝聚了高等教育特殊规律的本质规定性。这种环回对话潜含了高等教育诸规律的“来龙去脉”,蕴含着高等教育诸规律之间的“基因关系”。

(二)集合性

按照潘懋元先生“教育内外部关系规律理论”,高等教育一般规律包括两大“有限规律集合”,即高等教育内部关系规律集合和高等教育外部关系规律集合。其中,高等教育内部关系规律集合主要涉及“教育与教育对象的身心发展以及个性特征的关系”“人的全面发展教育各个组成部分的关系”以及“教育者、教育对象、教育影响诸要素的关系”[①];高等教育内部关系规

① 潘懋元.新编高等教育学[M].北京:北京师范大学出版社,1996:12-14.

律集合包含诸多的“规律元素”，这些规律需要高等教育学各分支学科（诸如高等教育学原理、高等教育心理学、大学课程与教学论等）去研究和发现。高等教育外部关系规律集合涉及高等教育与政治、经济、文化、科技、人口、宗教、习俗、地理、交通和环境等之间的一系列本质关系，亦即一系列本质之间的高等教育关系，因而作为一个规律群而存在和呈现；高等教育外部关系规律集合包含众多的“规律元素”，诸如高等教育政治规律、高等教育经济规律、高等教育文化规律、高等教育科技规律、高等教育人口规律等，这些规律需要高等教育学各交叉学科（诸如高等教育政治学、高等教育经济学、高等教育文化学等）去研究和发现。综上不难发现，潘懋元先生提出的“两条”高等教育一般规律，实为“两类”高等教育一般规律。如此，我们才能理解教育内外部关系规律的“进一步表述”①，才能洞见教育内外部关系规律的“内在本意”，才能把握教育内外部关系规律的“理论张力”，才能不陷入将教育规律划分为教育内外部关系规律到底科学与否的“无谓争论”。

高等教育内外部关系具有高度的概括性和包容性，囊括了一切类型或层次的高等教育内外部关系，在逻辑上与高等教育作为一种“关系系统”或“关系集合体”或“关系性存在”一致。如果高等教育是一个“关系系统”或“关系集合体”或“关系性存在”，那么这个系统内部的一切关系就是内部关系，这个系统与外部其他系统的关系就是外部关系。从该意义上说，高等教育内部/外部关系是一个“无限集合”，涉及的“关系元素”是无限数量的。但是，从语义上说，一般的/基本的/根本的/主要的高等教育内外部关系不是无限的，这就意味着高等教育内部关系规律集合和高等教育外部关系规

① 在诸多的教育规律中，有两条规律是最基本的：一条是关于教育与社会发展关系的规律，称为教育的外部关系规律，简称教育外部规律；一条是关于教育与人的发展关系的规律，称为教育的内部关系规律，简称教育内部规律。教育外部关系规律可以表述为“教育要与社会的发展相适应”，也可以进一步表述为“教育要受经济、政治、文化等的制约，并对社会的经济、政治、文化等的发展起作用”。教育内部关系规律是指在人的培养这一复杂的过程中，各种因素之间的必然联系与关系。而在这些关系中，最基本的关系有三个：一个是教育与教育对象的身心发展以及个性特征的关系，一个是人的全面发展教育各个组成部分的关系，再一个是教育者、教育对象、教育影响诸要素的关系。所谓教育内部关系规律就是这些关系与作用的总和。教育外部规律制约着教育的内部规律的作用，但教育的外部规律也只能通过内部规律来实现。（潘懋元.新编高等教育学[M].北京：北京师范大学出版社，1996：12-14.）

律集合皆是“有限集合”，若将其视为“无限集合”就有违高等教育一般规律或高等教育一般关系的本质规定性，至少在逻辑上或语义上或常识上也说不通。

长期以来，受普通教育学学科体系或分析框架的影响，高等教育学也主要从高等教育、社会、人的三角互动关系去理解高等教育和探寻高等教育一般规律。这种研究形成了不少颇具解释力和改造力的高等教育学理论，但也不可否认，我们也因此而忽视了高等教育与自然的关系，不同程度地断开或割裂了高等教育学与自然科学之间的联系，这足可从长期以来学界将高等教育学要么划归为人文科学，要么划归为社会科学，要么划归为人文社会科学的论说得到佐证。从根本上看，人从自然而来，流转于社会，超归于自然；社会是单个人的联合体，社会是人的社会，人是社会的人；高等教育从人和社会而来，向人和社会而去，与人和社会同转。这种根脉性的客观事实、内在逻辑和生态关系昭示我们：高等教育与自然的关系绝对是一种不可忽视的高等教育一般关系，二者之间的关系规律应该属于高等教育一般规律，但它属于高等教育外部关系规律的范畴，实乃高等教育外部关系规律集合中的“规律元素”。一直以来，深受人类中心主义或社会中心主义的影响，自然、人、社会这三个概念项经常被我们人为地分离，这种分离打碎了它们之间无时无刻不存在的关联，进而造成了高等教育与自然之关系的“疏离”，压缩了高等教育一般关系的“疆域”，减少了高等教育一般规律集合的“阈值”。从生发逻辑看，高等教育先有自然性，后有人文性，再有社会性；任何时空背景下的高等教育都兼具自然性、人文性和社会性，孕生于高等教育的高等教育学当然也兼具自然科学性、人文科学性和社会科学性。凭此，我们必须关注并重建这三者在切分或分道扬镳中消失的东西，即那些“它们之间的关系本身”[①]，回归“自然—人—社会—高等教育”四位一体的本然境遇，重建高等教育与自然之间被忽视了的衔接以及高等教育学与人类学、社会学、生态学、地理学等多学科之间应有的衔接，绝不能让一方成为另一方的“点缀”，也不能让一方为了彰显自己而把另一方降为“背景”。舍此，我们

① 莫兰.方法：天然之天性[M].吴泓缈，冯学俊，译.北京：北京大学出版社，2002：2.

将不能真正理解高等教育，更看不到或不承认高等教育学的多学科性、跨学科性和超学科性。

（三）全局性

具体领域的一般规律是适用于该具体领域全局的规律，也是只适用于该具体领域全局的规律，诸如自然界的一般规律是“适用于且只适用于自然界全局的规律”[①]。具体领域的一般规律，一旦超出其范围，往往就不灵验了或不成立了。比如，自然界的质量守恒定律、能量守恒定律，一到社会领域或思维领域就未必成立了。高等教育一般规律适用于且只适用于高等教育领域，而不适用于其他社会各领域，更遑论自然界和思维领域了。这意味着常言的诸多一般规律，只是相对的、特殊的、具体的一般规律，而非绝对的、普遍的、抽象的一般规律。对于高等教育一般规律，我们必须将精力集中到相对的、特殊的、具体的一般，而非绝对的、普遍的、抽象的一般，以免陷入空洞的规律主义泥淖。

高等教育一般规律反映了高等教育运行发展的一般关系或一般趋势，诸如自然、人、社会和高等教育四者之间存在不以人的意志为转移的相互作用、相互制约、相互干预、相互反馈和相互适应。高等教育一般规律对所有类型或层次的高等教育都具有一定程度的适用性，亦即所有类型或层次的高等教育都要遵循高等教育一般规律。就高等教育内部关系规律而言，不唯本科教育涉及教育与教育对象的身心发展以及个性特征的关系，人的全面发展教育各个组成部分的关系，以及教育者、教育对象、教育影响诸要素的关系。就高等教育外部关系规律而言，也不唯本科教育要受社会的政治、经济、文化、科技、人口、宗教、习俗、地理、交通和环境等的制约，同时又对社会的政治、经济、文化、科技、人口、宗教、习俗、地理、交通和环境等起反作用。事实上，专科教育、硕士生教育、博士生教育也是如此。这主要是从高等教育层次上说的。就高等教育类型而言，高等职业教育、成人高等教育和普通高等教育皆要遵循高等教育一般规律或高等教育内外部关系规律。

高等教育在关系中整体生成。一方面，高等教育要受到高等教育内外

---

① 闵永昌，黄明理.论自然界的普遍规律[M].长沙：湖南大学出版社，1987：1.

部关系的“整体性制约”。另一方面,高等教育也对高等教育内外部关系发生“整体性反作用”。这是高等教育一般规律,也是高等教育内外部关系规律的另类表达,还是推进高等教育现代化建设的基本范式。仅就高等教育外部关系而言,身处特定时空背景之下的高等教育,经常表现出“要受”某种外部关系所主导,又经常表现出“不由”某种外部关系所主导。诸如,陕西、江西并非我国经济发达省区,但其民办高等教育发展领先于不少经济发展更好的省区,表现出文化主导民办高等教育发展的特征,即这些省区的民办高等教育发展遵循高等教育文化规律,而非高等教育经济规律;广东的经济总量要大于香港的经济总量,但香港在短期内建成了世界一流大学,这也不是单纯的高等教育经济规律所能解释的。乍一看,这些高等教育现象与“经济基础决定上层建筑”不一致,似乎不符合高等教育内外部关系规律,似乎难以用高等教育内外部关系规律来解释。之所以出现这种误解或误判,那是因为我们忽视了高等教育的整体生成性或整体涌现性,忽视了高等教育内外部关系对高等教育运行发展的整体制约性或非线性作用性。

以高等教育内外部关系规律为核心,向四周扩散探寻,不难发现还存在一系列适用于高等教育全局的高等教育一般规律,这些规律属于高等教育内外部关系规律的衍生规律。诸如,结构优化与功能耦合规律,整体有序而局部无序规律,数量、序量、质量互变规律……这些将长期统摄、规约和支配人们对高等教育的研究与探索、认识与行动。

三、高等教育特殊规律的家族性

规律存在各种不同的表现形式,“这些不同的表现形式就是事物特殊规律”①。换言之,“相对于客观实在性的具体对象来说,我们要承认其存在、发展、变化的规律,而且规律也是特定层次,特定方面,特定对象的规律”②。像数学、物理学、化学、天文学、地学、生物学、心理学、经济学等,以探讨各自领域的特殊规律为核心使命,一般不太关注自然、社会、人或思维的总体规

① 王满.规律学[M].北京:长城出版社,2002:22.

② 王宏波.简论工程哲学的基本问题[J].自然辩证法通讯,2002(6):85-86.

律和一般规律,这在根本上是由这些学科的研究对象决定的。

特殊规律相当广域,也十分普遍,不同学科皆在致力于发现或揭示本学科领域的特殊规律,诸如数学领域的代数规律、平面几何规律、三角函数规律、平面解析几何规律、数学分析规律,物理学领域的力学规律、热学规律、电磁学规律、光学规律,化学领域的有机化学规律、无机化学规律,天文学领域的天球坐标系规律、天体运动规律、太阳系规律、银河系规律、总星系规律,地学领域的气象规律、地质规律、海洋规律,生物学领域的原生质规律、细胞规律、新陈代谢规律、生殖和发育规律、遗传和变异规律、生物进化规律,心理学领域的神经规律、反射规律、思维和认识规律,经济学领域的物质资料量度规律、物质资料价值转移规律、劳动成果价值形成规律、交换规律、分配规律……高等教育学领域同样存在一系列的高等教育特殊规律,这些规律具有自身的家族性。

(一)下位性

作为高等教育一般规律的下位规律,高等教育特殊规律从高等教育一般规律分形而来,分有了高等教育一般规律的本质规定性,继承了高等教育一般规律的"遗传基因"。这种继承或分有一如大树分叉,主枝上生出细枝,细枝又生出新的细枝,如此不断依次生发,整棵大树走向枝丫繁密和茂盛;整棵大树根脉相同,所有枝叶同根同源,表征为主枝一方面逐级生出细枝,另一方面又逐级统摄、规约和支配细枝。尽管如此,高等教育特殊规律并非高等教育一般规律的"简单放大",高等教育一般规律也不是高等教育特殊规律的"直接浓缩";从高等教育一般规律到高等教育特殊规律,抑或从高等教育特殊规律到高等教育一般规律,存在聚形与分形、抽象与具体、凝聚与分有的环回对话和认识论大循环。

按照谱系位或生态位从高到低的次序,高等教育规律谱系存在自身独有的统摄、规约和支配的逻辑,即高等教育下位规律必须符合高等教育上位规律,高等教育上位规律要通过高等教育下位规律来实现。具体而言,高等教育特殊规律必须符合高等教育一般规律,高等教育一般规律必须符合高等教育总体规律。这是一种"小道理必须符合或服从大道理"的思维逻辑。

高等教育特殊规律→高等教育一般规律→高等教育总体规律，它们的规定性、抽象性和统摄性依次（或逐级）递增，一如“桃树→果树→树→植物→生物→物质→存在”这条概念链，前者在本质规定性上依次（或逐级）分有了后者的本质规定性，同时也要依次（或逐级）受到后者的统摄、规约和支配。也正因为如此，高等教育特殊规律必须符合或不能违背高等教育一般规律，高等教育一般规律必须符合或不能违背高等教育总体规律；不同类型或层次的高等教育一方面要遵循自身的特殊规律，另一方面也要遵循高等教育一般规律和高等教育总体规律。这符合大前提、小前提、结论的三段论逻辑，即唯有大前提正确、小前提也正确，结论方可正确。

（二）不可数性

高等教育特殊规律是高等教育规律谱系中最大的“规律家族”或“规律集合”。这个家族中有无数的“家族成员”，这个规律集合存在无数的“规律元素”。这是因为高等教育特殊关系是无限数量的和不可数的，本质的或本质之间的高等教育特殊关系也是无限数量的和不可数的。一言以蔽之，高等教育特殊规律是一个“无限集合”。放眼望去，每一个高等教育领域都存在形形色色、大大小小的特殊规律，只要我们愿意去细分、能够去细分、有心去细分，就可以找到、发现和揭示相应类型或层次的高等教育特殊规律。

与高等教育总体规律、高等教育一般规律相比，高等教育特殊规律存在更多的类型和层次，而且无论在类型上还是在层次上，高等教育特殊规律皆是一个可以理解的、可认知的家族性概念/群体性概念/集合性概念。从层次上说，专科教育规律是一个规律群，本科教育规律是一个规律群，硕士教育规律是一个规律群，博士教育规律是一个规律群，而且每一个规律群又是分类或分层的，涵盖若干子规律群。从类型上说，普通高等教育规律是一个规律群，高等职业教育规律是一个规律群，成人高等教育规律是一个规律群，而且每一个规律群又是分类或分层的，涵盖若干子规律群。由此足见，高等教育特殊规律是一个“分类且分层”或“分层且分类”的规律体系。比如说，不同的学科专业存在不同的人才培养规律，工科有工科的人才培养规律，理科有理科的人才培养规律，文科有文科的人才培养规律；就同一学科专业而言，不同层次的人才培养也遵循不同的规律，专科遵循专科人才培养规律，本科遵循本科人才培养规律，研究生遵循研究生人才培养规律。从高等教育规律谱系来看，不同的高等教育特殊规律皆因从高等教育一般规律分形而来，继承和分有了高等教育一般规律的本质规定性，彼此之间存在或近或远的“血缘关系”或“基因关系”。

高等教育特殊规律的不可数性，源于高等教育特殊关系的不可数性和无限可分性。广域地看，无限可分是物质世界的普遍规律。众所周知，宏观物体是由分子组成的，分子是由原子组成的，原子是由原子核和绕核旋转的电子组成的，原子核是由质子和中子组成的……质子、中子、电子以及后来发现的中微子、各种介子、各种超子以及以上这些粒子的反粒子，再加上所谓的“共振态粒子”等，已发现 300 多种亚原子粒子，物理学上称之为“基本粒子”。[①] 事实上，“基本粒子”也并不“基本”，它也是由更深层次的粒子组成的，也是有内部结构的，而且其微观结构是无限的。这对我们理解高等教育特殊关系的无限可分性和高等教育特殊规律的不可数性，具有特殊的认识论和方法论意义。当然，研究高等教育特殊关系或高等教育特殊规律没有必要走进如此微观的领域。

（三）局域性

相对于高等教育总体规律的共通性和高等教育一般规律的全局性，高等教育特殊规律则具有局域性，即只适用于高等教育的局部领域。诸如，教学规律只适用教学领域，课程规律只适用于课程领域，体育规律只适用于体育领域……用教学规律来指导行政管理，用课程规律来指导院系建设，用体育规律来指导审美教育，难免会“南辕北辙”或“驴唇不对马嘴”。任何高等教育特殊规律皆有其特定的适用范围，超出其范围就失灵了或不成立了。高等教育特殊规律因为直指高等教育的具体领域或特殊对象，经常表征为一种“微型规律”，同时也表征为一种“微型原理”或“微型理论”，这是因为规律、原理、理论是相互定义和相互解释的，三者之间存在一定的相通性，在根本上具有“同质同构性”。

---

① 闵永昌，黄明理.论自然界的普遍规律[M].长沙：湖南大学出版社，1987：32.

或许正是源于这种微观性或局域性，高等教育特殊规律与高等教育原则经常被模糊使用，有时候还会出现张冠李戴的局面。中国学位与研究生教育学会组织编写的《教育规律读本：育人三十六则》（商务印书馆 2019 年版），从中国古代先贤的有关典籍中遴选了三十六条关于教育规律的箴言断语①，并对其进行了阐释和解读。根据“规律就是关系……就是本质的关系或本质之间的关系”的界说，这三十六条箴言断语，或许只有“教学相长”“不积跬步，无以至千里”“勤能补拙”“熟能生巧”“温故知新”“三人行，必有我师”“性相近，习相远”等揭示了某种“本质的或本质之间的教育关系或教学关系”，符合教育规律或教学规律的客观性，而其他条目在很大程度上只是表征为一种教育原则或教学原则，即集中表征为一种带有教育价值涉入或主观色彩的处理某些教育或教学问题的依据或标准。当然，还有“学以致用”等是否适合作为一条教育或教学原则也还值得商榷，至少要看具体的场域或语境而定。众所周知，“致用”是必要的，但“致用”不是学习的唯一目的，“致知”也是学习的目的，且不可或缺。对于某些学科而言，譬如哲学，学以致知才是真正的目的。按照“一个民族要想登上科学的高峰，究竟是不能离开理论思维的”②的说法，当我们一味地强调“学以致用”的时候，极有可能因此而怠慢了或忽视了“学以致知”，造成“学以致知”与“学以致用”的偏废。

总体而言，教育规律是一种客观的、必然的教育发展趋势，是一种正确的认识；教育原则作为处理教育问题的准则或依据而具有这样或那样的主观性，可能是正确的认识，也可能是错误的认识。教育规律与教育原则相互区别，但也存在密切的联系，即从形成或来源上看，教育原则经常表征为“教

---

① 该书分教、学、道三篇，每篇列举了 12 条所谓的“规律”。其中，“教篇”包括“触类旁通”“教学相长”“举一反三”“赏罚分明”“授人以渔”“循序渐进”“循循善诱”“言传身教”“因材施教”“因势利导”“长善救失”“知行合一”；“学篇”包括“不积跬步，无以至千里”“吃一堑，长一智”“当仁，不让于师”“反求诸己”“格物致知”“行有余力，则以学文”“勤能补拙”“穷原竟委”“熟能生巧”“温故知新”“学而好问”“学以致用”；“道篇”包括“传道，授业，解惑”“苟日新，日日新，又日新”“和而不同”“尽信书，则不如无书”“立德树人”“三人行，必有我师”“性相近，习相远”“学而不厌，诲人不倦”“以文化人”“有教无类”“止于至善”“志道据德，依仁游艺”。——笔者注

② 中共中央马克思恩格斯列宁斯大林著作编译局．马克思恩格斯选集：第 4 卷［M］．2 版．北京：人民出版社，1995：285．

育规律的原则化”①。但是，上述的各种教育原则或教学原则，主要表征为教育经验或教学经验的原则化，即由教育经验或教学经验经抽象或提炼而成的教育原则或教学原则。鉴于原则是一种人为的主观建构，因而对于同一对象，不同的主体往往持有各自截然不同的原则。比如，什么是美？学界就存在“和谐说、形式说、理念说、客观说、主观说、关系说、生活说、典型说、实践说等”②见仁见智的思想或主张，并以之为依据形成了多样化的审美原则。又如，课程是什么？课程教学理论界“存在知识本质观、文化本质观、活动本质观、经验本质观、系统本质观等见仁见智的课程本质观以及与之对应的课程教学目的观”③，由此引出了多样化的课程教学原则。

高等教育特殊规律是高等教育规律大厦的基座，这意味着前者越宽厚，后者就越稳固。三大高等教育规律对于高等教育的运行发展具有不同的意义：高等教育总体规律对高等教育定性和定向，高等教育一般规律对高等教育定位和定序，高等教育特殊规律对高等教育定点和定法。目前，我们对高等教育微观领域的研究还不够深入，对高等教育特殊规律研究还不够系统，尚未建立起较为完整的高等教育特殊规律体系，因而面对广域的高等教育实践经常是“摸着石头过河”，甚至是“脚踩西瓜皮，滑到哪里算哪里”。要解决这个难题，破解当下的困局，我们应该有所作为，也必须有所作为，当务之急是加强高等教育学子学科建设。

---

① 李枭鹰.高等教育原则的规定性、生成理式与生成法则[J].江苏高教，2017(9)：23-26.

② 冯契.哲学大辞典[M].上海：上海辞书出版社，1992：1231.

③ 李枭鹰，牛宏伟.大学课程教学选择的知识相变逻辑[J].江苏高教，2020(6)：71-76.

第七讲
高等教育价值的关系论审视

高等教育关系既是一种存在原因，也是一种存在范型，还是一种存在场域[①]，这决定了高等教育价值具有三重关系论意蕴：一是高等教育价值作为一种高等教育关系而存在，并因此而获得自身的内在规定性；二是高等教育价值在高等教育关系中释放，即离开高等教育主客体之间的相互作用，就不会有高等教育价值的呈现和开显；三是高等教育价值因高等教育关系的变化而变化，其中人类主体的目的性设定构成高等教育价值演化的目的因，社会发展需要构成高等教育价值演化的动力因。

一、高等教育价值的关系本质

本质亦即内在规定性，是一事物区别于另一事物的根本所在。本质主义认为，每一种事物皆有其内在规定性，世界万物因具有各自不同的本质或内在规定性，相互区分并显示自身的存在。世界因每一种事物具有各自独有的本质，变得多彩多姿和琳琅满目。承认世界的多样性，就必须承认每一种事物具有各自独有的本质，后者是前者的前提性假设。反本质主义承认事物的多样性，否定事物存在唯一的本质。显然，这是内在矛盾的，因为否定了事物存在唯一的本质，也就同时否定了事物的多样性。

事物的本质或内在规定性在关系中获得和显现。用黑格尔的话说，"每一方只有在它与另一方的联系中才能获得它自己的本质规定，此一方只有反映另一方，才能反映自己；另一方也是如此。所以，每一方都是它自己的

① 李枭鹰.高等教育关系是什么：关于潘懋元教育内外部关系规律的本体论探问[J].江苏高教，2022(8)：15-23.

对方的对方”[1]。法国存在主义的杰出代表莫里斯·梅洛-庞蒂(Maurice Merleau-Ponty)认为,“在知觉境域里,主体和客体缺少任何一方都不行,它们离不开彼此,彼此成就对方,彼此赋予对方意义。单纯的客体不存在,单纯的主体也不存在;客体之所以是客体,是因为有主体与之对应,也因为主体赋予其意义;而主体之所以是主体,是因为它的面前有一个不同于它的对象,这个对象又可以被主体认识,如此才使得主体成为主体。比如,树之所以是树,是因为它被人们认识后才被叫作树。人之所以会认为这是树,是因为树的存在可以被人认识”[2]。言下之意,主体和客体存在于一种交融的境遇里,彼此在关系中相互刻画或描绘。推及开来,这是一种相互定义或环回对话,诸如:阴要通过阳来定义,阳要通过阴来定义;长要通过短来定义,短要通过长来定义;正要通过反来定义,反要通过正来定义;演员要通过观众来定义,观众要通过演员来定义;教师要通过学生来定义,学生要通过教师来定义。事实上,除了内在规定性,事物的外在规定性,诸如形状、大小、颜色、软硬、功能等,也是在关系中被刻画、被描绘、被定义和被呈现的。离开了关系,我们就无法认识一切对象。

(一)价值是一个关系范畴

价值是一个多义的概念或范畴。在不同的语境中,价值存在不同的取义。从这个意义上说,价值是一条“概念变色龙”。我国权威辞书《辞海》认为,价值有四种基本含义:一是指凝结在商品中的一般的、无差别的人类劳动;二是指价格;三是指积极作用;四是指哲学上各种不同的理解,诸如价值可以指人根据自身的需要、意愿、兴趣或目的对与他生活相关的对象物赋予的某种好或不好、有利或不利、可行或不可行等的特性,也可以指对象物所具有的满足人的各种的需要的客观特性。[3] 关于价值的内在规定性,学界的解释就更加多元了,比如劳动量说、本性说、情感说、抽象说、奥妙说、关系说、意义说、需要说、属性说、功能说、态度说等代表性论说。从根本上看,无

① 黑格尔.小逻辑[M].贺麟,译.北京:商务印书馆,2009:225.

② 书杰.哲学100问:后现代的刺[M].北京:华文出版社,2020:96.

③ 夏征农.辞海:1999年版:缩印本[M].上海:上海辞书出版社,2000:1826.

论是《辞海》的解释，还是学界的各种论说，无疑皆是从某种性质或类型的“关系”去理解、诠释和审视价值的。据此而言，“关系说”可以统摄各种价值论说，蕴含各种价值论说的本质规定性，具有“最小公倍数”的品性。

从关系说的视角看，价值在根本上就是一个“关系范畴”，一般被界定或描述为“在主客体相互关系中，客体是否按照主体的尺度满足主体需要，是否对主体的发展具有肯定的作用，这种作用或关系的表现就成为价值”①。由此引申，价值是主客体之间的一种特殊关系；价值依赖于主客体之间的相互作用；客体满足主体需要，或客体对主体的发展具有肯定作用，是价值的本质内核。这意味着，价值孕生于主客体关系，存在于主客体关系，从属于主客体关系。在主客体关系中，客体提供价值服务，是价值主体；主体接受价值服务，是价值客体。也就是说，价值具有主从二重性，即价值一方面是自主的，另一方面又是从属的。在价值关系中，主体与客体的关系要反过来，即主客体关系中的客体在价值关系中是价值主体，主客体关系中的主体在价值关系中是价值客体。作为一个反映和呈现主客体关系的范畴，价值还涉及“谁对谁”发生作用，其中价值主体“提供价值服务”，价值客体“接受价值服务”，二者之间存在服务和被服务的关系，但这种关系是相互的和双向的，价值主体为价值客体服务，价值客体成就价值主体，两者在这种双向互动和环回对话中发展，并获得新的生命、意义和价值。在这种环回对话中，价值主体或价值客体既是价值的生产者和生成者，又是价值的被生产者和被生成者。价值主体与价值客体相互共生、相互寄生、相互作用、相互反馈，彼此之间形成了一种特殊的非线性或非对称的平等关系。从广义的主体间性来看，价值主体与价值客体是相对的，到底谁是价值主体或价值客体，关键在于我们要考察“谁对谁”发生作用。比如，如果我们考察“教育对人”发生作用，那么教育就是价值主体、人就是价值客体；反之，人就是价值主体、教育就是价值客体。亦即说，教育或人皆可作为价值主体或价值客体而存在。

就高等教育价值而言，在不同的视域下，主客体关系有所不同。从价值

---

① 李德顺.价值论：一种主体性的研究[M].北京：中国人民大学出版社，1987：108.

关系来看,作为价值主体,高等教育为人或社会提供价值服务,人或社会则扮演着价值客体的角色;从主客体关系来看,人或社会是主体,高等教育是客体,高等教育价值表征为一种高等教育满足人或社会的需要,或者说,高等教育对人或社会的发展所具有的肯定作用。由此,我们不难发现,高等教育既可以是作为原因的高等教育,也可以是作为结果的高等教育;作为原因的高等教育扮演价值主体的角色,作为结果的高等教育扮演价值客体的角色。一直以来,我们将高等教育定义为一种建立在中等教育基础之上的培养各级各类高级专门人才的社会实践活动,这实质上是把高等教育当成一种作为原因的高等教育。而在高等教育建设发展中,我们又是把高等教育当成一种作为结果的高等教育。如果当成原因,高等教育建设就会聚焦于高等教育本身;如果当成结果,高等教育建设就会聚焦于高等教育条件。这些年来,我们的高等教育建设主要聚焦于高等教育条件,相对忽视了高等教育本身。这应该引起反思。事实上,像涂又光、张德祥、邬大光等著名高等教育学者,早就意识到这个问题,涂又光先生反复强调高等教育的改革和发展要立足于高等教育本身,张德祥教授多次呼吁"'双一流'建设必须落脚到一流人才培养",邬大光教授曾批判"大学将各种优质资源当摆设的行为"并积极倡导"要将学校的资源优势(诸如学科优势、科研优势等)转化为人才培养优势"。

(二)高等教育价值是一个高等教育关系范畴

价值、教育价值、高等教育价值是一个从一般走向特殊的"概念串",也是一个抽象性依次递减的"概念串"。作为价值的下位概念,教育价值一方面分有了价值的规定性,另一方面又延拓了价值的规定性。教育价值是价值的具体化,即从"抽象"的价值到"具体"的教育价值,这是一个从抽象到具体的认识过程。我国权威辞书《教育大辞典》将教育价值界定为"教育对人和社会的意义或作用"[①],即将教育视为"价值主体"或"价值服务提供者",为人或社会提供服务。从现实来看,教育远不止对"人和社会"存在"意义或作用"。也就是说,《教育大辞典》的界说窄化了教育的"价值客

---

① 顾明远.教育大辞典:增订合编本[M].上海:上海教育出版社,1998:756.

体”，至少忽视了“自然”这一“价值客体”，但这并不否定也没有否定教育价值的“关系属性”，即教育作为关系客体或价值主体，对作为关系主体或价值客体的人和社会的意义或作用，呈现了教育与人、教育与社会之间与众不同的“价值关系”。

作为教育价值的下位概念，高等教育价值一方面分有和延拓了价值和教育价值的规定性，另一方面又受到价值和教育价值之规定性的制约。基于价值以及教育价值的界说，我们可以将高等教育价值界定为“高等教育与其他事物在相互作用过程中释放出来的性质、功用和效果”。言下之意，满足其他事物的需要，对其他事物的发展具有肯定作用或积极意义，是高等教育的价值所在，也是高等教育价值的本质核心。高等教育是主客体关系中的“客体”，又是价值关系中的“价值主体”，即高等教育价值服务提供者，其他事物是高等教育价值服务接受者。

高等教育价值的主客体具有相对性。也就是说，到底谁是高等教育价值主体，谁是高等教育价值客体，这要看在什么样的语境下讨论高等教育价值，即高等教育价值主体或客体因语境而异。广义地看，一切形态的高等教育既可以是高等教育价值主体，也可以是高等教育价值客体；与高等教育相互作用的所有对象既可以是高等教育价值主体，也可以是高等教育价值客体。亦即说，高等教育以及与高等教育相互作用的对象，具有“价值主客二重性”。比如，在人与高等教育的相互关系中，当人作为高等教育的作用对象时，高等教育是为了满足人的需要，为人提供高等教育服务，因而人是价值客体，高等教育是价值主体，释放的是高等教育对人的价值。当高等教育作为人的作用对象时，人是为了满足高等教育的需要，为高等教育提供价值服务，因而高等教育是价值客体，人是价值主体，释放的是人对高等教育的价值。当然，一般语境下的高等教育价值是指高等教育主要作为价值主体而存在，即高等教育为其他事物提供价值服务，诸如高等教育社会价值实为高等教育在与社会相互作用过程中释放出来的满足社会需要的性质、功用和效果。

高等教育价值是一种特殊的高等教育主客体关系。换言之，高等教育价值作为一种高等教育关系而存在，高等教育关系则是高等教育价值的一种“存在范型”。人类创造了高等教育,高等教育与其他事物在相互作用中释放自身的价值,因而认识和把握高等教育价值,就必须了解高等教育主客体之间的相互作用及其表现出来的性质、功能和作用,这是一种基于高等教育关系来认知高等教育价值的基本原则。

二、高等教育价值释放的关系场域

价值产生于相互作用,存在于相互作用,表现于相互作用。没有相互作用,就没有事物的诞生,也就不存在事物的价值。一切事物的价值又在相互作用中释放,这就决定了价值在根本上表现为一种特殊的主客体关系,即客体对主体的意义或作用。一切意义或作用在关系中释放和体现,用埃德加·莫兰的话说,“一章奏鸣曲的乐谱像一个没有生气的 DNA,如果没有读者和演奏者在场,它就只是一个没有生命的标记;要让它恢复其存在,就必须由音乐家来读它;要让它恢复其全部的存在,就必须在观众面前演奏它”①。

离开主客体之间的相互作用,一切价值将永远处于潜在状态或被遮蔽状态,亦即一切价值在关系中生成,在关系中释放,同时也在关系中被遮蔽。这是一种“两重性逻辑”,一如“我们被开启我们的东西所封闭,被封闭我们的东西所开启”②。从现实来看,高等教育生在高等教育关系之中,长在高等教育关系之内,始终被高等教育关系所占有和包围,只能在高等教育关系中生成和释放自身的价值,高等教育关系也因此而表现出独特的“场域力量”和“场域价值”。

(一)高等教育价值释放的关系性

高等教育在高等教育关系(或高等教育关系场)中寻找自己,隐藏自己,破坏自己,迷失自己,发现自己,塑造自己,释放自己,表现自己,形成一个由有序与无序、意义与无意义、价值与无价值交织的高等教育生态圈。高等教育价值在这个生态圈中孕育、释放和呈现,这种孕育、释放和呈现在根本上

① 莫兰.方法:思想观念[M].秦海鹰,译.北京:北京大学出版社,2002:135.
② 莫兰.方法:思想观念[M].秦海鹰,译.北京:北京大学出版社,2002:187.

是一个高等教育走出自我、呈现自我和超越自我的过程。站在历史的长河中看，高等教育不只是“存在”，也在“绽放”，还在“发展”。高等教育在高等教育关系中孕育、释放和呈现自身的存在价值，高等教育关系也由此而孕育、释放和呈现自身的场域力量和场域价值。在这种相互作用和环回对话中，作为生命的高等教育与作为生境的高等教育关系，不断合生出新型的高等教育生态，这种高等教育生态又反作用于高等教育和高等教育关系。

高等教育价值只能在高等教育关系或高等教育主客体的相互作用中释放，也只能通过高等教育关系或高等教育主客体的相互作用来释放。高等教育是一个复杂系统，各构成要素、各子系统在高等教育关系中相互共生、相互寄生、相互利用、相互成就，这如同电路的工作原理由各元件之间的连接方式而非单个元件的独立作用来决定，而各元件的价值又由电路的工作原理来决定，单个的或孤立的元件无法按工作原理释放电路的意义。从整体上看，高等教育价值孕生于高等教育内部关系，释放于高等教育外部关系，再生于高等教育内外部关系的双向互动。这正是高等教育内外部关系规律的要义。

再从高等教育过程的构成要素看，教育者、受教育者、教育影响是一个相互定义的“关系共同体”和“价值共同体”。学界争论的名师出高徒，或是严师出高徒，或是因材施教者出高徒，皆在明示教育者与受教育者是一个“关系共同体”和“价值共同体”；作为将教育者与受教育者相互关联起来的中介和桥梁，教育影响正是凭借这种中介和桥梁作用而实现自身的价值。从高等教育生发的必要条件看，教育者、受教育者、教育影响始终是相互定义、相互规约和相互成就的，与之对应的好教师、好学生、好课程，既在教育关系中相互形塑、对生共长，又在教育关系中互为条件、互为结果，还在教育关系中互为价值主体、互为价值客体。一言以蔽之，高等教育由教育者、受教育者和教育影响在系统关联或高等教育关系中整体生成，教育者、受教育者和教育影响永远是共生的和共组织的，且在共生或共组织中合生出有生命的高等教育和指向生命的高等教育。据此而言，教育者、受教育者、教育影响连同由它们合生的高等教育，既是被生产的，又是生产的，这种生产与被生产的两重性，蕴含着推进高等教育改革与发展的战略、战术和战法。

（二）高等教育价值释放的生态性

生态系统中的各生态主体，在物质和能量的超循环中“相互摄受”[①]，并在“相互摄受”中释放各自的生态价值，由此而构成内在关联、相互交织的“生态价值共同体”，集中表现为各生态主体在生态关系中既互为“价值主体”，又互为“价值客体”。对于那些共生体而言，更是如此。从生态伦理上看，“任何有机体都是世界网络中的一个结点，没有万物之间的联系，有机体便不能生存，同样每一个机体对于生态系统整体的稳定和繁荣也发挥着自己的作用，具有相应的生态价值”[②]。就具体的生态系统而言，生产者、消费者、分解者和物质环境，没有谁高人一等，也没有谁低人一等，各自具有不可替代的生态地位和生态价值。这是生态系统呈现的生态格局，也是生态学研究的重要发现。

高等教育是一个典型的生态系统，当中存在形形色色的“生态价值共同体”。在高等教育生态系统中，各生态主体相互作用、相互反作用、相互反馈，构成高等教育的生态格局，并在其中释放各自的生态价值和成就其他生态主体。就一所大学而言，学科、专业和课程是一个最直观、最基本、最重要的生态价值共同体，各个相对独立的学科群或专业群或课程群也是一个生态价值共同体。单就学科群而言，没有学科平原就没有学科高原，没有学科高原就没有学科高峰；是学科平原成就了学科高原，是学科高原垫起了学科高峰。这一如在生态圈中，哺乳动物的统治建立之后，依然还需要甲壳类、鱼类、爬行动物类等以及各种花草树木继续繁殖着、选择着、发展着，作为不可或缺的生态主体而存在。这种自生秩序的“自然选择”，一方面造就了多样性、稳定性、发展性并存的生态格局，另一方面也昭示着生态圈根基于各生态主体的相互共生、相互寄生、相互利用和相互反馈。

（三）高等教育价值释放的时空性

高等教育是人类社会发展到一定阶段的产物，而且随着社会的变化而变化。时空性可谓高等教育的基本特征，即高等教育具有阶段性特征和区

---

① 傅佩荣.西方哲学与人生：第 2 卷[M].北京：东方出版社，2013：199.

② 汪文勇.怀特海的泛经验主义及其生态意蕴[J].自然辩证法通讯，2017(6)：131-137.

域性特征。计划经济时代的高等教育，市场经济时代的高等教育，工业革命时代的高等教育，科技发达时代的高等教育，信息革命时代的高等教育，凡此种种意在强调高等教育的时空性。特定的高等教育总是特定时空背景下的高等教育，不存在脱离具体时空背景的高等教育；特定的高等教育生在特定的时空之中，长在特定的时空之内。无论是从全球范围看，还是从一个地区或国家来看，抑或从一所大学来看，无不如此。就某一所大学而言，在不同的历史阶段，这所大学的发展状态一定互不相同，过去的大学与现在的大学是同一所大学，又不是同一所大学。

高等教育价值的释放也具有时空性。第一，高等教育价值从一元走向多元是高等教育自身发展需要与社会发展需要双重选择的结果，各种高等教育价值的呈现存在一定的“时序性”，并非共时性的“整体涌现”，亦即高等教育的“个体价值”以及政治价值、经济价值、文化价值、科技价值等复合而成的“社会价值”，它们的释放是历时性的，而非共时性的。第二，在不同的时空背景下，同一种高等教育价值的表现方式和表现程度存在一定的差异，即在此时此处已经释放的某一种高等教育价值，在彼时彼处可能还处于遮蔽和潜伏状态；而在此时此处已经释放的某一种高等教育价值，到彼时彼处也还有可能被再次遮蔽或失去其存在的合法性。比如，在政治挂帅的时代，高等教育的政治价值是彰显的；在以经济建设为中心的时代，高等教育的经济价值是彰显的；在信息化时代，高等教育的科技价值是彰显的；在繁荣文化的时代，高等教育的文化价值是彰显的。

（四）高等教育价值释放的对象性

高等教育到底释放什么价值，要受到高等教育作用对象的规约。经典的高等教育学教材，一般将高等教育价值分为个体价值（高等教育对人的意义或作用）和社会价值（高等教育对社会的意义或作用）。个体价值是高等教育与人相互作用而释放出的性质、功用和效果，社会价值是高等教育与社会相互作用而释放出的性质、功用和效果。

事实上，高等教育价值的分类异常复杂，远不止于二元论的个体价值与社会价值。从理论上说，高等教育价值是无限数量的和不可数的，亦即只要高等教育与不同的对象发生相互作用,就会释放出不同的性质、功用和效果。这好比一个杯子,装水则为水杯,装茶则为茶杯,装酒则为酒杯……如此等等,不胜枚举。照此而言,高等教育价值的数量、大小、高低、优劣,在根本上取决于高等教育主客体关系或高等教育主客体之间的相互作用。面对不同的高等教育对象,高等教育可能具有完全不同的高等教育价值。比如,同样的人文教育或科学教育,对于不同学科专业背景的大学生,就具有不尽一致的意义或作用。一言以蔽之,高等教育主客体及其关系的多元性和多样性,决定着高等教育价值的多元性和多样性,因而高等教育价值评价有必要立足于“多元价值、多元评价主体和多元评价客体”①,坚持分类、分层、分段的多样化原则。

三、高等教育价值演化的关系动因

宇宙世界是生成的,一切生命形式或形态皆是演化发展的产物。事物或系统演化发展的动力,或来自系统本身,或来自外部环境,或来自二者的双向互动。换言之,事物或系统的演化发展,主要由内外两种力量分别推动或联合推动,要么是内因,要么是外因,要么是内外因的联合。无论是作为一种“存在原因”,还是作为一种“存在范型”,抑或是作为一种“存在场域”②,高等教育关系对高等教育都具有特殊的发动、牵引、维持和再生的作用,即高等教育因高等教育关系的驱动而演化发展,这自然包括高等教育价值的演化发展。

(一)高等教育价值的演化发展性

高等教育不是从来就有的,而是历经漫长岁月而孕生的,即高等教育不是一次性生成的,存在一个从无到有的孕生过程。作为人类社会发展到一定阶段的产物,高等教育也不是一成不变的,它一直处在演化发展之中,即高等教育从过去走来,暂留于现在,又向未来奔去。易言之,高等教育不是

---

① 李卫东.高等教育价值与评价多元化分析[J].江苏高教,2008(2):9-12.

② 李枭鹰.高等教育关系是什么:关于潘懋元教育内外部关系规律的本体论探问[J].江苏高教,2022(8):15-23.

一种静止不动的“物理性存在”,而是一种可以演化发展且一直在演化发展的“生命性存在”。作为一种“生命性存在”,高等教育的演化发展连带着高等教育价值的演化发展,这在高等教育的局部或整体都是显而易见的。高等教育自诞生以来,高等教育价值一直在不断释放,实现了从简单到复杂、从一元到多元的转变,集中表现为个体价值的完善和增强,社会价值的分化和综合,自然价值的解蔽和开显。

高等教育价值的演化发展相当复杂,在特定的时空条件下,究竟哪一种高等教育价值会被遮蔽或被释放出来,取决于高等教育主客体之间相互作用的方式和双向选择的意愿。从根本上看,高等教育价值的演化发展是“高等教育主客体”之间相互作用的演化发展,也是高等教育主客体之间“价值关系”的演化发展;高等教育价值的演化发展及其体系的形成,既是高等教育自我发展需要的产物,也是社会发展需要直接刺激的结果,更是高等教育自我选择和社会选择双重作用的结晶。这正是高等教育价值演化发展的目的因和动力因。

(二)高等教育价值演化发展的目的因

人是一种理性的动物,尽管这种理性非常有限,存在特定的阈值,但这种有限理性的力量却是无穷的或难以估量的。正因为人有理性,人类社会中各种前后相继的行动,总是由某种目的驱动或引领而发生的。人类总是在既定的条件下创造自己的历史,但人类对待既定条件的方式决不像动物那样,只是被动地不加选择地盲目服从或适应,而是能动地去改造或掌控。这就是人的主观能动性,就是人的主体选择性,就是人的自觉自主性。也就是说,包括高等教育系统在内的一切社会系统的演化发展,“不仅包含着客观原因的作用,而且包含着主观目的的作用;不仅包含着因果联系,而且包含着目的性联系”①。

人是社会的人,社会是人的社会。作为单个人的联合体,社会与人是内在统一的。社会因人而存在,为人而存在;人也因社会而存在,也为社会而

① 刘福森.社会历史过程中的主体性、合目的性和规律性:历史唯物主义研究中的观念变革[J].哲学研究,1988(10):33-39,54.

存在。因此,社会系统的演化发展总会有人类活动的能动介入,并由此而遵循“选择性因果律”,即人类主体的目的作为一种超前的反映形式,指导着人类的实际行动,并构成这些行动的特殊的原因,即所谓的“目的因”。由于目的性设定在社会存在与发展中具有根本性的导引意义,因而意识结构也就成了社会因果性中的一个不可忽视的影响因素。从某种意义上说,我们需要什么样的社会,即社会理想或社会愿景,在很大程度上影响甚至决定了社会系统演化发展的方向、目标和轨迹。从根本上看,这是一个理想与行动、目的与手段、目标与路径的关系问题。

人是教育的条件,也是教育的结果。人类创造了高等教育,也为高等教育所创造。创造高等教育的人类,总是试图通过高等教育,发展自己、完善自己、解放自己和再造自己,即人类创造高等教育最终是为了发展、完善、解放和再造人类自身,人类创建大学最终也是为人自身。高等教育的演化发展必然具有人类的目的导向性,这在根本上因应于社会和个体对高等教育不断提出的新要求,因应于社会和个体不断更新的高等教育价值期待,因应于社会和个体对高等教育价值的双重叠加。

高等教育的变革与高等教育价值的演化发展,是相互作用、相互反作用和相互反馈的,即高等教育的变革为高等教育价值的演化发展提供不竭的动力,高等教育价值的演化发展则为高等教育的变革创造和准备各种条件。比如说,柏林大学、约翰斯·霍普金斯大学、威斯康星大学等的相继诞生,不仅是高等教育演化、发展和变革的标志,也是新的高等教育价值不断孕生和释放的象征。

(三)高等教育价值演化发展的动力因

高等教育从社会而来,又向社会而去;高等教育孕生于社会,又反哺于社会;社会成就高等教育,高等教育也成就社会。这是高等教育与社会之间最基本、最重要、最显见的双重逻辑,形成了两者之间正哺、反哺和互哺的环回对话。一方面,各种社会力量总是以自己的方式或强或弱地作用于高等教育。另一方面,各种类型或层次的高等教育总是以满足社会的多样化需要而获得合法地位和身份认同。可以说,没有各种社会需要的刺激和引领,高等教育的各种功能或价值就无法得到释放和拓展，当下多元而内在关联的高等教育功能或价值体系就不会形成。

高等教育总是特定社会的高等教育，高等教育离不开社会的系统性支持，社会也离不开多样化的高等教育，两者相互依生、相互共生和相互寄生。中国社会的建设发展，需要中国高等教育的支持，需要中国大学的支持。中国的高等教育必须立足于中国的历史文化传统，立足于中国的社会环境，立足于中国高等教育的现实问题和经济社会发展的现实需要，即我们必须立足于中国大地办高等教育，中国的高等教育机构必须为中国的现代化建设培养人才，这是建设高等教育强国或推进高等教育现代化的前提。

高等教育是人类个体需要和社会需要之双重刺激的产物。站在历史长河中看，人类文明发展到今天，高等教育不再是原来的那种社会发展的被动适应者，而是成为社会发展的促进者、支持者和引领者，立足于本国传统和实际，解决本国高等教育实践中的特殊问题，适应并超越社会发展的现实需要，为高等教育实践乃至社会发展需要提供富有前瞻性的理论指导、制度体系和行动框架，是世界各国高等教育创新的诉求和期盼。这似乎超出了对高等教育价值的审视和考察，但它无疑又是审视和考察高等教育价值的“元视点”或“瞭望台”。总而言之，个体需要和社会需要是高等教育价值演化发展的不竭动力，满足个体需要和社会需要是高等教育的基本价值所在。

第八讲
高等教育目的的重审、重识与重申

高等教育目的是高等教育理论、政策和实践中的核心议题，甚至可以说是一切高等教育理论、政策和实践的出发点和归宿。高等教育目的如此重要，以至于任何高等教育学教材和经典著作都无法绕开这一基本概念。但与此同时，一个基本的事实是，熟悉高等教育的人似乎都在言说高等教育目的，但他们对高等教育目的的理解或许并不一致。另外，学界对何谓高等教育目的也是众说纷纭。正如巴特勒（Nicholas Murray Butler）所言，“似乎存在着这样一个事实：当一个术语不常被使用，并且脱离我们的经验和兴趣时，我们会轻易地指出其明确而具体的意义；但如果这是一个我们在日常经验和社交中熟悉的术语，我们虽然觉得它十分重要，但会发现要用科学的术语或合乎逻辑的措施对其进行精准的定义却困难重重”①。

高等教育目的与高等教育理念、高等教育本质、高等教育使命、高等教育功能这些其他的核心概念虽有不同，但也存在千丝万缕的联系，甚至有诸多重合之处。高等教育目的重要性和这一概念的模糊性与复杂性构成了一种张力，使得任何对高等教育目的的论述和主张都必须建立在对高等教育目的进行重新审视和识读的基础之上。

一、重审高等教育目的

回顾高等教育和高等教育研究的历史，我们不难发现，有关高等教育目的的讨论由来已久且至今争论不休。既然无法对高等教育目的进行精准定

① 巴特勒.教育的意义[M].祝贺，江丹，译.杭州：浙江教育出版社，2019：2.

义，那么我们只能退而求其次，从关于高等教育目的的纷繁复杂的现实观点中经由分类来审视高等教育目的的存在样态。从主体的角度来讲，有思想家的高等教育目的，有决策者的高等教育目的，有管理者的高等教育目的，有高等学校的高等教育目的，有教师的高等教育目的，有消费者的高等教育目的，如此等等。从上述主体共享或各自秉持的高等教育哲学的角度来讲，高等教育目的观中颇有影响的有理性主义的高等教育目的、实用主义的高等教育目的、存在主义的高等教育目的、改造主义的高等教育目的。此外，正式的高等教育目的与非正式的高等教育目的、终极性高等教育目的与发展性高等教育目的、价值性高等教育目的与操作性高等教育目的也是常见的分类。

当然，与上述这些分类相比，个人本位论与社会本位论才是最有影响的高等教育目的观，也是我们最熟悉的有关高等教育目的的分类。如果说这是一种显现的分类的话，那么还有一种重要但隐蔽的分类，即道德取向的高等教育目的与非道德取向的高等教育目的。这里的道德是一种指向事物自身和事情本身的非功利主义的伦理。将上述显性分类和隐性分类结合起来，就可以确立一种包含四种类型的有关高等教育目的的新的分类方式。类型Ⅰ：个人本位的道德取向的高等教育目的；类型Ⅱ：个人本位的非道德取向的高等教育日的；类型Ⅲ：社会本位的道德取向的高等教育目的，类型Ⅳ：社会本位的非道德取向的高等教育目的。

（一）个人本位的道德取向的高等教育日的

个人本位的道德取向的高等教育目的论认为，高等教育就是高等教育，高等教育是一种非功利主义的教育活动，而不是其他的活动，高等教育是内在于人本身的、为了人的、发展人的。换言之，这是一种人性论的高等教育目的，它将人的价值理性置于优先地位，将人的内在发展需要视为高等教育理所应当且居于首位的目的，指向的是人的理性、情感、个性和自由。当然，这里的“人”是复数意义上的人，具有多重含义，对人的不同认识决定了达致这种目的的途径和手段不尽相同。

在理念论者看来，人是一种思维的存在，高等教育的目的是人的自我完善、自我塑造和自我实现,高等教育培养的人是致力于追求真理且具有坚韧和自律品性的理性的人。理念论的高等教育目的可追溯至古希腊的苏格拉底、柏拉图和亚里士多德。理念论为高等教育中的自由教育确定了基调。在自由教育历史上赫赫有名的纽曼(John Henry Newman)和罗伯特·赫钦斯(Robert Maynard Hutchins)就认为,高等教育的目的在于培养和发展人的理智和道德。与理念论坚守理性不同,存在主义者更重视人的感性和非理性的一面,视“可能性”为教育的目的,认为“好的教育应当强调个性”。[①] 曾先后担任过印第安纳大学和斯坦福大学校长的乔丹(David Starr Jordan)认为,“所有的教育必须是个性化的教育——要适应个人的需要。如若不然,教育就名不副实。不适合个人需要的教育根本不是教育”[②]。

个人本位的道德取向的高等教育目的是经典的高等教育目的论,是高等教育目的论的最重要的源头之一。个人本位的道德取向的高等教育目的代表了一种对高等教育理想的纯粹追求。它源自思想先贤对于教育自身和教育本真的清醒认知和坚定承诺,源自知识精英对教育偏离本源而产生系列负面后果的深刻反思。这种高等教育目的在历史和当下的实践中未必完整实现过,但时至今日,它依然是高等教育目的的基本底色。2002 年,芝加哥大学教授阿伯特(Andrew Abbott)在为时年进入芝加哥大学的本科新生所作的《大学教育的目的》的演讲中指出,“教育不是那种有可预测的目的的东西,除了它本身,它没有目的可言”。“教育本身就是好的。不是因为它能带给你任何东西。不是因为它是获得其他东西的途径。”[③]

(二)个人本位的非道德取向的高等教育目的

个人本位的非道德取向的高等教育目的论认为,高等教育固然是围绕人的发展而确立的,但它是基于人、关于人但不是为了人的,这种取向的高等教育目的是一种人力论的高等教育目的。人性论的高等教育目的和人力

---

① 奥兹门.教育的哲学基础:第九版[M].石中英,邓敏娜,译.上海:上海教育出版社,2023:160.

② 乔丹.人的养育与教育:乔丹高等教育演讲集[M].於荣,译.杭州:浙江教育出版社,2019:63.

③ 阿伯特.大学教育与知识的未来[M].王桐,陈嘉涛,译.北京:生活·读书·新知三联书店,2023:128.

论的高等教育目的的最大区别在于前者把人作为目的，后者把人作为手段或者工具。需要强调和指出的是，这里的人力论是个人本位的人力论，它与社会本位的人力论都不把高等教育视作“乌托邦”，不同之处在于，前者是从个体外在需要出发的，而后者的出发点则是国家政治和经济的需求。

在个人本位的人力高等教育目的论中，高等教育自身和所谓的发展理智本身都不是目的，人接受高等教育是为世俗生活和未来工作做准备的。高等教育的目的在于使人“能够在一个特定的时期或特定的地点生活，能够使他适应某种特殊的环境”①。在视高等教育历史为自由教育发展史的人看来，个人本位的人力高等教育目的论即使有一席之地，也长期处于边缘地位，只不过是自由教育的附庸或者补充。另一种观点则认为，自中世纪大学起，那些选择接受高等教育的人大多是抱着“谋生”、过上“幸福生活”或提升个体乃至家庭的经济和社会地位等实用目的而来的，“只有很少的学生把从事学术研究作为终身事业，事实上，职业训练是大学教育的主要目的”②。

因为二元论思维和传统的缘故，抑或是将人力论简单等同于社会本位论等原因，个人本位的人力高等教育目的论并未引起足够的重视。但高等教育发展史恰恰表明，正是无数个体和家庭以实用的态度来看待和接受高等教育，高等教育才突破传统的限制得以重生和不断发展。甚至可以说，离开了作为消费者的学生与家庭的世俗、实用乃至不乏功利的追求，所谓“为了教育而教育”即使不沦为“乌托邦”，也难以为继。如果回到历史的语境和文本本身，重新审视 1828 年美国耶鲁学院发布的《耶鲁报告》，我们或许会发现，耶鲁的坚守或保守一方面恰恰适应了当时部分人群对高等教育的现实诉求，另一方面，“《耶鲁报告》已经依据实用性的理由为古典课程和学院教育辩护”③。

---

① 布鲁贝克.高等教育哲学[M].2 版.王承绪，郑继伟，张维平，等译.杭州：浙江教育出版社，1998：83.

② 里德-西蒙斯.欧洲大学史：第一卷 中世纪大学[M].张斌贤，程玉红，和震，等译.保定：河北大学出版社，2008：22.

③ 王璞.历史语境下的 1828 年《耶鲁报告》重审[J].教育研究，2022(1)：127-135.

（三）社会本位的道德取向的高等教育目的

社会本位的道德取向的高等教育目的论认为，社会需要是推动高等教育产生和发展的主要动力，是高等教育确立和维系其合法性的基础。在持有这种目的论的人看来，高等教育是人类社会不可或缺的生产、保存和传播知识特别是高深知识的一种文化系统，离开了高等教育，人类的文明难以延续，更不会发展。帕森斯（Talcott Parsons）和普莱特（Gerald M.Platt）从结构功能主义角度出发对美国现代大学进行考察后指出，在高等教育系统中，大学作为现代社会中认知事务的“信托机构”，承担着不可替代的社会整合功能。①

与社会本位的非道德取向的高等教育目的论相比，社会本位的道德取向的高等教育目的论虽然也以社会为出发点和归宿来确证高等教育目的，但不同之处在于，前者更多倾向于社会义务论，而后者则属于社会责任论。社会本位的道德取向的高等教育目的论认为，高等教育的产生和发展特别是大学的产生和发展是服务于人类社会不可分割的整体利益和长远责任的。“真正意义上的大学社会责任不是来自外部的各种诱惑和强权，它不是被动接受的，不能把它归为‘合同’的规范、约束和对权力的服从，而是一种纯粹自发的道德自律和排除了任何强制和功利的自我价值评判。”②

在社会本位的道德取向的高等教育目的论中，高等教育特别是大学是世俗的教育机构，更是恒久不变的精神符号。在此种目的论中，大学作为“世俗的教会”和“人类精神的圣殿”③，其目的是延续人类文明的火种，坚守人类普适的精神价值。对高等教育和大学的这种期待，古今相通，中外皆然。我国古代典籍《大学》开篇就讲，“大学之道，在明明德，在新民，在止于至善”④。这里的“至善”既指“个体的善”，还指向“社会整体的善”。雅斯

① 展立新.西方高等教育理论一次深刻的社会学总结：评T.帕森斯和G.M.普莱特的《美国综合性大学》[J].北京大学教育评论，2008(4)：179-187.

② 阎光才.识读大学：组织文化的视角[M].北京：教育科学出版社，2002：63.

③ 布鲁贝克.高等教育哲学[M].2版.王承绪，郑继伟，张维平，等译.杭州：浙江教育出版社，1998：142.

④ 《大学》中的“大学”指的是大学问，等同于现在的高等教育。参见：涂又光.中国高等教育史论[M].3版.武汉：华中科技大学出版社，2014：268.

贝尔斯(Karl Jaspers)也指出,“大学旨在寻找真理和人类的进步,它的目的是代表人类品性的精华”①。“真正意义上的大学绝不可以在民族之间的对抗中有所偏袒,即便作为人类的一员,每个人都应该对自己的民族效忠。”②

(四)社会本位的非道德取向的高等教育目的

与社会本位的道德取向的高等教育目的论一致,社会本位的非道德取向的高等教育目的论同样认为,高等教育的起源和存续要以社会需要为鹄,但两者之间的一个很大不同之处在于,社会本位的非道德取向的高等教育目的论主要建基于高等教育的政治和经济功能。社会本位的非道德取向的高等教育目的论认为,高等教育是政治和经济生活的一部分,支持和发展高等教育的主要目的在于治国安民和经世致用。“如今的大学已成为经济发展和国家生存绝对不可缺少的事物。”③显然,这是一种工具主义的高等教育目的论。此种目的论“不把理智本身作为目的,而是把它作为解决问题的手段——不仅仅是解决学术问题的手段,而且也是解决商业、工业、政治和社会状况等问题的普遍手段”④。

服务于政治需要自古以来就是高等教育的主要目的。布鲁贝克坦言,“对高等教育在政治上的合法地位用不着大惊小怪,所有伟大的教育哲学家都把教育作为政治的分支来看待,如柏拉图的《理想国》、亚里士多德的《政治学》、约翰·杜威的《民主主义与教育》(1916)等都是如此”⑤。古希腊时期高等教育机构存在的主要理由是培养统治者或政治家,而中世纪大学即使享有“学者行会”的美誉,也难逃世俗政权的介入,甚至在法国一度成为世俗势力的御用工具和“国王攻击教会的理论代言者”⑥。从世界范围来看,

---

① 雅斯贝尔斯.大学之理念[M].邱立波,译.北京:商务印书馆,2022:201.

② 雅斯贝尔斯.大学之理念[M].邱立波,译.北京:商务印书馆,2022:202.

③ 阿什比.科技发达时代的大学教育[M].滕大春,滕大生,译.北京:人民教育出版社,1983:12.

④ 布鲁贝克.高等教育哲学[M].2版.王承绪,郑继伟,张维平,等译.杭州:浙江教育出版社,1998:152.

⑤ 布鲁贝克.高等教育哲学[M].2版.王承绪,郑继伟,张维平,等译.杭州:浙江教育出版社,1998:15.

⑥ 黄福涛.欧洲高等教育近代化:法、英、德近代高等教育制度的形成[M].厦门:厦门大学出版社,1998:17.

近五百年来,随着高等教育在发展人力、提升国力和增进社会福祉方面的作用日益增强,“国家有关高等教育的目的已经扩充到超出培养受过训练的公务员,或者培养科学家和工程师、发展技能以促进技术革命的范围。更多的国家现在都以更多的方式利用高等教育”①。如今,“作为一种社会事实,高等教育已经融入现代国家之中”②。

在高等教育的所有目的中,促进经济发展是最新的目的,但这种目的对国家和社会而言却日益重要。在知识经济时代,为了发展经济而大力支持和发展高等教育几乎成为不证自明的事情和大多数国家的战略选择。为了实现这一目的,很多国家纷纷出台相关法律政策予以推动和保障。国家之所以将发展经济作为高等教育的目的,部分原因在于高等教育在开发人力资源和培育人力资本方面日益具有不可替代的作用,部分原因在于科技创新成为推动和塑造新型经济形态的关键力量,而大学特别是研究型大学在这方面具有无可置疑的优势,甚至研究型大学自身已经成为“经济活动的网络节点”③。国家和社会的意愿与高等教育的功能和优势在新的条件下,经由市场转化为一种偏离了高等教育传统的新型高等教育目的。

二、重识高等教育目的

高等教育目的是行为主体设想或谋划的高等教育所要达到的境地或所要获得的结果④。既然是主体的设想,那么所谓的高等教育目的必然是“多”而不是“一”,“企图为教育设定一个普适的目的多半是错误的,不论提出什么目的,由于每个人的生活理想不同,对目的的诠释也会随之不同”⑤。另外,高等教育目的是建立在高等教育本质和高等教育功能基础之上的,而高等教育的本质和功能又不是唯一和恒久不变的,因此,试图确定一个统一的高等教育目的在理论上讲不通。同时,事实表明,这在实践上也行不通。

① 克尔.高等教育不能回避历史:21 世纪的问题[M].王承绪,译.杭州:浙江教育出版社,2001:12.

② 巴尼特.高等教育理念[M].蓝劲松,译.北京:北京大学出版社,2012:102.

③ 盖格.大学与市场的悖论[M].郭建如,马林霞,译.北京:北京大学出版社,2013:238.

④ 陈学飞.试论美国高等教育的目的与功能[J].外国教育资料,1996(6):72-78.

⑤ 怀特.再论教育目的[M].丁煜,译.北京:教育科学出版社,2023:7.

高等教育目的的复杂性宣告试图通过定义的方式来理解高等教育目的是极其困难和不可靠的。在哲学上，对事物的理解除了定义这种方式，还有定位的方式。“定位就是确定位置。定位定得好，不仅可以起到定义的作用，还可以超过定义的作用。”[①]对高等教育目的的理解也可以采用定位的方式。

（一）在高等教育的历史变迁中识读高等教育目的

高等教育目的是变化和稳定的统一，而历史的视角和方法关注的恰恰就是事物的“变革与稳定”，因此，在高等教育历史的变迁中识读高等教育目的是可能的，也是可行的。高等教育目的变化的一面体现在高等教育类型和功能逐步从单一走向多元的过程之中。而从高等教育发展的阶段性和连续性中，我们又可以窥见高等教育目的不变的一面。仅就大学而言，“自12世纪产生于意大利和法国以来到被移植到整个现代非欧洲世界为止，大学的含义和目的可以说是因时而异、因地而异，它依靠改变自己的形式和职能以适应当时当地的社会政治环境，同时通过保持自身的连贯性及使自己名实相符来保持自己的活力”[②]。

从某种意义上来说，高等教育的演化史就是一部高等教育目的的变迁史。高等教育目的的变化既是整体性的，也是部分性的。从整个高等教育系统来看，高等教育最初仅涉及少数群体和组织，结构和功能也相对单一，这使得高等教育目的最初主要集中在培养人上。如今，高等教育已然成为政治、经济、社会、文化等多个系统内部和系统之间建立联系的关键节点，若干能够影响甚至干预高等教育发展进程的利益相关者，基于各自的立场和需要对高等教育提出了日益多元化乃至难以相容的诉求。这些千差万别的诉求对应着千变万化的高等教育目的。抛开系统层面的目的不谈，单就培养人而言，自由教育目的的演化就经历了从“培养国家统治者和少数社会精英阶层”到“培养具有社会责任感的一般公民”的过程。[③] 而专业教育的目

---

① 涂又光.教育哲学课堂实录[M].武汉:华中科技大学出版社,2020:45.

② 克拉克.高等教育新论:多学科的研究[M].2版.王承绪,徐辉,郑继伟,等译.杭州:浙江教育出版社,2001:24.

③ 黄福涛.高校课程理论:大学教师必修课[M].北京:北京大学出版社,2023:67-68.

的也从最初主要培养法学、医学和神学方面的专职人员扩充到为社会上更多行业和职业培养专门人才上来。

从高等教育整体发展史来看,高等教育目的的变化是显著的,但显然这种变化不是一蹴而就的,甚至可以说,在相当长的时期内这种变化是十分缓慢的。缓慢的变化使得高等教育目的具有典型的时代性,这种时代性也是一种稳定性。比如,在英国,直到 19 世纪中期,大学教育的目的“仍然是造就有教养的人而不是有学问的人”①。再比如,在我国,自古以来高等教育始终与国家治理及其前途命运休戚相关,高等教育从来未曾脱离经世致用和为国家服务这一主要目的。另外,即使如今的高等教育目的多到令人眼花缭乱,在高等教育目的的历史谱系中,培养人这一目的也是贯穿始终的。只不过,在培养什么人和为谁培养人的问题上不是一成不变的。但总的来说,与其他人类社会实践活动相比,高等教育的目的始终立足于人的发展。正如美国教育家、历史学家哈斯金斯(Charles Homer Haskins)所言,大学从未更换过主业,“即:培训学生和保持学习和探究的传统”②。

(二)在高等教育的制度环境中识读高等教育目的

高等教育目的是普遍性与特殊性的统一。高等教育目的的普遍性是由高等教育自身独特的统一性所决定的,而理解高等教育目的的特殊性则需要考察相应的制度环境,正如阿什比所言,“任何类型的大学都是遗传与环境的产物”③。正是制度环境的不同造就了同中有异或同型异质的高等教育目的。国家的政治体制、社会文化观念、教育传统等构成了影响高等教育目的的主要制度变量。因此,可以这样说,高等教育目的“既体现时代特征,又受到民族文化和教育传统的深刻影响,因而具有鲜明的民族文化和民族国家特征”④。制度环境对高等教育目的的影响是复杂的,有时一个制度变量的变化就能引发高等教育目的的变化,有时则是多个制度变量共同影响

① 阿什比.科技发达时代的大学教育[M].滕大春,滕大生,译.北京:人民教育出版社,1983:10.

② 哈斯金斯.大学的兴起[M].梅义征,译.上海:上海三联书店,2007:16.

③ 阿什比.科技发达时代的大学教育[M].滕大春,滕大生,译.北京:人民教育出版社,1983:7.

④ 张应强.中国特色、世界一流大学的发展模式和时代使命[J].清华大学教育研究,2022(4):1-10.

高等教育目的。

纵向来看，高等教育的制度环境不是一成不变的，这使得同样的高等教育形态在不同时期具有不同的特征。同样是自由教育，在古希腊时期，其目的是为统治阶层培养“自由人”，而在文艺复兴时期及之后的相当长一段时间内，自由教育的目的转变为培养“具有资产阶级企业家品质的、具有开拓创新精神的资产阶级绅士”①。进入20世纪特别是20世纪中叶以来，自由教育的目的逐步确立为为民主社会培养“公民”。此外，即使某个制度要素发生了改变，高等教育的目的也仍然可能保持不变。比如，近代中国高等教育起源于民族危亡之际，“其目的在于抵御外侮、富国强兵、振兴国家”②，而时至今日，政治制度虽然发生了变化，但民族振兴和国家富强依然是高等教育的主要目的。高等教育目的的这种延续性主要源于教育传统作为一种“文化-认知”意义上的制度而产生的持久影响。

横向来看，高等教育在同一个时段内因制度环境的差异，其目的也会有所不同。15世纪末开始，在人文主义思潮、宗教改革运动和科学革命的相继影响和冲击下，欧洲大陆国家和地区一些大学中的文学院逐渐“脱离大学成为中等教育层次的文法学校”③，大学则逐步变成完全由专业学院构成的组织，由此，欧洲大陆国家和地区的大学教育的目的就从“以培养学生心智能力为目的，转向以培养专业人才（如医生、法官、教师、工程师、管理者等）和学科性的科学研究者为目的”④。同样身处欧洲，同期乃至此后四百年间英国大学教育的主要目的仍然是培养绅士。这从纽曼有关大学教育的系列演讲中可见一斑。而早在纽曼公开捍卫英式高等教育传统之前，洪堡已经在德国缔造了具有划时代意义的研究型大学。洪堡的研究型大学开创了不同于古典自由教育的学术教育传统，在学术教育理念之下，大学教育的目的在于培养学者。

---

① 连进军，解德渤.作为概念体系的自由教育及其发展脉络：兼与博雅教育、通识教育辨析[J].高等教育研究，2013(1)：25-31.

② 张应强.中国高等教育现代化的方法论创新[J].教育研究，2023(9)：108-126.

③ 黄福涛.高校课程理论：大学教师必修课[M].北京：北京大学出版社，2023：40.

④ 余东升，崔乃文.自由教育：学院组织的历史考察[J].高等教育研究，2014(10)：96-102.

（三）在高等教育的关系系统中识读高等教育目的

“高等教育是一个复杂的‘关系集合体’，是一个具有典型的关系属性的‘关系系统’。”[①]无论是在高等教育的历史变迁中识读高等教育目的，还是将高等教育置于具体的制度环境中识读其目的，本质上都是在高等教育所处的时空关系中识读高等教育目的。因此，在关系系统中识读高等教育目的既是一个基本的方法论，也是一种适切可行的方法。作为一种关系系统，高等教育自然涉及诸多关系。高等教育的历史、现实和相关研究表明，“高等教育与社会的关系”“高等教育与人的关系”“高等教育与高深知识的关系”，是高等教育中的三对基本关系。[②] 所有的高等教育目的观都可以在这三对基本关系中找到相应的位置，可以说，通过或借助这三对基本关系，我们可以对高等教育目的进行历史和逻辑相统一的定位。通过这种定位识读并确证高等教育目的是对现有高等教育目的观的继承、整合和发展。

在高等教育与高深知识的关系中识读高等教育目的是确证高等教育目的的基本前提。英国伦敦大学教育学院教授巴尼特（Ronald Barnett）认为，“高等教育的任何概念均与知识密切相关”[③]。考虑到高等教育的特殊性，这句话或许可以进一步表述为“高等教育的任何概念均与高深知识密切相关”。伯顿·克拉克更是将高深知识视为“任何高等教育系统的目的和实质的核心”[④]。从高深知识与高等教育的关系来看，大致有三种高等教育目的观。一种观点认为，高深知识本身就是目的，这是一种为了知识的高等教育目的观；一种观点认为，高深知识是高等教育目的的起点[⑤]，这是一种关于知识的高等教育目的观；还有一种观点认为，高深知识是认识和实现高等教育目的的中介，这是一种通过知识的高等教育目的观。对高等教育目的来说，无论是个人本位论还是社会本位论，都离不开高深知识，这是高等教育目的区别于基础教育目的的一个重要标志。

---

① 李枭鹰.高等教育关系论 上[M].北京:中国社会科学出版社,2017:22.

② 张德祥.高等教育基本关系与高等教育学体系建设[J].高等教育研究,2020(10):46-54.

③ 巴尼特.高等教育理念[M].蓝劲松,译.北京:北京大学出版社,2012:17.

④ 克拉克.高等教育系统:学术组织的跨国研究[M].王承绪,徐辉,殷企平,等译.杭州:杭州大学出版社,1994:12.

⑤ 周光礼.培养理性的行动者:高等教育目的的再思考[J].高等工程教育研究,2015(3):49-57.

在高等教育与人的关系中识读高等教育目的是确证高等教育目的的核心要义。高等教育无论多么特殊，也无论发展到何种阶段，本质上还是教育，也应该是教育。既然是教育，高等教育就离不开人，也必然指向人。作为一种复合型的教育活动，高等教育虽然具有多重目的，但其核心目的是育人。[①] 当然，从经验来看，这里的人不是单数意义上的人，而是复数意义上的人；这里的人也不是抽象意义上或脱离了具体情境的人，而是历史的和具体的人。对人的理解不同，培养什么人以及如何培养人自然也就不同。因此，人本位的高等教育目的观内部也存在或多或少的分歧。

在高等教育与社会的关系中识读高等教育目的是确证高等教育目的的关键。高等教育是人类的一种社会实践活动，这决定了我们识读和确证高等教育目的时必须考虑高等教育所具有的社会性的一面，这既是现实的，也是历史的。说它是现实的是指，今天的高等教育目的不仅无法忽视社会的需求，甚至在很大程度上是由社会需求所决定的。在现代社会中，即使是知识本位和人本位的高等教育目的观也深深打上了社会的印记。说它是历史的是指，即使早期的高等教育也是因社会的需求而产生并得以延续的，只是在相当长一段时间内高等教育与社会的关系是一种相对松散的弱关系，而发展到今天，高等教育和社会之间已经形成一种“你中有我，我中有你”的强关系。

三、重申高等教育目的

高等教育目的具有普遍性，但它不是抽象的；高等教育目的具有选择性，但它不是任意的；高等教育目的具有多元性，但它不是无主次的。在所有类型和层级的高等教育目的中，国家的高等教育目的具有统摄性，反映了一个国家对待高深知识的态度，决定了一个国家内部高校的组织目标和个体接受高等教育所可能达到的限度。

（一）我们的高等教育目的

我们的高等教育目的突出强调立德树人。自古以来，德育就是教育的

① 王洪才.论高等教育的本质属性及其使命[J].高等教育研究，2014(6)：1-7.

必要和重要组成部分，也是高等教育特别是大学所珍视的一大传统。“儒家思想乃至中国传统都认为，个人道德的完善与由此得到的喜悦，即是教育的主要目标。”[①]在中国古代，对这一表述最好的概括就是《大学》开篇所讲的“明明德”。由此可见，德育不仅重要，而且在教育中位于首位，这一传统延续至今，且在马克思主义关于人的全面发展的学说和理念中得以发扬光大，其最新表述就是如今我们所熟知的“立德树人”。立德树人“超越传统智育与德育的二元区分，将德育置于教育的灵魂、统率地位”[②]。立德树人不仅是我们全党全社会有关高等教育目的的集体表达，也是我们国家有关高等教育目的的制度性共识，是我国高等学校正在践行的根本任务。具体来说，我们的高等教育就是要把受教育者培养成“德智体美劳全面发展的社会主义建设者和接班人”。

我们的高等教育目的特别重视治国安民。学以为己是中国教育的传统，但这并不意味着我们的教育传统中忽略乃至无视教育的社会功能和社会意义，恰恰相反，传统中国的教育认为，“一个人固然必须全心全意追求个人的道德完善以及与知识的融合，他也必须同时不忘自己的道德成长带有社会意义。这就是儒家思想乃至中国教育思想中的中心理想”[③]。如果说立德树人作为我国高等教育的内在品性，指向的是培养什么样的人以及如何培养人，那么治国安民则是我国高等教育的外在品性，指向的是为谁培养人。在中国古代，高等教育的一大目的就是化民成俗以成善治。中国近代高等教育则以救亡图存为己任。1949 年中华人民共和国成立之后，党和国家高度重视高等教育，通过一系列改革逐步将高等教育改造为人民的高等教育，为国家、为人民、为社会主义现代化建设服务成为高等教育的重要目的。如今，我们正处于以中国式现代化全面推进中华民族伟大复兴的历史新征程中，高等教育作为建设教育强国的龙头，比以往任何时候都需要服务于这一伟大的历史使命。

---

① 李弘祺.学以为己：传统中国的教育 上[M].上海：华东师范大学出版社，2017：4.

② 崔允漷，陈霜叶.三个维度看“立德树人”的本质内涵[N].光明日报，2017-05-09(13).

③ 李弘祺.学以为己：传统中国的教育 上[M].上海：华东师范大学出版社，2017：9.

我们的高等教育目的是知识发展、个人发展和社会发展的辩证统一。在强调立德树人和重视治国安民的同时，我们的高等教育也关注知识的发展。从古至今广为流传的“立德、立功、立言”三不朽之说、著名的横渠四句中的“为往圣继绝学”以及民国时期蔡元培就任北京大学校长时所提出的“大学者，研究高深学问者也”等都表达了我们的高等教育对于知识的旨趣。当然，需要指出的是，总的来看，知识、个人和社会在我们的高等教育中不是割裂和对立的，而是三位一体且辩证统一的。这种辩证统一的传统自古至今在不同时代均有体现，但具体含义有所不同。民国时期蔡元培主持制定的《大学令》中就提到，“大学以教授高深学术，养成硕学宏材，应国家需要为宗旨”。《中华人民共和国高等教育法》第五条中则明确规定：“高等教育的任务是培养具有社会责任感、创新精神和实践能力的高级专门人才，发展科学技术文化，促进社会主义现代化建设。”以上两个文本虽然用了宗旨和任务之说，但也可视为我们对高等教育目的的一种替代性表达。

（二）如何实现我们的高等教育目的

坚持社会主义办学方向是实现我们的高等教育目的的重要前提。高等教育目的是一种设想，但这种设想不是无边界的，需要方向来统领和引领。我们是社会主义国家，这决定了我们的高等教育必须坚持社会主义办学方向。坚持社会主义办学方向的根本是始终坚持和加强党对高等教育事业的领导，这是统领性的，不可动摇。只有坚持和加强党的全面领导，我们的高等教育才能持续提高人才自主培养质量，实现为党育人、为国育才，为社会主义现代化建设服务的目的。坚持社会主义办学方向的核心是全面贯彻党的教育方针，这是引领性的，不可偏离。全面贯彻党的教育方针要求我们紧紧围绕立德树人根本任务、全面提升自主创新能力，为实现中国式现代化扎实做好各项工作，统筹谋划，一体推进。

尊重和践行教育规律是实现我们的高等教育目的的重要理论基础。实现高等教育目的是一种有意识的集体行动，实现这一目的的途径和手段有很多，但如何保证达成目的的途径和手段是合理有效的，需要适切的理论进行指导。在现有的理论中，教育内外部关系规律理论是最重要的理论。教育内外部关系规律是“从高等教育角度切入来研究和概括教育规律”[1]的理论，它既考虑到了教育的一般性，也观照了高等教育的特殊性。“高等教育的运行发展要受到高等教育总体规律、高等教育一般规律和高等教育特殊规律的规约和支配。”[2]实现我们的高等教育目的需要我们回到高等教育自身来理解和发展高等教育，需要我们在教育逻辑（高等教育与人的关系）、学术逻辑（高等教育与高深知识的关系）和社会逻辑（高等教育与社会的关系）的辩证统一关系中来理解和发展高等教育。但需要指出的是，对高等教育目的的实现“产生作用的并非只有教育规律，人们的主观愿望以及与教育相关的其他领域的一些规律也在发生作用”[3]。

坚持和完善中国特色社会主义高等教育制度是实现我们的高等教育目的的重要制度保障。科学有效的制度是将我们的高等教育目的转化为高等学校办学目标的关键。经过长期探索和实践，我们已经形成了“党全面领导高等教育、国家举办高等教育、政府统筹高等教育、社会参与高等教育”为基本内容的“中国特色社会主义高等教育制度”[4]。这一制度的最大特色和优势是坚持和加强党的全面领导，其中一个重要方面是坚持和完善党委领导下的校长负责制。这一制度的最大动能是高等教育治理体系和治理能力现代化，其核心是分工合作、协同推进的治理体系，即“有为政府、有效市场和社会参与”的高等教育外部治理体系[5]和“党委领导、校长负责、教授治学、民主管理”[6]的高等教育内部治理体系。这一制度的生命力是扎根中国大地办高等教育，其基本立足点是以“中国”为对象、方法和归宿，不断提升人才自主培养能力，加快建构中国自主知识体系，全面服务于中国式现代化。

---

① 张应强.教育内外部关系规律及其在高等教育研究中的运用[J].复旦教育论坛，2020(5)：5-11.

② 李枭鹰.高等教育关系是什么：关于潘懋元教育内外部关系规律的本体论探问[J].江苏高教，2022(8)：15-23.

③ 冯向东.教育规律何处寻[J].高等教育研究，2014(8)：22-29.

④ 张应强.新时代中国高等教育现代化理论的创新发展[J].高等教育研究，2022(12)：16-23.

⑤ 张应强.新时代中国高等教育现代化理论的创新发展[J].高等教育研究，2022(12)：16-23.

⑥ 阎光才.现代大学制度的内涵及其构建过程中所面临的困境[J].澳门理工学报（人文社会科学版），2013(3)：157-164.

弘扬和践行教育家精神是实现我们的高等教育目的的主要途径。高校教师是高校贯彻落实立德树人根本任务、进行知识创新和社会服务的核心群体,我们的高等教育目的只有通过高校教师的学术工作才能够彻底地转为具体的行为和实践。这其实对高校教师提出了要求,要求他们准确理解我们的高等教育目的的内涵和精神实质,要求他们不仅是高深知识的传播者、创造者,还是中国特色社会主义高等教育事业的守护者、捍卫者和传承人。从这个意义上来说,我们的高等教育目的的实现程度归根结底取决于高校教师的知与行。事实上,实现我们的高等教育目的的现实需要,与中国特有的教育家精神具有内在一致性。只有那些持有和践行"心有大我、至诚报国的理想信念,言为士则、行为世范的道德情操,启智润心、因材施教的育人智慧,勤学笃行、求是创新的躬耕态度,乐教爱生、甘于奉献的仁爱之心,胸怀天下、以文化人的弘道追求"①的教师才能够将我们的高等教育目的内化于心、外化于行。当然,这种教育家精神既是对高校教师个体的要求,更是对全体高校教师的要求。当所有高校教师以教育家精神来要求和引领全部教育教学工作之时,我们的高等教育目的也就实现了。

① 大力弘扬教育家精神 为强国建设民族复兴伟业作出新的更大贡献[N].人民日报,2023-09-10(001).

第九讲 大学研究性教学的理论反思

在“双一流”政策持续推进过程中,我们认识到“一流大学”与“一流学科”如同万众瞩目的“双子塔”,它们都离不开作为框架结构而存在的“一流教学”与“一流科研”。什么是“一流教学”,什么又不是“一流教学”,“一流教学”应该是什么样子?这一系列问题恐怕很难有一个清晰的答案。基本达成共识的是,“一流教学”不是一个固定目标,也没有一个统一标准,其背后透露出的是人们对先进教学理念的坚持与卓越教学质量的追求。从理论上说,研究性教学将教学与研究有机结合起来,告别了传统意义上的“非研究性教学”,在促进人才培养、推动教师发展以及提升教学质量等诸多方面表现出传统教学方式无法比拟的优越性,因而受到学术界与实践界的青睐,成为“一流教学”建设的重要抓手。但实际上,学术界对研究性教学的认识分歧较大,实践界在这方面的有效探索经验较为零散,使得研究性教学备受争议。有学者提出,研究性教学是“一流理念,二流效果”,应采取“寓教于研”的方式,并以传播确定性知识为导向开展教学设计。① 也有学者认为,研究性教学是“一流理念,一流效果”,应采取“寓研于教”的方式,破除知识确定性的迷思,坚持以知识与能力为导向的教学设计。② 这两种观点可谓针锋相对,在研究性教学的现实研判与理念诠释上大相径庭,都拘泥于教学设计而回避了至关重要的实践模式与制度供给问题,故有必要予以澄清、深入探讨。

---

① 周序,张祯祯.我们需要什么样的研究性教学?——关于“一流教学”建设的思考[J].吉首大学学报(社会科学版),2018(6):131-137.

② 王超.“一流教学”建设中研究性教学的思考[J].贵州师范大学学报(社会科学版),2022(2):61-71.

一、如何认识当前的大学研究性教学

“叫好”与“叫座”的说法常见于影视作品和舞台表演领域。“叫好与否”大多是由专业人士做出的品质判断,通常以“口碑”来反映作品的艺术价值。“叫座与否”主要展现作品对观众的吸引力,往往用“票房”来反映其商业价值。一部文艺作品的评价无外乎“叫好又叫座”“叫好不叫座”“不叫好却叫座”以及“既不叫好也不叫座”四种情形。对大学课程教学的评价也大抵如此,目前针对研究性教学出现了“叫好不叫座”与“叫好又叫座”两种声音,我们需要在明晰两种观点阐述理由的基础上,追问研究性教学应该由谁“叫好”、由谁“叫座”,即教学理念的评判权与实践效果的评判权究竟掌握在谁的手中。这个问题搞清楚了,我们就会从理念、实践与制度的综合视角得出研究性教学“既不叫好也不叫座”的结论。第三种声音听起来有些逆耳,但它破除了当前人们对研究性教学的各种想象,更加符合实际情况。

(一)关于研究性教学的两种声音

第一种声音是,研究性教学“叫好不叫座”。关于“叫好”,人们给出的理由主要有两条:其一,颇为认可研究性教学所蕴含的自主探究、主动建构、学生中心等理念的先进性;其二,充分肯定研究性教学在培养学生主动学习习惯、锻炼学生创新思维与实践能力等方面的独特价值。[①] 与“非研究性教学”相比,研究性教学的理念先进性、价值优越性得以凸显。关于“不叫座”一说,有学者聚焦于“错误的实施方式”与“不佳的实施效果”两个要点予以论述:从实施方式来说,当前研究性教学大多是让学生参与科研活动,致使学生在知识层面的获得感不强,从而对研究性教学表达出不满情绪。从实施效果来说,当前研究性教学只是在个别学校有一些成功案例,尚未得到有效推广,更未取得普遍成功,是故难以承载起建设“一流教学”的希望。[②] 该论述存在三点有待商榷之处。其一,这种观点对研究性教学实施方式多样形态的认识不够全面,毕竟研究性教学并不只是“让学生参与科研活动”。

---

① 姚利民,史曼莉.大学研究性教学的必要性与可行性[J].湖南师范大学教育科学学报,2008(6):62-65.

② 周序,张祯祯.我们需要什么样的研究性教学?——关于“一流教学”建设的思考[J].吉首大学学报(社会科学版),2018(6):131-137.

其二，这种观点对研究性教学实施效果评判标准的把握有些模糊，超过多大比例才算普遍成功？其三，这种观点将研究性教学叫座率较低归咎于“难以满足学生对确定知识的需求”，似乎在用传统教学之长来苛责研究性教学之短。虽说研究性教学“不叫座”的结论符合大多数人的心理预判，但对“不叫座”原因的上述剖析似乎不得要领。

第二种声音是，研究性教学“叫好又叫座”。[①]“叫好”的理由除上述理念的先进性、价值的优越性之外，增加一条“政策合法性”——2005 年教育部提出“积极推动研究性教学”的改革建议，即教育管理部门也在为研究性教学“叫好”。关于“叫座”一说给出的证据主要包括两个。第一，研究性教学得到世界范围内的广泛认可，特别是研究型大学培养了大批社会精英，故实施效果称得上“一流”。这个证据的漏洞在于，研究型大学培养的大批人才是不是受益于研究性教学？很明显，它们之间并非因果关系，只是存在一定的相关性而已，所以这个证据很难站住脚。第二，清华大学、北京大学、浙江大学、中国人民大学和华中科技大学等高校全面推行研究性教学，个别教师也开展了有益尝试，取得了不错效果。这个证据的问题在于，几所研究型大学的成功案例能够代表不同类型高校研究性教学的改革成效吗？只有少数研究型大学“叫座”，能称之为“一流效果”吗？除研究型大学之外，地方本科院校与高职高专院校研究性教学的“一流效果”有无证据支持？值得玩味的是，“叫座”与“不叫座”两种相互矛盾的结论竟然都是由“个别成功案例”这一相同证据推导出来的。研究性教学的实施效果究竟如何，恐怕不能笼统来说，也很难完全说清楚。

（二）应该由谁“叫好”，应该由谁“叫座”

基于上述分析，目前为研究性教学“叫好”的主要是教育管理部门、研究型大学、专家学者以及个别教师，不容忽视的还有部分学生群体。研究性教学理念究竟好不好？固然，这些主体都有一定的发言权，但最终评判权掌握在广大师生手中，他们作为教学共同体而相倚存在。其中，教师对“好”的教

---

① 王超.“一流教学”建设中研究性教学的思考[J].贵州师范大学学报(社会科学版)，2022(2):61-71.

学理念具有鉴别能力，学生对“好”的教学理念具有直观体验。扪心自问，广大教师是否在为研究性教学“叫好”，广大学生是否在为研究性教学“叫好”？

实事求是地说，研究性教学理念并不会自动地转化为教师的教学认知能力，也难以被灌输进学生头脑之中，他们对美好的教学实践或活动都有着不同的期许。个别教师的探索经验不能说明教师群体的教学意志已发生转移，部分学生的科研成绩也不能表征学生群体的学业成就已得到提升。只有当广大教师发自肺腑地认同研究性教学、热情洋溢地开展研究性教学、辗转反侧地反思研究性教学之时，只有当广大学生充分认可、积极投入并从研究性教学中获得成长之时，研究性教学理念的科学性才会同数学公理一般不证自明。否则，即便理念再先进、价值再优越、政策再合法，如果师生群体认为理念诠释得不够清晰、实践模式不具可操作性、制度供给跟不上，那么研究性教学无异于“海市蜃楼”而不被看好。

2016年《中国高等教育质量报告》提出，“现实中高校仍普遍以教师为中心进行知识传授，学生的个性化多样化需求被压抑”。2017年《中国本科教育质量报告》提出，“课堂教学的‘单声道’现象还未得到根本扭转”。2018年《全国普通高校本科教育教学质量报告》指出，“人才培养中心地位未完全落实，教学模式创新性不足，学习过程管理总体不严格”。2020年《全国普通高校本科教育教学质量报告》建议，“积极建构以学生成长为中心的人才培养体系”。这些沉甸甸的“国家报告”反映出，本科教学改革任重道远，教师中心、课堂中心、知识中心的传统教学观念依然盛行，广大师生“用脚投票”，对研究性教学表达“不叫好”的态度。

研究性教学实践效果究竟好不好，最终评判权掌握在学生手中。由于学生是研究性教学的核心参与者与根本受益者，他们对“好”的教学实践具有直接体验，因而最具发言权。这里的“学生”包括各类高校中的专科生、本科生和研究生，而不只是研究型大学中的学生。当绝大部分学生乐意选择那些采用研究性教学的课程、在教学过程中全身心地投入自己的时间和精力、对研究性教学整体效果持有积极评价之时，研究性教学实践的有效性方可得以显示。即研究性教学的实践效果主要通过学生选择、学生参与、学生体验、学生收获和学生发展等指标综合反映出来，这有赖于长时间、大规模的学情调查，才能得出相对可靠的结论。

有学者对9个省份21所高校进行调研发现：“科教融合改革开展得轰轰烈烈而实效性极为有限。其实这种现象具有一定普遍性，许多先进的教改理念在学生中并不受待见。”①为什么呢？当前的教学改革大多基于“改革者立场”，而很少考虑“学生立场”，也不太关注“教师立场”。我们知道，课堂教学需要严格遵循学校的教学纪律，倘若教师为激发学生的参与热情，没有在指定教室上课，而是在树荫下、草地上或小湖边上课，一场教学事故恐怕在所难免。类似的例子还有很多，如果高校无法为教师进行“制度松绑”，所谓的研究性教学对教师又有多少吸引力？如果不是教师掌握着评价学生的“生杀大权”，又有多少学生心甘情愿配合教师“表演”？不客气地说，如果教师对教学改革没有热情、学生不积极参与或消极应付，那么任何教学改革都将是徒劳。

（三）模糊的理念、迷茫的实践与失配的制度

毫无疑问，研究性教学契合了教学与科研相统一的原则，但为何会落入“既不叫好也不叫座”的尴尬境地？有意思的是，当谈及研究性教学理念的时候，似乎人人都明白其含义，但深究起来，大家所理解的又不是同一个东西。另外，许多教师对研究性教学的具体操作都存有不少困惑，比如哪些学科或课程适用研究性教学，研究性教学的具体操作思路是什么，如何进行研究性教学的具体设计，如何激发学生对研究性教学的兴趣，以及如何对研究性教学效果进行有效评估等。这些问题都不太明朗，大多数教师对研究性教学的探索仍处于“迷茫实践”的阶段，内在折射出理念模糊问题，外在映射出制度失配问题。

当前，“科研挂帅”与“非升即走”的观念甚嚣尘上，科研成果与个人的职称晋升、工资待遇以及地位荣誉等密切挂钩，似乎科研才是“自留地”，而教学沦为“公地悲剧”。这样的话，教师在科研时间与教学时间上的分配差

---

① 周光礼，黄露.为什么学生不欢迎先进的教学理念？——基于科教融合改革的实证研究[J].高等工程教育研究，2016(2)：48-56.

别显而易见，又怎么指望他们在研究性教学上有多大建树呢？教研室基层教学组织的式微，使得“集体教研”这一优良传统几近消失。传统教学方式的合法性基础尚未瓦解，研究性教学的制度性基础尚未建立，这使得“一讲到底”的教学惯习被延续、被默许。不少高校以课堂人数确定教时系数进行教学工作量核算，这种把知识传播效率作为研究性教学评判标准的方法合适吗？这些制度都在有意无意地塑造着教师的群体认知与“理性选择”——采用传统教学方式。如果哪位教师贸然采用研究性教学，势必会增加自己的教学负担，也会增加学生的学业负担，就会招致“劣币驱逐良币”的后果。

站在学生立场上来看，他们不为研究性教学“埋单”的理由也值得改革者深思。第一，学生对学习价值的迷茫乃至怀疑，让他们对无论何种形式的课堂与课外学习都提不起兴趣，研究性教学自然也无法幸免，哪怕它在理念上具备传统教学方式所不及的特殊价值。第二，教学改革是一项直接关乎教学内容、教学方式、教学评价以及教学制度等多维度、系统性的改革工程。如果建设高质量教材的诉求无法得到满足，如果教师“满堂灌”的教学惯习无法彻底扭转，如果传统的纸笔考试无法做出适应性调整，如果不合时宜的教学管理制度无法予以修正，那么研究性教学就依然难以获得学生支持。第三，现行的本科课程体系有些臃肿，诸多制度难点尚未解决。有调查显示，我国本科毕业平均需要修读 166 学分、约 55 门课程、2 600 多课时。[①] 许多本科生都疲于应付，出现“不是在上课，就是在上课路上”[②]的现象。很多本科课程的班级规模较大，而大班制又难以保障良好的教学效果。一度流行的助教制度在今天走向异化，在班级授课中发挥作用有限。不少高校人才培养方案中的实践教学环节都处于“悬置”或虚假状态。这些都是不容回避的制度难点，若在这种制度环境下全面推行研究性教学，也不过是浅层、低阶的研究性教学。

坦率地说，“叫好又叫座”是人们对研究性教学的一种理想追求而绝非现实，“叫好不叫座”不过是我们对研究性教学在理念之维的一种意念而非

① 张忠华.关于大学课程设置的三个问题[J].大学教育科学，2011(6):30-34.
② 解德渤.大学创新教学的实践误区及反思[J].中国大学教学，2018(8):70-74.

真实,“既不叫好也不叫座”才是当前研究性教学的真实写照,因为最具评判权的教师与学生“不叫好”、最具发言权的学生“不叫座”。深入来说,我们对研究性教学缺乏明确的理念诠释,也缺少清晰的实践思路,更缺少适宜的制度条件,即模糊的理念、迷茫的实践、失配的制度是研究性教学落入“既不叫好也不叫座”尴尬处境的原因所在。

二、研究性教学理念诠释的三重视角

研究性教学蕴含着科教融合的先进理念,从而与传统的不具研究性质的教学划清界限。研究性教学包含“基于研究的教学”“在研究中的教学”与“指向研究的教学”三种理解,即教师与学生可根据实际情况采取“教学学术”或“寓教于研”抑或“寓研于教”的方式,也可借助不同方式的灵活组合,以实现“教”与“研”的结合、“教”与“学”的融合。其中“教学学术”是以研究的方式指导教学,“寓教于研”是寄托教学于研究之中,“寓研于教”是寄托研究于教学之中,三重视角共同构成了研究性教学色彩斑斓的理念图景。

(一)教学学术:一种基于研究的教学

研究性教学理念的第一重理解是“基于研究的教学”,此语境下的研究为教学提供了学术底色与实践前提,这是“教学学术”在研究性教学中的表达方式。1990年,美国教育家欧内斯特·博耶在《学术水平的反思》报告中拓展了“学术”的概念疆域,学术在知识层面不仅意味着探究知识、应用知识和整合知识,而且意味着传播知识,从而产生了“探究学术”“应用学术”“整合学术”以及“教学学术”的多维学术观。① 其中,“教学学术”这一理念在他和舒尔曼等人的推动下,时至今日在世界范围内依然具有广泛而深刻的影响。如何理解“教学学术”?博耶本人并未给出明确答案,但我们可以触摸到“教学学术”的理念精髓。它既不完全是研究也不完全是教学,既不是传统意义上的研究也不是传统意义上的教学,“强调其研究的属性,是为了将

① 博耶.关于美国教育改革的演讲[M].涂艳国,方彤,译.北京:教育科学出版社,2002:74-78.

大学教学变成一个学术领域，且通过研究和实践，将大学教学变成专业性工作"①。教学学术的第一步是"研究"，从而它是关于如何有效传播知识的学术活动；教学学术的第二步是"教学"，从而它又是基于研究而促进知识有效传播的教学活动，是教学与研究的特殊组合方式。由此而言，"基于研究的教学"是研究性教学理念最重要的理解方式，即"无研究，不教学"应成为大学教学的新常识。

问题的关键在于，"基于研究的教学"中的"基于研究"如何理解？目前流行的看法是，基于教师自身的学术成果，这种理解比较普遍但未免有些狭隘，与教学学术理念有较大出入。我们可以从三个层面进行系统解读：其一是"基于(教师)研究成果的教学"，教师关注的对象是教师自身，关注的焦点是教师对自身研究成果的教学转化或教师对课程内容、教学设计、教学方法等方面的研究；其二是"基于(学生)研究经历的教学"，教师关注的对象是学生，关注的焦点是学生对作为类似于"先行组织者"而存在的相关材料的理解程度或相关问题的思考与探索程度；其三是"基于(师生)研究锚点的教学"，教师关注的对象是具有主体间性的师生共同体，关注的焦点是教师与学生在知识传播内容上共同确定的问题或主题，这是师生建构式教学的固定点所在，与建构主义的"抛锚式教学"有异曲同工之妙。"基于研究的教学"的三层理解恰恰契合了教学学术的发展走向——从"关注教师教学"到"关注学生学习"与"关注师生实践共同体"。

(二)寓教于研：一种在研究中的教学

研究性教学理念的第二重理解是"在研究中的教学"，此语境下的研究为教学提供了活动场景与运作程式，即"寓教于研"也是研究性教学的重要操作方式。该理念可以追溯到德国洪堡"由科学达至修养"的大学教学价值取向，"科学"是教育的手段，"修养"是教育的目标。在洪堡那里，大学是高等学术机构，是学术机构的巅峰，"它总是把科学当作一个没有完全解决的

① 庞海芍，曾妮，高琪.推进大学教学学术，改革教师评价体系："2020中国教与学学术国际会议"综述[J].高教发展与评估，2021(3)：20-26.

难题来看待,它因此也总是处于研究探索之中"①,从事科学研究的师生均可称"学者",他们都是因科学而共处。只不过,洪堡心目中的"科学"是包含精神科学与自然科学在内的"纯科学",而将实用技术排除在外,我们今天对"科学"的理解更加丰富。洪堡把所要培养的"有修养的人"称为"完人"②。这种认识并未像今人这般沉湎于知识与能力的二元框架,而是着眼于更具教益价值的"修养"层面,这就触及了高等教育的本质。为什么由科学可以达至修养?北京大学陈洪捷教授对此做出了解读:"科学不是一种客观的、经验的存在,而是真理、道德乃至神性的统一,是一种价值的存在,所以从事科学不仅是致知,同时也意味着体验,让科学'出乎其心、入乎其内'。正是在这种意义上,科学才具有修养身心、变化行为甚至示范生活方式的作用。"③如何由科学而达至修养?洪堡提倡采用研讨班(Seminar)和实验室教学,如今"寓教于研"的教学思路已经被人们广为接受。

需要明确的是,"在研究中的教学"究竟是在谁的研究之中?我们可以发现三种情形。其一是"在教师研究中的教学",此时教师在整体上发挥主导作用,学生处于从属地位。目前不少高校推动本科生教育改革中就有"早进课题、早进实验室、早进研究团队"的举措,不过这项举措针对的是少数优秀本科生。相比之下,研究生加入导师的课题组开展相关研究就比较普遍了。其二是"在学生研究中的教学",此时学生在整体上处于中心地位,指导教师扮演着学生学习"促进者"的角色。2007 年,教育部、财政部发布《关于实施高等学校本科教学质量与教学改革工程的意见》,首次提出"实施大学生创新性实验计划"的改革举措,至 2012 年该计划发展为"大学生创新创业训练计划"。自此,本科生科研训练项目迅速在高校铺展开来④。其三是"在师生研究中的教学",这主要体现在生成式教学或建构式教学的正式活动之中,面向的是全体学生。此时的教师与学生在知识海洋里处于一种"共

① 洪堡.论柏林高等学术机构的内部和外部组织[J].陈洪捷,译.高等教育论坛,1987(1):93-95.

② 熊华军.洪堡的大学教学价值取向:由科学达至修养[J].大学·研究与评价,2008(1):39-44.

③ 陈洪捷.德国古典大学观及其对中国大学的影响[M].北京:北京大学出版社,2002:73-74.

④ 施林淼,刘贵松.我国研究型大学教学科研融合的方式、问题及对策:以清华大学等 6 所高校发布的本科教学质量报告为例[J].中国高教研究,2015(3):31-35.

游”状态,研究主题是师生在特定教学情境下自然浮现出来而非教师预设的。在沉浸式的研究场景中,学生能够真正接触到求知过程、提升自己的科研能力,并有可能达到德润身心、修己达人的境界。

(三)寓研于教:一种指向研究的教学

研究性教学理念的第三重理解是“指向研究的教学”,此语境下的研究为教学提供了重要靶向与实践增长点,这是“寓研于教”在研究性教学中的呈现方式,此时的教学是作为研究的重要手段而存在的。其中暗含两个假设:一个是学生必须具备独立思考的习惯、质疑批判的能力与积极探究的愿望,“如果学生不能与教师一样进行独立的研究和思考,不对教师的教学提出疑问、展开批判,那么教学作为促进研究的手段就无法成立。”[①]另一个是教师必须敢于正视教学恐惧、具备承认无知的勇气以及具有发自内心的改变。如果教师不能对学生的提问给予积极且有效的回应,不能激发自己和学生主动探究的热情,那么这样的教学也不过是失去灵魂的教学。我们可以想象并对比如下两个教学场景:第一幅画面是,教师在讲台上对照着 PPT 讲课,学生在下面听课,偶尔记记笔记或拿出手机拍拍课件,下课后教师与学生都毫无压力,考试前一周学生背一背重点即可过关;第二幅画面是,课堂氛围活跃,学生敢于质疑,教师被问得“面红耳赤”,但老师不会为维护自己的尊严与权威而对学生进行无端压制,或者浮皮潦草掩盖过去,抑或振振有词地东拉西扯,而是课下积极思考并鼓励学生查阅相关资料,课程考核方式是提交一份高质量的研究报告。两幅画面反映的是教学文化的差异——“沉默”还是“碰撞”,后一种情形是“寓研于教”的方式,更能导引出师生的研究热情,甚至做出相当卓越的研究成果。

需要澄清的是,“指向研究的教学”究竟是指向谁的研究?我们可以解析出三种情况。其一是“指向教师研究的教学”,此时的教师在课堂上面对学生的质疑和批判,敢于直面真诚的心灵,遇见能够回应的问题则积极发挥教学机智,碰上不能回应的问题则敢于承认自己的无知,向学生承诺“我思考成熟后给你答复”。课后教师围绕棘手难题展开研究,甚至从中提炼出有

---

① 胡建华,王建华,王全林,等.大学制度改革论[M].南京:南京师范大学出版社,2006:225.

价值的议题发表相关的教学科研成果。其二是“指向学生研究的教学”，此时的教师在课堂上向学生抛出一个接一个的问号，有些问题能够当场解决，有些问题则难有定论，教师针对那些悬而未决的问题让学生以独自或小组形式完成相应的研究任务。学生需要查阅大量资料、开展实地调查、撰写研究报告、准备研究汇报，为此可能需要整日泡在图书馆。其三是“指向师生研究的教学”，此时的教师与学生基于课上产生的困惑，课下各自展开探索，最后共同研讨而破解困惑，甚至有发表集体研究成果或组团发表多篇成果的可能性。在研究任务导向的教学活动中，教师多了一些勇气、少了一些恐惧，学生多了几分拼搏、少了几分懒散，当前的教育教学改革迫切需要的恰恰就是这种形态的研究性教学。

整体而言，“基于研究的教学”将研究作为教学的前置条件，即在“教学学术”理念指导下的研究性教学可以大力扭转传统教学的实践惯习；“在研究中的教学”将研究作为教学的实施手段，即在“寓教于研”理念指导下的研究性教学可以有效拓展传统教学的策略空间；“指向研究的教学”将研究作为教学的目标导向，即在“寓研于教”理念指导下的研究性教学可以适当转变传统教学的沉默文化。

三、研究性教学实践模式的多样形态

之所以研究性教学能够将“教学”与“研究”结合起来，其结合点在于知识逻辑的通融性。但研究性教学时常面临传递理论性知识还是实践性知识的分歧，也会出现传递验证性知识还是探究性知识的争议，即“研究性教学存在知识选择的两难境地”[①]。然而，它们之间并不存在根本性矛盾，两两结合可以形成研究性教学实践的基本模式，并衍生出多样形态。

（一）研究性教学实践的知识选择

就内在属性而言，知识可以划分为理论性知识和实践性知识两种形态。理论性知识推崇“理性”，其来源主要是严密的逻辑推演或长期的实践检验，

① 黄路遥.从放逐到回归：研究性教学“知识回归”立场之辨析[J].江苏高教，2022(2)：93-100.

往往具有普遍意义,构成人类或个体知识结构中的共性部分。实践性知识推崇“经验”,其来源是感官经验的积累,往往具有实践情境,构成人类或个体知识结构中的个性部分。两种知识观折射出理性主义者与经验主义者长期以来的纷争,但这种对峙在教育教学情境中并非水火不容,因为教师在知识传播过程中不可能只强调逻辑推演或实际经验。即研究性教学实践中基于知识属性的选择问题不是泾渭分明的,既可以传递理论性知识也可以播撒实践性知识。

从传递结果来看,知识总体上包括验证性知识和探究性知识两种情形。课程内容中大部分知识是确定性知识,对教师来说是已知的、对学生来说是未知的,这时候无论采用何种探究方式,最终知识传递的结果都是学生认识较为清晰且趋于一致,我们把这类知识称为“验证性知识”。当然,课程内容中也有一部分知识虽是确定性知识,但由于认识条件的变化其成为师生的知识盲区,或者这部分知识尚属不确定性知识,最终知识传递的结果是学生认识较为模糊且趋于多元,我们把这类知识称为“探究性知识”。研究性教学实践中基于知识结果的选择问题不是非此即彼的,既可以传递验证性知识也可以生成探究性知识。

(二)研究性教学实践的基本模式

知识的内在属性构成了研究性教学实践模式的横轴,知识的传递结果构成了研究性教学实践模式的纵轴,由此形成一个以“基于问题”为原点的二维象限图,如图 9-1 所示。第一象限是田野式教学,第二象限是研讨式教学,第三象限是案例式教学,第四象限是实验式教学①,研究性教学的四种基本模式具有各自的适用场景与操作思路。

---

① 解德渤,崔桐.大学课堂革命何以可能:研究性教学的旨趣、实践及其挑战[J].重庆高教研究,2020(3):56-66.

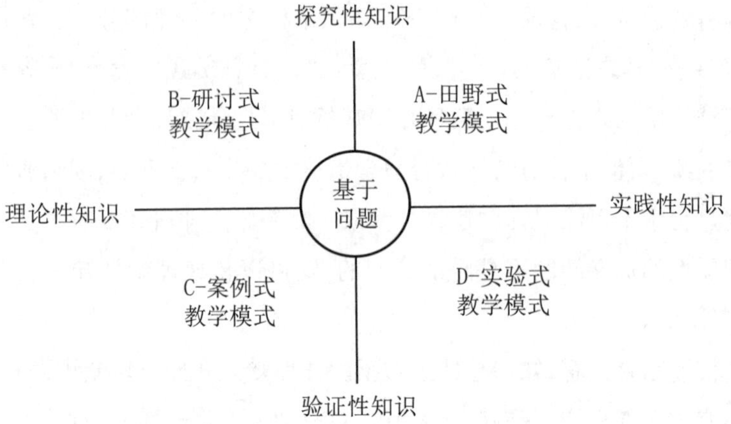

图 9-1　研究性教学实践的四种基本模式

田野式教学模式在知识选择上强调的是实践性知识与探究性知识,表现出“田野工作、实地考察和情境学习”等典型特征。[①] 田野式教学大大拓展了教学的可能空间,把“教室”搬到了村落社区、企业工厂、田间地头等各式各样充满教育意义的“田野”之中,突破了原有单纯理论讲授的教学传统,进而将人才培养、科学研究与学术传承融为一体。正因如此,田野式教学在人文社科(如人类学、社会学、民族学、考古学、历史学等)与自然科学(如地理类、海洋类、生物类、测绘类、地质类、矿业类、农林类等)的诸多专业中都有着广泛应用价值。有学者专门探讨了巴黎高等师范学校社会科学系所开设的一门课程“田野实习”是如何开展研究性教学的:这门实践课程是为期 5 天的小班制课程,学生人数控制在 10—15 人,他们是来自各个专业的一年级新生,由 3—4 名具备丰富田野研究与教学经验的教师给予即时性、个性化指导,整体操作思路是“田野调查—整理资料—集体讨论”。[②] 厦门大学教育研究院在博士生培养环节中有一个别具特色的优良传统——“游学”,通常在博士一年级下学期组织学生到一所高校开展为期 7 天的田野调查,这也是典型的田野式教学。不容回避的是,田野式教学更适用小班课而非大班课,更适合实践课而非理论课,需要一段完整时间、需要师生全身心投

① 唐魁玉,邵力.文化人类学视阈中的田野教学[J].黑龙江教育学院学报,2006(1):57-58.

② 唐晓菁.“田野”作为教学方法:以法国“大学校”社科人才培养的研究性教学为例[J].中国高教研究,2020(11):78-84.

入、需要必备的经费保障等，诸多优势与限制使田野式教学显得弥足珍贵。

研讨式教学模式在知识选择上强调的是理论性知识与探究性知识，在教学形式上表现出个体研究与集体讨论相结合的特点，在教学过程中体现出延展发散与聚焦升华相衔接的特点，在教学结果上呈现出教研共进与教学相长相统一的特点。研讨式教学的操作思路一般为“指导选题—独立探索—小组交流—大班讲评—总结提高”的“五步教学法”。[①] 尽管研讨式教学适用于各个专业、各门课程、各种班型，但它的顺利实施也有赖于一些基本条件的成熟，如学生、时间、教师等。研讨式教学最重要的前提是，学生具备独立思考、团队合作与学术表达的能力，同时能够占有与研讨主题相关的知识与信息。反之，学生思考不积极、讨论陷入沉默、表达能力欠佳或者资料占有不足等都会成为研讨式教学实施的限制因素。研讨式教学最基本的前提是，较为充分的研讨时间。反之，若研讨时间无法保证，那么观点的碰撞、思维的火花就难以产生。当前流行的“翻转课堂”基本是把知识讲授内容在课前完成，而把课堂时间预留给研讨环节。“对分课堂”则是把课堂时间一分为二，前半段用于讲授，后半段用于研讨。这些做法都是通过时间意义的变革为研讨式教学开辟操作空间。研讨式教学最直接的前提是，教师具备善于倾听的谦逊品格、驾驭课堂的教学智慧以及系统灵活的知识结构。实事求是地说，研讨式教学模式是研究性教学家族中使用最普遍、应用最广泛的实践模式。

案例式教学模式在知识选择上强调的是理论性知识与验证性知识。每一个教学案例的选择、编写与使用都带有明确的教学目的，其背后都蕴含着某个原理或理论，让学生置身案例情境之中，以深入讨论的方式予以深化、以抽丝剥茧的方式予以洞察。多年之后，学生依然能够从某个教学案例、某段经典故事、某个人物传奇中汲取理论的滋养、获得行动的力量，这便是案例式教学的独特价值。案例式教学的操作思路通常为“课前案例阅读—小组案例讨论—课堂案例研讨”，即“以学生为中心、以案例为媒介、以问题为

① 贺鉴，刘红梅.论研讨式五步教学法的主要特点[J].贵州师范大学学报(社会科学版)，2006(3)：19-23.

起点、以讨论为手段”①,从而呈现出情境教学、广泛研讨以及深度学习等典型特征。我们知道,“1924 年,哈佛大学商学院首开案例教学之风”②,该模式在工商管理、法学等专业的人才培养中发挥突出作用,在理工类、医护类、农林类等专业的教学实践中也具有重要应用价值。案例式教学开展的重要前提是拥有丰富、鲜活的教学案例。大连理工大学“中国管理案例共享中心”自 2007 年发展至今,管理案例超过 6 500 篇,对推动全国工商管理专业案例教学做出了卓有成效的探索。截至 2022 年 10 月,中国专业学位案例中心收录的教学案例也有 5 000 余篇,为全国各个专业学位的教学案例编写提供了示范。这些讯号说明,教学案例库是一座教学资源宝库,日益引起人们的关注与重视。但各个专业如何开发并维护教学案例库,考验着学术共同体的智慧。如何把教学案例资源转化为案例教学效能,考验着教师个体的教学智慧。

实验式教学模式在知识选择上主要强调的是实践性知识与验证性知识,当然也涉及部分探究性知识。实验式教学涵盖了传统意义上的实验室教学,也包括了类似于实验室教学的虚拟仿真实验与“思想模拟”实验。实验式教学在教学手段上具有操作性、在教学过程上具有直观性、在教学结果上具有重复性等特点,总体教学思路为“明确实验目的—演示实验规范—具体实验操作—撰写实验报告”。实验式教学开展的重要前提就是具备良好的硬件条件。比如,清华大学自动化系统虚拟仿真实验教学中心建立了“连续制造系统虚拟仿真实验教学平台”“导航与制导系统仿真实验教学平台”“智能交通系统虚拟仿真实验教学平台”等,华中师范大学文科综合国家级实验教学示范中心建有“教师教育实验平台”“文化与传播实验平台”“社会与心理实验平台”等。这些实验教学平台都是“科研服务于教学”的典范,为开展研究性教学提供了基础设施。这意味着,实验式教学在理科、工科和医科等专业具有广泛应用的基础,在人文社会科学中也有大展拳脚的可能

① 张新平,冯晓敏.专业学位教学案例库建设:内涵、价值与要点[J].现代大学教育,2020(4):100-104,112.

② 陈树文.哈佛大学商学院案例教学研究[J].大连理工大学学报(社会科学版),2006(4):80-84.

性与可为性。实验式教学并不局限于实验室或实验中心，在一间普通教室中照样可以模拟出一些真实场景。“1948 年，美国著名经济学家张伯伦（E.H.Chamberlin）在教授经济学课程时，为了更深刻地揭示需求与供给的关系，就曾让学生身临其境地扮演供求双方角色”①。大家所熟知的“模拟法庭”就是法律专业实践教学的重要方式，“模拟联合国”是学生理解国际规则、拓展国际视野的社团教育活动。相比于实验室教学与虚拟仿真实验教学，模拟实验教学更容易在各门课程中实现。

（三）研究性教学实践的形态解析

如上所述，“1—基于研究的教学”“2—在研究中的教学”与“3—指向研究的教学”是研究性教学理念的三重解读。进一步追问，基于谁的研究，在谁的研究中，指向谁的研究？“1—教师”还是“2—学生”抑或“3—师生共同体”，是每个问题背后的三种可能答案。“A—田野式教学”“B—研讨式教学”“C—案例式教学”“D—实验式教学”是研究性教学的四种基本模式。当清晰的教学理念与明朗的教学模式相遇，研究性教学就会衍生出更为多样、可供选择的实践样态，如表 9-1 所示。

表 9-1　研究性教学实践的可能样态

理念	实践											
	A—田野式教学			B—研讨式教学			C—案例式教学			D—实验式教学		
1—基于研究的教学	A1			B1			C1			D1		
	A11	A12	A13	B11	B12	B13	C11	C12	C13	D11	D12	D13
2—在研究中的教学	A2			B2			C2			D2		
	A21	A22	A23	B21	B22	B23	C21	C22	C23	D21	D22	D23
3—指向研究的教学	A3			B3			C3			D3		
	A31	A32	A33	B31	B32	B33	C31	C32	C33	D31	D32	D33

就简单组合方式而言，理念 1、理念 2、理念 3 可以与四种基本实践模式分别组合，形成研究性教学的 36 种实践样态，这是研究性教学实践的“初级版”，每种样态带有研究性教学的某种元素，可以作为研究性教学改革的“第

① 王丽梅.实验式教学模式在人文社会科学教学中的运用[J].黑龙江高教研究，2014（11）：140-142.

一步”。就复杂组合方式而言，理念1、理念2结合，理念1、理念3结合，理念2、理念3结合，并与四种基本实践模式分别组合，可以形成108种实践样态，这是研究性教学实践的“升级版”，每种样态中的研究性成分愈加凸显，可以作为研究性教学改革的“第二步”。就完整组合方式而言，理念1、理念2、理念3结合，并与四种基本实践模式分别组合，也可以形成108种实践样态，这是研究性教学实践的“高级版”，每种样态都是推行深度研究性教学的实践模式，可以作为研究性教学改革的“第三步”。此外，研究性教学的四种基本模式可以独立使用，也可以结合使用。比如，研讨式教学可以与田野式教学、案例式教学、实验式教学分别结合。这表明，研究性教学的实践样态有将近300种，哪怕是只谈完整意义上的实践样态也有108种。尽管这是从理论推导角度予以省察，但它对剖析研究性教学的实践类型、教学深度与改革步骤具有重大意义。研究性教学在实践模式上有类型之分，在教学深度上有程度之别，在改革步骤上有顺序先后。

四、研究性教学制度供给的主要思路

固然，研究性教学的实施与推广有赖于教师与学生的意识觉醒与务实行动，教师在综合考虑各种因素的情况下选择适切的教学方式，学生以一种自我负责的态度、挑战自我的精神积极投入学习活动之中。但更重要的是，高校需要在研究性教学的制度层面做出不懈努力，即完善条件性制度、建立本体性制度、健全保障性制度，这样系统性的制度供给对研究性教学的实施与推广才是至关重要的。

（一）弹性完善研究性教学的条件性制度

研究性教学不是无条件的，而是有条件的，最起码需要师生较为充分的时间投入。如何让学生从繁多的课程安排中适当解放出来，如何让教师从繁忙的科研工作中适当解放出来？这是制约研究性教学实施的前提条件，我们把与之相关的制度安排暂称为“条件性制度”。

在现行的人才培养框架中，简单地压缩课程数量几乎是不可行的，只能通过弹性完善学分抵扣制度、课程免修（听）制度以及在线课程学分认定制度等，凭此变相减少课程数量。比如，本科生主持并完成“大学生创新创业训练计划”，国家级项目可抵扣6学分、省（区）级项目可抵扣4学分、校级项目可抵扣2学分，参与人员可根据实际贡献获得相应的抵扣学分。除了可以该项目抵扣学分，社会实践抵扣学分、“读名著拿学分”“运动打卡拿学分”等多样化形式让“课程”理解更加多元。如果学生在英语、计算机、体育等公共课程上已经具备良好基础，可参加学校教务处组织的分级考试，考核成绩在90分以上的可以申请免修、80分以上的可以申请免听。丰富的在线课程资源让学生获得了更多的选择机会，打通在线课程学分认定的制度通道，既可以让学生感受到来自名师、“金课”的精神洗礼，又可以提高他们参与研究性教学的热情与品位。教师评价制度在短时间内恐怕无法得到有效改进，如何解放教师是研究性教学面临的学术评价机制难题。

（二）重新调整研究性教学的本体性制度

研究性教学与“非研究性教学”截然不同，在教学管理制度上的诉求也有天壤之别，如果企图用传统教学管理制度来规约、评判研究性教学，那就大错特错，会大大削弱研究性教学的实施效果与推广范围。我们把那些与研究性教学直接相关的管理制度称为“本体性制度”。

在现行教学管理制度框架内，我们需要重新思考并调整课程考试评价制度、助教工作制度、实践教学管理制度、教学工作量认定制度以及教学督导工作制度等，为研究性教学提供直接而有效的制度环境。比如，采取研究性教学的课程必须突破纸笔考试的束缚，尝试更为多元的评价方式（集体或小组成果汇报、提交论文或报告、撰写课程学习心得等），更加强调过程性评价、发展性评价与鼓励性评价；助教工作不再由学生而是青年教师承担，身份不再是“课代表”而是“课程深度参与者”，在课前导引、分组研讨以及课后答疑等方面发挥作用，从而在隐性层面建立起“以老带新”的教研制度；加大实践教学环节的管理力度，切实发挥田野工作、现场教学、实习实训等教学形式的育人成效；破除把班级规模、知识传播效率作为认定教学工作量主要标准的陈规，积极探索以课程挑战度与研究性教学深度的综合系数来确定教学工作量的新办法，课程挑战度分为低阶（1.0）、高阶（2.0），研究性教学深度分为浅层（1.0）、深层（2.0）；教学督导需要摒弃老思维、老眼光，应对研究性教学工作更加包容、理解，督导的重点从“是否教得好”转向“是否学得好”“是否研得好”。这些研究性教学的本体性制度都是应该而且能够调整的。

（三）积极健全研究性教学的保障性制度

研究性教学还需要获得组织保障、经费保障以及技术保障等，这些都需要以制度形式确立下来并加以完善。如果缺乏相应制度，研究性教学就难以持续推进，我们把这些制度称为“保障性制度”。

在组织保障方面，成立由教师发展中心、教务处、研究生院以及人力资源处等相关部门主要负责人组成的“研究性教学促进委员会”，以此保障各部门在研究性教学的相关事务上各司其职又协同发力。教师发展中心侧重研究性教学的理念与实践方面的教师培训；教务处与研究生院需转变传统观念，注重教学服务而非管理，为师生开展研究性教学提供宽松环境，因为好教师不是管理出来的、好教学不是督导出来的、好学生不是圈养出来的。相信广大教师能坚守教学底线，教务处、研究生院更应该考虑如何营造良好的教学文化氛围；人力资源处需跳出科研主导的教师评价思路，以分类评价思路牵引各具优势的教师不断涌现出来，因为教学名师与学术大家是“冒”出来而非评出来的。在经费保障方面，学校应当设立“研究性教学基金”，主要用于支持教师教改项目、学生科研项目、师生田野调查等，积极扭转传统“重申请轻结题”的错误做法，同时用于以“教室革命”为核心的教学场景改造项目等。在技术保障方面，研究性教学的适用场景也包括线上，如何以图、文、声、像等多种形式实现师生之间即时性、沉浸式的交流与互动，这就需要教学技术团队提供专业的服务保障。

概言之，当前研究性教学之所以落入“既不叫好也不叫座”的境遇之中，主要是长期以来受到“模糊理念”“迷茫实践”与“失配制度”之困扰。当“模糊理念”走向“清晰理念”，当“迷茫实践”走向“明朗实践”，当“失配制度”走向“适配制度”，学校对研究性教学的支持才能从浅层迈向深层，教师对研究性教学的探索才能从个别迈向普遍，学生对研究性教学的态度才能从冷漠迈向热情。如此一来，研究性教学才会真正蔚然成风，才能实现“叫好又叫座”的美好希冀。

第十讲
大学学科知识生产的三种模式

知识常常以学科的形态存在而非混沌一片，因此，学科知识生产是知识生产的基本的和主要的实践过程。学科存在三种形态：其一，知识形态的学科，即作为一种系统化、体系化的知识存在形态，包括特定的研究对象、研究方法和概念体系；其二，作为一种知识的规训制度，指学科评价制度、学科成果发表制度、学科成员评价及晋升等制度；其三，组织形态的学科，即以学科知识生产为目的和基础，与相应学科知识生产相适应的组织建制。在三者关系中，学科的知识形态是本质的，而学科规训制度和学科组织建制则是衍生的，是学科知识生产主体在知识生产实践中为适应知识生产而建构的制度规范和组织架构。从历史的维度考察，在长期的知识生产过程中，学科知识生产形成了不同的模式。英国学者迈克尔·吉本斯(Michael Gibbons)提出知识生产有两种模式，他把在学科的、主要在认知的语境中进行知识生产的模式称为 model 1，作为传统的知识生产模式。而区别于 model 1 的，在更广阔的、跨学科的社会和经济情境中的知识生产模式称为 model 2。[①] 我们理解，吉本斯所指的知识生产就是指学科知识生产。近些年来，一些学者提出超学科知识生产的概念，并进行相关研究，丰富了人们对知识生产模式的认识。同时，我们认为吉本斯关于知识生产 model 2 的研究中，虽然没有明确提出超学科知识生产的概念，但是，也包含对超学科知识生产模式的阐述。基于对学科知识生产变迁历史的考察，并梳理相关的研究，我们认为，学科知识生产模式应为三种：传统学科知识生产模式、跨学科知识生产模式

① 吉本斯. 知识生产的新模式：当代社会科学与研究的动力学[M].陈洪捷，沈文钦，译.北京：北京大学出版社，2011：1.

以及超学科知识生产模式。

一、传统学科知识生产模式

（一）传统学科的概念辨析

“传统学科”作为学科的下位概念，指以学科知识分化为特征不断创生出新的学科知识和学科知识体系及其外在建制。传统学科通过内在知识体系、规训制度以及组织建制建构出稳定的学科内核和牢固的制度围墙。正如法国哲学家米歇尔·福柯（Michel Foucault）所说，“在任何社会里，话语一旦产生，即刻就受到若干程序的控制、筛选、组织和再分配”[①]。学科则“构成了话语生产的一个控制体系，它通过同一性来设置其边界”[②]。学科成员在封闭的围墙之内，不断发展学科理论体系，并不断从原有的学科理论体系中分化出可以自成体系的分支学科，又继续建构出其知识体系的内核和制度化的学科围墙。这便成为学科知识生产最传统、最久远、最根深蒂固的模式。至今为止世界范围内学科知识生产的主流模式依然是传统学科知识生产模式。

（二）传统学科知识生产模式的历史演进

传统学科知识生产模式的形成和发展经历了不同的阶段。早在古希腊时期，哲学家们已经将其对世界的笼统认识分化成一系列的分科知识，如哲学、数学、医学、法学、逻辑学等。并以某个知识丰富、见地独特的学者为核心形成学科知识团体，如智者学派、柏拉图学派，以及各类学者行会等，柏拉图的学园、苏格拉底的修辞学校等能够进行知识交流、传播和辩论的场所就成为知识生产的场域。这个时期对于知识的评价以学者的个人权威为主；知识传播和交流的方式以辩论为主；知识生产的成果通过典籍来保存和传播。这种模式一直延续到中世纪大学的诞生。中世纪大学时期知识生产场

---

① FOUCAULT M. The archaeology of knowledge and discourse on language [M]. SHERIDAN-SMITH A M, Trans. New York: Pantheon Books, 1972: 216.

② FOUCAULT M. The archaeology of knowledge and discourse on language [M]. SHERIDAN-SMITH A M, Trans. New York: Pantheon Books, 1972: 224.

域发生了变革，多集中于大学内部的文、法、神、医四大学部。然而，知识生产依然围绕经院哲学知识展开，知识评价、传播和交流方式也没有根本性变化。这种知识生产模式在推进经院哲学知识发展的同时，却阻碍了自然科学知识的产生和发展。

真正意义上的传统学科知识生产模式伴随 17、18 世纪新的学科组织（英国皇家学会和法国科学院）建立而诞生。且最早的学术期刊之一《哲学汇刊》，成为自然科学学科重要的交流、学习和成果公开评判的平台，新的学科建制极大激发了学科知识特别是自然科学知识的生产创新，新的自然科学学科和社会科学学科不断从哲学中分化出来。

德国柏林大学讲座制改革推动传统学科知识生产模式进一步发展。尽管早期的科学学会促进了科学知识的生产创新，但其在会员甄选、地位合法性以及经费获取等方面存在很多问题，难以成为主流的学科建制模式。与此同时，与科学繁荣发展相矛盾的、被经院哲学统治着的中世纪大学四大学部模式逐渐式微。德国柏林大学讲座制改革推动了大学学术组织变革。讲座围绕某一学科最权威的教授建立，倡导学术自由、教学与科研相结合，并赋予讲座教授绝对的行政权力和学术权力。与讲座制相适应的还包括赞助学科规训活动和评估核定学科规训价值的专业组织，出版学科和专门研究成果的期刊，支持学科规训研究和教学的基金管理机构，以及评价学科内研究成果的同侪评论者。[①] 讲座制改革极大调动了教师和学生的科研兴趣和积极性，促进了学科知识的进一步分化，新的学科如雨后春笋般独立出来。

美国大学系科制改革将传统学科知识生产模式推向顶峰。讲座制在推动学科知识不断细分的同时，也构筑起牢固的学科“围墙”，加剧了不同学科甚至是同一学科不同研究领域之间的“不可通约性”。美国大学通过继承和创新讲座制，创建系科制，自 1875 年以后，原有的学科分化的结果便慢慢地出现系的组织，把有关学科归于一系来教授，如希腊语系、数学系、生物系。[②] 系科制方便了学科内部不同研究领域之间的横向交流，同时，在学科整体理

① 华勒斯坦.学科·知识·权力[M].刘健艺，编译.北京：生活·读书·新知三联书店，1999：21.

② 滕大春.美国教育史[M].北京：人民教育出版社.1994：414.

论框架的指导下，学科知识体系呈现出纵向精细化的发展趋势。从这个意义上说，系科制将传统学科知识生产推向顶峰，系科制这种组织模式在世界范围内得到效仿。

（二）传统学科知识生产模式的特征

传统学科知识生产模式的特征主要体现在学科知识生产的内在过程和外在建制两个方面。首先，从学科知识生产内在过程看，传统学科知识生产的主要目标是拓展和创新本学科的理论体系，并从原有学科细分出新的研究对象、研究方法，重新建构分支学科理论体系，创建新学科，用于解释和解决学科内部和社会发展的理论问题。传统学科知识生产遵循特定的学科范式，包括研究对象、研究方法、概念体系以及研究行为习惯、研究文化等等。其次，从学科知识生产的外在建制看，传统学科知识生产模式在学术成果的交流互动制度、公开发表制度、评价制度以及对于学科成员的职称评定和晋升制度等方面有自己的特点。传统学科学术成果的交流互动制度和载体包括学科内部学术会议制度、期刊交流平台、学术报告等，更多的是本学科成员之间交流学术成果和分享学术方法、经验等。传统学科知识传播和交流的范围限于学科内部，特有的学科范式构成学科知识生产特有的文化景观，也构成学科与学科之间的不可通约性，将知识生产过程中的交流、传播、生产、创新严格限定在学科“围墙”之内。清晰固化的学科边界导致传统学科知识生产过程比较封闭。传统学科知识生产促使学科知识呈现专业化和纵深化发展趋势。学科知识内在的系统化和体系化以及学科制度的固化，使得传统学科知识生产有一个相对稳定的团队。传统学科知识生产模式下学术成果的评价多以同行评价为主。同行评价制度无形之中形成了学科内部的学术等级和学术权威。学术等级性和学术权威性使得学科成员的职称评定和晋升多以学术成果和学术成就为导向。以单一学科为基础的大学学科组织是传统学科知识生产模式的主要场域，包括讲座、课题组、教研室、系、学院、研究所等，这些组织通常是按照某一学科进行划分。

二、跨学科知识生产模式

在传统学科知识生产模式下，学科越分越细，学科的研究视野越来越狭窄，越来越难以取得重大理论突破和创新，且森严的学科壁垒严重阻碍着不同学科之间的交流。正是单一学科知识生产模式对于学科知识创新、创造的瓶颈和缺陷，使研究者们试图寻求打破学科界限的方法，通过不同学科之间相互借鉴、渗透、交叉与融合，实现学科理论的创新。由此催生出跨学科知识生产模式。

（一）跨学科概念辨析

"跨学科"一词源自英文词语 inter-disciplinarity，指两门或两门以上不同学科之间的相互联系，从思想的简单交流到较大领域内教育与研究的概念、方法、程序、认识论、术语、数据乃至组织之间的联系。[①] 其实，跨学科的具体实践远远早于其概念的出现。早在 1690 年，英国古典政治经济学创始人威廉・配第（William Petty）首次提出用数学和统计学的方法定量地研究社会问题和经济问题，开创了自然科学与社会科学两大学科门类的研究方法的跨越交叉。[②]

跨学科按照不同学科之间的渗透、交叉的程度可概括为三个层次：①借鉴其他学科的研究方法和理论体系，完善和创新本学科的研究方法和理论体系。②多学科性（multi-disciplinarity）是跨学科的另一种存在形态，通过不同的学科视角研究同一个问题。多学科性所关注的知识出现在不止一个学科或专业中，因而多学科研究团队的成员来自不同学科和专业。[③] ③跨学科的较高层次是通过不同学科的方法及理论体系的有效整合，在学科与学科之间的交叉地带生成新的交叉性学科。这类交叉学科又分为远缘交叉学科和近邻交叉学科。[④] 例如计算力学、化学物理学、科技哲学、技术伦理学、数理语言学等等。跨学科知识生产形成了一套完全区别于传统学科知识生产

① OECD. Interdisciplinarity: Problems of teaching and research in universities [M]. Paris: Organization for Economic Cooperation and Development Publications, 1972:25.

② 刘仲林.跨学科学导论[M].杭州:浙江教育出版社,1990:23.

③ 胡壮麟.超学科研究与学科发展[J].中国外语,2012(6):1,16-22.

④ 王续琨.从跨学科研究到跨学科学[N].中国社会科学报,2016-03-22(005).

的程序:从知识生产的目标、动力、成果到知识交流、传播的方式以及知识生产组织、知识成果的评价模式等均发生了深刻变革。

(二)跨学科知识生产模式的发展

上文提到的跨学科层次①、②的跨学科知识生产相对容易实现,因为不需要完全打破原有的学科壁垒,人员、知识生产成果的评价依然可以在原有学科内部进行。而层次③跨学科知识生产尽管在人们的思想意识上得到广泛的认同,但在实践层面仍然困难重重。这个层次的跨学科知识生产不但要打破不同学科之间的知识边界,还要铲除学科组织之间长期以来形成的固有的外在建制的障碍,并需要建构一套适合于跨学科知识生产的新体系,如不同学科之间人员的聘用、管理、考核、激励机制,知识产权的归属以及跨学科知识生产成果的评价等等。这些外在建制,对于促进跨学科知识生产至关重要。虽然到目前为止还没有通用的模式可以遵循,但是许多国家的大学和学术共同体都在努力探索。例如,在跨学科制度建设方面,美国被称为"学科互涉研究的黄金国度"[①]。众多高水平跨学科刊物为跨学科研究提供了成果发表和交流平台,包括《科学》(*Science*)、《自然》(*Nature*)、《社会与历史比较研究》(*Comparative Studies in Society and History*)、《哲学与公共事务》(*Philosophy & Public Affairs*)、《数学社会学杂志》(*The Journal of Mathematical Sociology*)等。很多世界著名大学为跨学科教学和科研提供组织平台。以英国、日本、德国为例,英国剑桥大学将学科组织划分为六大学部——艺术与人文、生物科学、临床医学、人文与社会科学、物理科学、技术,并在艺术与人文学部设有艺术、人文和社会科学跨学科研究中心(Centre for Research in Arts, Social Sciences and Humanities, CRASS),在人文与社会科学学部下设人类、社会和政治科学跨学科组织(Human, Social, and Political Sciences, HSPS)。日本东京大学大学院新领域创成科学研究科(Graduate School of Frontier Sciences)下设基础科学研究系、生命科学研究系、环境学研究系,实施跨学科研究和教学。德国比勒费尔德大学成立跨学科研究中

① 克莱恩. 跨越边界:知识 学科 学科互涉[M].2版.姜智芹,译.南京:南京大学出版社,2005:41.

心(Center for Interdisciplinary Research)。我国也通过学部制改革以及建立跨学科研究中心、院(所)积极探索跨学科知识生产的体制机制建设。

(三)跨学科知识生产模式的特征

通过对跨学科概念的辨析和跨学科知识生产模式发展状况的研究,我们将跨学科知识生产模式的内外部特征总结如下。首先,与传统学科知识生产模式相比,跨学科知识生产的目标是通过借鉴其他学科理论体系和研究方法实现本学科的知识生产和创新,或者通过其他学科的视角来研究本学科问题,以及通过不同学科之间充分的交叉融合,建构新的交叉性学科理论体系,解决复杂理论或实践问题。跨学科知识生产尝试打破学科内在范式,不再单纯地遵循本学科的研究方法和概念体系,打破学科范式是跨学科知识生产模式区别于传统学科知识生产模式的重要标志。其次,跨学科知识生产模式在外在建制上也区别于传统学科知识生产模式。跨学科知识生产成果的公开发表制度决定了其不仅可以在本学科内的期刊平台上发表,也可以在其他学科或者交叉学科的期刊平台上发表。跨学科知识成果评价制度由传统的学科内部同行评价,转变为根据知识生产成果归属由本学科同行评价或者由其他相关性学科的同行评价,抑或由特定的交叉学科领域的资深专家评价。跨学科团队成员的考核、职称评定、晋升制度也随之更加复杂,可通过划分人员的学科归属并按照所属学科的制度考核,也可建立交叉性学科考核制度。跨学科知识生产过程相对比较自由,各个学科的研究方法和理论体系各有不同,各学科之间相互借鉴,共同探索。跨学科知识生产过程打破了固有的学科边界,开放程度较高,推动科学知识向着综合化、横向融合方向发展。跨学科知识生产的主体包括不同学科的工作者,他们之间以平等互利的关系协同工作,因此团队成员之间不再有特别鲜明的学术等级。在跨学科研究团队中起到领导作用的往往是具有跨学科知识、沟通协调能力较强的领导。由于跨学科知识生产团队可以是临时组建的,也可以是固定的,因此,跨学科团队成员的稳定性较差,可能因为某个项目结束而离队。跨学科知识生产场域,可以是单一学科内部,也可以是跨学科组织中,如跨学科项目组、跨学科研究中心等。

三、超学科知识生产模式

传统学科和跨学科知识生产极大促进了学科理论成果的生产和创新。同时,经济社会发展中的实践问题越来越复杂,如何从经济社会发展的现实问题出发,通过学科知识与非学科知识的全面整合解决实践问题,成为全世界学者的共同关注点。以此为契机,逐渐形成了超学科知识生产模式。

(一)超学科概念辨析

超学科(trans-disciplinarily)概念最早于20世纪70年代由Jantsch提出,他认为政府、业界、大学三方要在更大的社会范围内进行创新[①]。Pohl和Hadorn提出:"当有关社会问题领域的知识不确定时,当问题的具体性质有争议时,当有大量关注问题的利益相关者介入与之打交道时,就需要超学科。"[②]国内有些学者认为超学科是跨学科的最高层次(其他两个层次为多学科、交叉学科),甚至一些国内学者将跨学科和超学科混为一谈。然而,跨学科和超学科存在本质上的区别,超学科的最终目标是解决社会实践问题,而非实现学科理论的创新。且超学科的"超"字表明,超学科关注的知识不是仅指"学科之间的,跨不同学科的",而是"超越于所有学科之外的"知识。[③] 目前对于超学科的理解已达成较广泛的共识:超学科将不同知识整合成一个比较全面的知识形式,这一知识形式的特征是较强的公共观点导向和较强的解决问题的能力。[④] 这一共识凸显了超学科的三个最本质的特征:①超学科知识生产主体不仅来自高校、科研院所等学术组织,而且还来自政府、企业等组织,体现知识生产主体的多元性;②超学科推动学科知识与社会实践和个体认知实践等多元知识的整合,实现知识的全面整合再创新;③超学科以全面整合作用下的知识创新来解决复杂的社会问题。

---

① JANTSCH E.Towards interdisciplinarity and transdisciplinarity in education and innovation[G]//APOSTELETAL L(eds.).Problems of teaching and research in universities,Organization for Economic Cooperation and Development(OECD)and Center for Educational Research and Innovation(CERI),Paris:OECD,1972:97-121.

② POHL C,HADORN G H. Principles for designing transdisciplinary research[R].Proposed by the Swiss Academies of Arts and Sciences,oekom,Mŭnchen,2007:124.

③ 胡壮麟.超学科研究与学科发展[J].中国外语,2012(6):1,16-22.

④ RAPPORT D J. Transdisciplinarity:Transcending the disciplines[J]. Trends in ecology & evolution,1997(12):289.

综上所述，本讲认为超学科是一种跳出纯粹的学术"围墙"，站在经济社会发展的整体高度，通过对学科知识与社会实践、个体认知实践的整合，构建集政府、产业、大学与社会公众于一身的创新生态系统，以全面的知识再创新来解决经济社会中的复杂问题。超学科与单一学科、多学科、交叉学科、跨学科等最大的不同在于，后者主要目标在于解释或解决学术系统及社会基础理论问题，而前者主要目标在于解决社会实践问题，且解决问题的途径是多元主体参与的知识全面整合和再创新。超学科俨然推动了学科知识生产进入新阶段，我们把它概括为超学科知识生产模式。

（二）超学科知识生产模式的历史演进

超学科知识生产从最初关注大学科技成果转化，到注重企业应用研究，逐渐转向以基础研究为支撑、以基础理论与实践问题的整合再创新来解决经济社会复杂问题的模式。因此，超学科知识生产可追溯到美国赠地大学、独立学院以及专业技术学院时期，大学通过科学技术服务于地区经济。随后大学逐渐承担企业的应用研究，开启校企合作模式，诞生了以斯坦福大学等世界顶尖大学为依托的硅谷模式、北京的中关村模式等。二战期间美国实施的"曼哈顿工程"和"雷达研制计划"开启了以政、校、企协同创新为标志的超学科知识生产模式时代。超学科知识生产模式发展至今已形成大学—企业—政府—社会公众四重螺旋创新生态系统，在强调大学、企业、政府的组织协同创新之外，更加关注知识生产主体——人，与知识生产客体——知识，以及二者之间密切的交互作用，突出人在知识生产中的能动性和自主性，使得超学科知识生产从最初的被动转化与运用知识，转变为通过人的能动性和自主性重新整合知识，释放知识创新的巨大能量。

基于超学科知识生产模式的变革，世界各国顶尖的研究型大学纷纷聚集政府、企业、社会公众等多方主体参与到重大、复杂的经济社会问题的超学科协同研究中来，形成"学术企业"型超学科组织。例如美国加利福尼亚大学伯克利分校的造福社会信息技术研究中心（The Center for Information Technology Research in the Interest of Society）创造和利用信息技术来解决重要的社会问题，如能源、交通、地震安全、教育、医疗、农业和环境等①；密歇根大学则设立了调查研究中心（Survey Research Center）、群体动力研究中心（Research Center for Group Dynamics）、大学间政治与社会研究联合体（Inter-university Consortium for Political and Social Research）、人口研究中心（Population Studies Center）和政治研究中心（Center for Political Studies）等机构汇集多方合力研究社会热难点问题。我国也依托于多所高水平研究型大学建立诸多协同创新中心等。这些超学科组织的共同特点是研究主要聚焦于经济社会发展急需解决的、引起社会高度关注的、涉及多方主体利益的重大而复杂的问题。这些问题的解决需要多方利益主体的协作、多元知识的整合、认知体系的重构和再创新。

（三）超学科知识生产模式的特征

根据以上对于超学科概念的辨析和超学科知识生产的历史发展，超学科知识生产模式区别于传统学科及跨学科知识生产模式的特点包括：超学科知识生产的目标是通过知识的全面整合和再创新，解决重大而复杂的经济社会问题。超学科知识生产动力主要源于传统学科以及跨学科知识生产对于解决复杂经济社会问题的局限性。超学科知识生产成果更加多元，包括在问题解决框架形成和实施过程中所爆发出来的各类知识，如技术专利、学科和跨学科基础理论以及有形的知识产品。超学科知识传播的工具和手段更加丰富，不仅包括学科之间的学术交流、成果共享，还包括产品技术方案交流、项目进度报告会、生产现场指导，以及网络平台信息共享等。超学科知识生产场域不再局限于大学，知识生产可以在企业的生产车间，在产品的试验平台，在学术研讨会上，也可以在参与主体的认知和交流过程中，总之，超学科知识生产场域没有了界限。超学科知识生产过程的开放程度更高，不但打破了学科边界，还打破了不同组织之间的边界，甚至打破了主体认知过程的障碍，实现了各类知识的全面整合和再次创新。超学科知识生产的主体不再局限于学科或者跨学科的学术工作者，而更广泛地指向每一个为解决问题而做出贡献的非学术工作者，可以是教授、工程师、政府官员、

① GOERING R.A world-changing view of engineering[N].EE Times,2004-01-26.

社会人士等。超学科研究团队是不稳定的，它会随着不同层次问题的解决和新层次问题的出现，做出或大或小的人员调整；且团队人员没有严格的学术等级之分，他们既分工又协作，直到问题解决。超学科知识生产过程是一个包括问题解决方案的形成、方案实施、评估，以及生产实践的系统化过程，且各个环节本身又是多元主体合作、多元知识整合再创新的复杂过程。超学科知识生产的评价方式，不再简单地依赖于同行评价，而是要承受更多的社会问责，接受来自多方利益相关者的评价。

四、小结

（一）学科知识生产三种模式的关系

为了清晰地比较学科知识生产的三种模式，用表 10-1 呈现学科知识生产三种模式的比较。

表 10-1　学科知识生产三种模式的比较

比较项目	三种模式		
	传统学科知识生产模式	跨学科知识生产模式	超学科知识生产模式
哲学释义	解释学科理论体系问题，关于“为什么”的问题	解释学科和社会问题，关于“为什么”的问题	解决学科和社会问题，关于“怎么做”的问题
目标	创新本学科理论体系，创建新的分支学科	创新本学科理论体系，创建新兴交叉学科	知识全面整合和再创新，解决经济社会发展问题
知识传播范围	学科内部交流	不同学科之间交流	不同学科之间、不同组织之间、不同个体之间的广泛交流
遵循的范式	严格遵循学科范式	借鉴或融合多个学科范式	没有统一的范式

续表

比较项目	三种模式		
	传统学科知识生产模式	跨学科知识生产模式	超学科知识生产模式
知识成果类型	学科基础理论	学科或交叉学科基础理论	学科或交叉学科理论、社会实践知识、个体认知实践
知识成果的形态	静态理论知识	静态理论知识	动态应用知识
知识的复杂程度	简单一元化	横向多元化	立体复杂化
知识的发展趋势	学科知识纵向分化	学科知识纵向分化,学科知识横向融合	知识整体化:学科知识与社会实践知识以及个体认知实践的全面融合
团队成员	学科内部学者	不同学科的学者	学者、工程师、科学家、管理人员及其他参与者
团队的稳定性	强稳定性	弱稳定性	松散性
知识生产场域	学科组织内部	学科或跨学科组织内部	不同组织和不同个体之间
开放程度	全封闭	半封闭	高度开放
评价方式	学科内部同行评价	学科或交叉学科同行评价	多方利益主体评价
组织模式	学科组织	跨学科组织	政府、企业、大学、社会公众共同参与的协同创新生态系统

通过三种模式特征和历史演进过程的比较,不难发现,学科知识生产的三种模式既相互独立,又相互依存,每种模式都具有其独特性以及独立存在的必要性,每一种学科知识生产模式的产生并不是对其之前的学科知识生产模式的否定,而是使学科知识生产模式更加丰富和多元。传统学科知识生产模式经历近千年的发展,成为学科知识生产的通用模式,至今仍然是最基本的知识生产模式。随着学科划分的精细化,越来越多的创新点出自不同学科的互相借鉴、交流与合作,由此发展出跨学科知识生产模式,打破和完善了传统学科知识生产模式的瓶颈和缺陷。又因科学知识全面整合的发

展趋势，超学科知识生产模式逐渐凸显其特有的价值，成为学科知识创新发展的新途径。传统学科和跨学科知识生产模式是超学科知识生产模式的基础和前提，超学科知识生产模式是传统学科和跨学科知识生产模式的重要补充和延伸。

（二）学科知识生产模式划分的意义

学科知识生产模式的划分，是知识生产客观实践在人们头脑中的反映，是人们探索学科知识生产规律的主观能动行为，这种探索实践，顺应了学科知识生产变化的现实和趋势，使人们对学科知识生产内在逻辑和变化规律的认识不断深化。同时，科学地划分学科知识生产模式，也极大地促进了学科知识生产。它不仅促进人们用更丰富的手段和方式发现知识，实现知识的繁荣与创新，同时，也促进人们用更丰富的手段和方式认识客观世界，解决人们关切的各种重大问题。在学科知识生产的历程中，传统学科知识生产模式依然在显示它的生命力，跨学科知识生产模式越来越为人们所重视。同时，我们也看到，超学科知识生产模式的独立是知识整体化发展趋势的必然要求，将其划分为一种新的学科知识生产模式，有利于知识全面整合再创新驱动下的经济社会问题重新认识和经济社会转型发展，不断提升政府、企业、大学以及社会公众的创新能力和国际竞争力。学科知识生产模式与大学的变革息息相关，是推动大学发展的重要力量，这 点已经为大学的发展历史所证明。大学要顺应学科知识生产模式的变革，主动变革人才培养模式和科学研究模式，消除影响学科知识生产的组织壁垒和制度壁垒，使大学人才培养、科学研究、服务社会的职能得到更好的发挥，使大学的使命得到更好的实现。

（三）学科知识生产模式的研究展望

目前，在对于不同学科知识生产模式所对应的知识生产制度和组织研究中，对跨学科和超学科组织结构研究、组织治理研究、组织内外部协同体制机制的研究不够，对跨学科和超学科知识生产模式中的大学人才培养模式、科学研究模式、组织形态、管理制度、学术评价体系等方面的研究尚不足，是未来需要关注的研究领域。

第十一讲 大学专业建设的三大逻辑与基本路径

高深知识、社会、学生是大学专业建设的三个基本要素、基本变量。大学专业是围绕培养目标形成的课程组合，课程是高深知识的系统化、结构化、逻辑化，专业与高深知识密不可分；专业依据社会分工和职业需要设置，专业是大学与社会联系的桥梁和纽带，专业与社会密不可分；专业是大学人才培养的基本单位，人才培养是专业设置的基本动因，专业与学生密不可分。因此，大学专业建设遵循高深知识内在发展逻辑、遵循经济社会外在需求逻辑、遵循学生自我成长逻辑，三重逻辑为大学专业建设提供了基本路径：专业建设的目标是实现适应与引领的辩证统一，专业建设的依据是内在逻辑与外在需求的辩证统一，专业建设的动力是自主与受控的辩证统一，专业建设的落脚点是局部改进与整体优化的辩证统一。

一、大学专业建设需要遵循三大逻辑

（一）高深知识内在发展逻辑

1.专业与高深知识的关系

高深知识滋养孕育了专业。与普通教育不同，大学传递、发现、应用、理解的知识是高深知识，高深知识是构成各民族中比较深奥的那部分文化的高深思想和有关技能。[①] 专业作为大学人才培养的基本单位，以高深知识为其基本要素。修道院制度下闲暇的僧侣阶层对于拉丁古典作品的保存、古典翻译运动的兴起和东西方文化传播为中世纪大学的诞生积累了原始的高

---

① 克拉克.高等教育系统：学术组织的跨国研究[M].王承绪，徐辉，殷企平，等译.杭州：杭州大学出版社，1994：11.

深知识材料。高深知识生发了课程、专业、学科乃至大学，揭示了高等教育是以高深知识为原发点的多样性与统一性的辩证统一，即高等教育是由高深知识孕生的多样性的统一体。[①] 中世纪大学的文、法、神、医四大学部开启了分科类进行大学专业教育的历史。

大学专业以高深知识为基本材料组织实施人才培养。学科作为高深知识的重要载体，选取一门学科或者多门学科知识，形成课程，围绕特定的人才培养目标形成具有内在联系的课程体系，便构成了专业。尽管不同国家、地区对于专业概念的界定不同，但其本质都是以学科知识为基本材料，围绕特定培养目标所形成的课程体系，并通过教学互动实现高深知识的传播、转化等人才培养活动。

2.高深知识内在发展逻辑的内涵

高深知识是已知与未知的统一，人的认识能力是有限的，又是无限的，因此，高深知识的发展永无止境，是无限积累的过程。高深知识的发展不是无序的，它遵循一定的内在逻辑，并深深影响着大学专业的设置及其课程体系和课程内容。高深知识的内在发展逻辑可概括为以下三方面。

学科分化的高深知识内在发展逻辑。学科分化是高深知识创新发展的重要途径，通过学科分化促使以学科为载体的高深知识不断生产创新。知识最初是混沌一体的，囊括于哲学之内。随着亚里士多德对学科的初步划分，高深知识开始以学科分化逻辑持续发展。17、18 世纪新的学科组织、期刊等学科建制的产生促进了学科的分化。物理学、化学、生物学、经济学、社会学、政治学等逐渐从哲学中分化出来，成为独立的学科。随后柏林大学讲座制改革进一步推动学科分化发展。美国大学的系科制改革将学科的分化推向高潮，高深知识不断向专门化、纵深化发展。德国社会学家马克思·韦伯(Marx Weber)如此描述这一时期科学的发展趋势："科学已经进入一个先前所不知道的专业化阶段，并且这种情形将永远保持下去。"[②]

学科间渗透、交叉、融合的高深知识内在发展逻辑。因知识本身所具有

---

① 张德祥.高深知识是理解高等教育的一把钥匙[J].高等教育研究，2015(12)：22-23.

② 韦伯.社会科学方法论[M].杨富斌，译.北京：华夏出版社，1998：7.

的内在关联性，高深知识以学科为载体不断细分的同时，又表现出交叉、渗透、融合的内在发展趋势。最初的学科交叉体现在不同学科之间研究方法和理论的借鉴、渗透上，以此来实现本学科理论体系和方法的创新。早在1690年，英国古典政治经济学创始人威廉·配第首次提出用数学和统计学的方法定量地研究社会问题和经济问题，开创了自然科学与社会科学两大学科门类研究方法的跨越交叉。[①] 学科交叉、融合还表现为多学科性，即围绕某个涉及多学科的问题，以多学科的视角或方法研究和解决。学科之间最深层次的交叉、融合是通过不同学科的方法及理论体系的有效整合，在学科与学科之间的交叉地带生成新的学科，例如计算力学、化学物理学、教育心理学、科技哲学等交叉性学科。

知识全面整合的高深知识内在发展逻辑。随着复杂的经济社会问题不断凸显，单一学科或者交叉学科知识已经无法解决这类问题，客观上要求知识的全面整合。通过构建集政府、企业、大学与社会公众于一身的超学科创新生态系统，以解决复杂问题为导向，全面整合理论知识与实践知识、显性知识与隐性知识、主体知识与客体知识等多元知识，实现高深知识的整合和再创新。

3.专业建设的高深知识逻辑

首先，专业建设遵循高深知识分化、综合以及全面整合的发展逻辑。专业建设要打破学科界限，通过跨学科课程设置和调整促进跨学科专业的形成和发展。同时，打破以学科为基础的院系界限，形成跨院系的学科大类交叉融合型专业。还要关注高深知识全面整合再创新的趋势，将专业设置和调整融入社会创新生态系统中，增强学生对经济社会发展中复杂问题的敏感性和关注度，培养学生知识整合能力和全局性审视问题的视野；激发学生的主体意识、问题意识和持续创新意识；引导学生重视和发掘隐性知识、经验知识，打破原有认知结构，重构认知体系。最终形成单一学科专业、交叉学科专业和超学科专业共存的专业生态系统。

其次，专业建设遵循高深知识持续发展创新及其转化逻辑。高深知识

---

① 刘仲林.跨学科学导论[M].杭州：浙江教育出版社，1990：23.

与普通知识不同，它有无限聚焦和扩展的趋势。大学专业建设应该做到及时更新、补充由高深知识构成的课程体系和课程内容。既要关注高深知识的整体发展趋势和最新成果，又要将大学自身的科研优势转化为专业人才培养优势，通过教师对高深知识长期的积累、探索、创新，持续更新专业课程内容、课程体系以及教学互动方法，实现专业内涵与外延的调整和变革。因此，大学专业建设既要以高深知识的创新成果为基础，动态改进专业课程内容、课程体系以及教学互动方法等，又要立足于大学自身的科研优势和特色，不盲目、不趋同，在专业的局部改进和整体优化过程中突出自身在高深知识层次、领域的特色和优势。

（二）经济社会外在需求逻辑

1.专业与经济社会的关系

专业因社会需求而产生和发展。专业的产生和发展源于社会分工对不同知识结构、能力、素质人才的需求。中世纪大学最初的四大学科划分，受到当时社会需求的深刻影响。如以法学著称的博洛尼亚大学、以医学著称的萨莱诺大学、以神学著称的巴黎大学，其专业产生和发展都与当地经济社会发展对于法律、医学、神学类人才的需求密切相关。随着大学从“象牙塔”走向社会中心，大学与社会的关系越来越密切，大学以其不断细分的专业来满足社会分工精细化对于专业人才的需求。美国教育家克拉克·克尔（Clark Kerr）曾指出：一千年来，大学的生命是和它周围社会中被认可的专门行业联系在一起的，而且它将继续对新出现的专门行业做出反应。……一些新的专业正在出现，另一些专业，如工商管理和社会工作，则变得更为专业化。①

专业人才培养引领社会变革。教育是兴国之本，人才是强国之锚，专业人才引领国家经济社会发展和变革。首先，专业教育引领先进文化和理念。专业教育围绕高深知识展开，培养学生先进的理念和价值观，这正是引领社会变革的文化基础。其次，专业教育引领先进生产力。专业教育推动科技进步，引领先进生产力和生产关系变革，实现社会的进步。意大利、英国、法

---

① 克尔.大学的功用[M].陈学飞，陈恢钦，周京，等译.南昌：江西教育出版社，1993：78.

国、德国、美国先后成为高等教育中心，培养出一批又一批科学巨匠，成为世界科技发展的先锋，一定程度上推动人类社会从农业文明走向工业文明，从手工业时代走向机器大工业时代，又走向信息化时代和知识经济时代。

专业办学资源源于经济社会的供给。一方面，专业不断为经济社会发展输送高级专门人才，满足社会需求；另一方面，专业生存和发展所需求的办学资源，如办学的合法性及人财物资源等都需要从社会中获得。特别是高等教育大众化和普及化阶段，大学专业规模和入学人数不断扩大，大学专业人才培养与经济社会的关系也越来越密切，专业办学越来越依赖于政府、市场、准大学生（通过参加高考，准备进入大学的高中毕业生）以及社会公众提供的各类办学资源。由此形成了大学、政府、市场、准大学生、社会公众等多元利益主体非线性相互作用的复杂专业人才培养系统。

2.经济社会的需求特征

经济社会需求的地域差异性。不同国家、地区，同一国家的不同区域，经济社会发展程度不同，资源分布不同，地域文化不同，行业分布不同，造成不同地域经济社会发展对不同层次类型专业人才的需求不同。

经济社会发展的历史阶段性。中世纪大学时期，手工业从农业中分离，城市小商品经济兴起，封建神权和世俗政权交锋，推动了中世纪大学对文、法、神、医四大类人才的培养。第一次工业革命时期，纺织工业、采矿工业、冶金工业、运输业和通信行业出现并迅速发展，再次对大学专业教育提出新的要求。第二次工业革命时期，电气化和信息化产业的发展催生了大学中的一系列相关专业和人才培养。知识经济时代，知识创新成为经济社会发展的新引擎，大学掀起创新创业教育的浪潮。可见，经济社会发展的不同历史阶段对大学专业类型，人才的知识结构、能力、素质有不同需求。

经济社会需求主体的多元性。大学专业的需求主体包括政府、市场、准大学生等。政府是政权的象征，最初通过赋予大学专业的合法性来影响专业发展。随着政府办学经费投入的增多以及专业人才对于经济社会发展的重要性增强，政府越来越多地参与到专业设置和人才培养过程中。专业人才最终要在各类岗位中实现其社会价值和自我价值，因此各行各业用人单位构成大学专业重要的市场需求主体。此外，能够为大学专业提供必要的学生生源和部分办学经费的准大学生群体也是专业重要的需求主体。

3.专业建设的社会需求逻辑

专业建设要遵循社会需求的差异性。各大学所处地域的经济社会发展程度及行业分布的差异性要求专业建设要立足地域经济和当地文化特色，注重发展与地域经济社会需求相匹配的特色专业，服务好地域经济社会发展的同时，促进专业多样性发展。

专业建设要满足社会需求的历史阶段性。大学专业建设既要适应当下经济社会发展对于专业人才的需求，适时调整专业结构和内容，又不能完全局限于适应当下需求，还要有引领未来发展的超前意识。站在未来经济社会发展的战略高度，规划设置专业和培养储备人才，从而引领经济社会未来的走向。

专业建设要协调多元主体的需求和作用。政府通过自上而下的计划和调控，一定程度上能够推动专业发展满足经济社会需求。然而，完全由政府控制和干预存在“政府失灵”问题，如大学缺乏办学内生动力、专业设置趋同、人才结构类型单一等。充分发挥市场调节作用，一定程度上能够助推专业建设，但同样存在“市场失灵”问题，如专业恶性竞争，大学盲目设置或淘汰专业等，违背专业发展规律。准大学生通过个人的专业兴趣和对未来的职业规划自主选择专业也能够推动专业建设。但是，由于准大学生对专业的理解受到许多限制，包括信息是否对称、个人认知水平和能力乃至家长的喜好等，因此，大学的专业设置与调整不能完全跟着准大学生的选择走。总之，专业建设就是要协调政府、市场、准大学生在建设中的不同作用，实现优势互补。

（三）学生自我成长逻辑

1.专业与学生的关系

学生是专业产生与发展的基础。大学的专业诞生于中世纪的教师与学生的行会组织。这里的学生特指在校大学生，在校大学生是大学进行专业人才培养过程中不可或缺的，有思想、有意识、具有自主性和能动性的“原材料”，也是大学专业教育的对象。专业吸引的学生数量、生源质量以及培养出来的学生知识结构、能力和素质成为专业持续生存与发展最重要的保障，象征着专业的生命活力。学生是专业生命得以延续的活力源泉，从生源方面看，有了学生才有专业得以延续的可能，从人才成果方面看，有了源源不断的高水平毕业生才可体现专业持续存在的社会价值，才能保障专业持续发展。

专业教育是学生自我成长的重要保障。专业教育是学生进行自我认知、自我完善、自我提升的重要教育阶段，是满足自身不断成长需要的教育。大学的专业教育，不仅仅指分专业的教育，更是指超越基础教育的更高层次的教育，是基于基础教育阶段的高深知识积累、认知能力提升和人格完善过程。专业教育是学生进入社会的必要准备。大学专业教育是大学生社会化的重要渠道，大学生最终需要在不同行业、不同职业岗位中扮演好特定角色。大学生要从事某种社会职业，首先需要接受相应类型的专业教育，完善自己的专业知识结构，培养必要的能力和素质。社会学家布朗德士(Brandeis)认为，专业是一个正式的职业，为了从事这一职业，必要的上岗前的训练是以智能为特质，卷入知识和某些扩充的学问，它们不同于纯粹的技能。同时，专业教育也是大学生参与社会流动的重要条件，大学的专业教育不仅影响大学生离开学校后的最初职业选择，而且影响其后职业生涯中的职业变换。

2.学生需求的个体差异性

首先，学生认知的个体差异性。其一，学生的认知类型存在差异。认知类型又叫认知风格，是人在信息加工过程中所偏好的相对稳定的态度和方式。认知类型差异就是人们在感知、理解、记忆、思考等过程中采用的与众不同的方式。[①] 学生认知类型的差异，导致学生对于不同专业的学习兴趣、学习能力以及专注力和投入程度不同，最终影响专业学习效果，包括专业知识的积累和能力素质的养成。其二，学生认知水平存在差异。认知水平差异主要表现为智力水平的差异，包括智力发展水平和智力发展速度的差

① 张大均.教育心理学[M].3版.北京:人民教育出版社,2015:491-492,494,13.

异。[1] 不同专业知识的难易度不同,不同认知水平的学生能够适应的专业类型不同。其三,学生对于自我成长的期望不同。受不同成长环境、人生阅历以及认知类型和认知水平差异的影响,学生对于自我成长的期望有所不同,进而对专业选择有所不同。其四,学生对于未来职业规划不同。在专业学习中所需要培养的知识结构、能力、素质不同,导致学生对于专业选择存在差异性。

其次,学生认知的阶段性特征。人的心理处于一种动态平衡之中,并呈现出一种相对稳定的动态变化过程,也就是说随着人的社会实践活动的变化,心理活动也会随着信息的输入而不断变化。[2] 与中学阶段相比,学生进入大学后其学习的知识层次、类型,教师讲授方式,学习、考核方法,以及人际关系、业余生活、社会实践活动等都发生了较大的改变。特别是经过一段时间对特定专业的学习,学生对学习、生活各方面的认知以及对自我成长期望和对未来的职业规划都会发生阶段性转变,并期望通过调整专业归属,改变现有的学习、生活环境,从而达到新的自我成长和职业规划目标。

3.专业建设要以学生发展为中心

首先,专业建设要重视学生主体作用的发挥。这就需要在大学专业建设过程中,让学生代表参与到专业设置和调整的决策中,注意听取学生意见,尊重学生对专业增设与淘汰、课程体系调整等建设行为的知情权、建议权和审议权。

其次,专业建设要尊重学生再次选择专业的权利。大学专业建设要遵循学生个体认知的差异性和阶段性,切实保障在校大学生在不同学习阶段再次选择专业的权利。根据美国经济学家赫伯特·亚历山大·西蒙(Herbert Alexander Simon)的“有限理性”理论,即使把准大学生经过反复思考做出的专业选择看作是理性活动,这种理性也是“有限理性”,因为准大学生获得的有关专业的信息是不充分的,学生、家长与学校之间的信息是不对称的,学生对这些信息的认知和分析能力是有限的。因此,有些准大学生最

① 张大均.教育心理学[M].3版.北京:人民教育出版社,2015:491-492,494,13.

② 张大均.教育心理学[M].3版.北京:人民教育出版社,2015:491-492,494,13.

初所做的专业选择带有一定的盲目性、随意性。同时，在校大学生经过一段时间的专业学习和生活，对于各类专业知识的认知和对未来职业的规划可能与刚入学时相比发生很大改变，并希望再次选择与自身需求更匹配的专业，那么就需要大学做好相应的制度建设和提供有效的信息服务，切实保障在校大学生再次选择专业的权利。在校大学生对于专业的再次选择是推动大学实现专业建设的内在力量。近年来，一些大学实行转专业“零门槛”，既体现了“以学生为中心”，又推动了专业的建设。

二、大学专业建设的基本路径

（一）专业建设的目标是实现适应与引领的辩证统一

专业建设就是要实现专业对于高深知识、学生、社会等内外部环境适应与引领的辩证统一。没有离开引领的适应，也不存在脱离适应的引领。适应是引领的基础，引领是为了更高层次适应，适应与引领作为辩证统一体，沿着螺旋上升的路径不断推动专业向更高层次发展，并实现高深知识、学生、社会系统的持续发展进步。

专业建设的理论研究和实践探索要避免走向两个极端。其一，只谈适应，不谈引领，把结果当成目标。以当前经济社会对于专业人才的选择、学生对专业的选择等作为建设的目标，盲目跟风增设热门专业，缺乏对经济社会需求、学生需求以及高深知识发展未来趋势的长远预测，导致学生毕业后“热门”专业变“冷门”专业，造成大学培养的专业人才与社会需求人才不匹配的结构性问题。同时，有些大学简单地以一两年内的专业就业率或学生选择专业情况作为淘汰专业的直接依据，特别是一些基础性学科专业，因其短期内就业形势不好而贸然撤销，忽视其对经济社会、国家战略发展的长远价值，造成基础性人才空虚，严重影响国家自主创新实力。其二，空谈引领，没有适应做基础。引领社会发展、引领学生发展、引领学科发展等在专业建设的研究和管理实践中常被提起，然而具体如何引领却并未落到实处。有些研究者和大学管理者将引领与适应对立起来，认为适应就是被动地随着市场走，所以尽可能地避免谈适应，或简单认为适应就应该是高职高专院校或者地方院校的事，与一流大学无关，一流大学的主要任务是引领社会发展，甚至有的“双一流”大学直接取消就业部门，以表其不关注就业的态度。其实不然，专业的适应和引领是不可分离的，专业对社会需求的引领如果不以对当下的适应为基础，则必然是盲目的，或好高骛远不切实际，或原地踏步止步不前，无法客观有效找到引领的方向。适应和引领绝不是针对不同层次类型大学的两个独立的目标，而是面向所有层次类型大学的辩证统一的目标，不同层次类型大学只因其发展定位和自身特色各异导致专业适应与引领的对象有所不同。不论哪个层次类型大学的专业建设都要立足于专业各个阶段的适应经验，并以此为基础预测高深知识、学生个体、经济社会发展的未来趋势，从而对专业做出自主的、有方向的、预知性的调整和优化，即大学专业建设的目标是实现专业适应与引领的辩证统一。

（二）专业建设遵循专业内在逻辑与外在需求的辩证统一

专业建设遵循专业高深知识内在发展逻辑、大学生个体成长规律与经济社会发展等外在需求的辩证统一。大学在满足恒变的经济社会、准大学生需求实施专业建设时，一定要以高深知识内在发展逻辑和大学生个体成长规律为基础。否则，脱离高深知识、大学生个体需求单纯满足外部环境需求，大学专业将失去其区别于其他社会组织的“灵魂”——千百年来所积淀的深厚知识底蕴和大学育人的基本使命。而过分拘泥于高深知识内在发展逻辑和大学生个体成长规律进行专业建设，无视经济社会和准大学生需求，大学将失去旺盛的生命力和之于人类文明的特殊价值。因此，大学进行专业建设，要坚定“专业内在逻辑与外在需求的辩证统一”。既要内在地遵循高深知识分化、综合化和高度整合的发展趋势，遵循大学生的成长规律，也要外在地着眼于国家战略需求、市场用人需求和准大学生的个体需求。专业建设唯有遵循高深知识的内在发展逻辑和大学生成长规律，同时对多元、恒变的外部环境需求保持高度敏感性，方能实现专业内涵不断丰富，专业外延差异化、个性化、多元化发展。

（三）专业建设动力源于自主与受控的辩证统一

自主与受控是大学专业建设不可缺少的两种动力，专业建设不是单纯的自主调整还是受控调整的问题,而是将自主与受控看似对立的两种动力协调起来,并通过将外在牵引力转化为内在驱动力来实现专业建设。大学结合自身定位和办学条件以及经济社会和学生需求,设置和调整专业,并将高水平专门人才输送到用人单位和学生主体中。用人单位和学生将根据专业人才满足其需求的程度,向大学专业分配经费、就业需求、生源等办学资源,以此将其对专业设置和调整行为的满意程度反馈给大学。大学通过历年来专业所能够获得的办学经费、就业需求和学生生源来自我判断专业对于用人单位和学生需求的适应与否。为了更有效地从以上主体获得办学资源,大学将会自主分析历年来政府、市场、学生等内外部主体的需求变换规律和未来发展趋势,自我审视专业设置及教学活动中存在的问题和有待改进的部分,自主地、持续地、有方向地、预知性地调整、优化和更新专业结构和内容,实现专业建设目标。这个过程的有效进行需要政府对经济社会发展的整体方向进行宏观调控,对大学专业的整体质量进行宏观调控,对于特殊类型学科专业进行宏观调控,并为大学、用人单位、学生等主体提供全面而及时的信息服务。

大学专业建设需要注意以下几点。首先,要确保大学作为独立的专业办学主体存在,即大学自主负责专业的生死存亡。专业存在于不同的大学之中,大学作为专业设置与调整的第一责任主体,对于专业生存与发展的内外部条件最为了解,只有大学自主、自觉地调整专业,而不是被动地听从指挥,方能够促使大学立足于自身办学条件、学科知识发展现状,并结合大学所处环境特定的地域经济社会需求和学生需求,个性化地持续调整专业设置及其教学活动,实现与经济社会和学生需求动态适应的同时,促进专业多元化和多样性发展。因此,大学要实现专业建设,不但要拥有办学自主权,还要成为相应的办学责任主体,为自身生存与发展负责。其次,政府成为真正的宏观监控主体,市场、学生等作为大学专业真正的需求主体。市场、学生群体能够畅通地向大学表达自身对不同层次、类型、知识结构、能力素质的需求,并能够通过自主配置办学资源来客观地反馈专业满足其需求的程度。政府作为宏观监控主体,首先要保障大学与市场、学生等需求主体之间资源交换关系的顺畅,并以满足市场、学生需求为依据,结合国家特殊的战略需求，对各大学专业办学经费进行动态配置。最后，办学资源的动态配置与专业的阶段性适应能力挂钩，即当大学做出了满足环境需求的调整行为，政府、市场、学生主体应据此客观、科学地分配办学资源以激励这种调整行为，如此反复，大学才能不断积累成功经验，并从中总结内外部需求规律和各主体未来发展趋势，从而自主地、有方向地、预知性地进行专业建设。

（四）专业建设的落脚点是局部持续改进与整体优化的辩证统一

局部持续改进强调两个方面：其一，局部改进是指微观的专业课程体系、课程内容、教学方法等改进和重组，使专业涌现出新的结构和功能；其二，持续改进强调时间维度，强调专业自设置以来应对其课程体系、课程内容、教学方法等内部要素进行持续的、不间断的调整。专业的局部持续改进是专业建设的核心和关键，而专业整体优化是专业建设的特殊形态。专业建设首先要分清主次，以专业内部要素的持续改进为主推动专业内涵发展和专业质量提升，辅助以专业整体上的增设和淘汰，绝不能喧宾夺主。其次，专业的局部持续改进和整体优化相辅相成，互相推动，共同助力专业实现适应和引领的目标。专业人才培养实践中，可以通过专业局部要素的持续改进实现专业人才培养方向的改变、培养口径的改变和具体培养规格的改变。因此，与其新增专业，不如先通过整合和改进原有专业来实现新专业的功能，这样既能充分利用现有资源，又能持续、连贯地适应内外部需求；在此基础上，对于经过多次调整再利用而再无存在价值的专业，谨慎地予以淘汰，并结合大学自身发展定位和高深知识、经济社会、学生的未来发展趋势，客观、理性地增设新专业；新专业设置后，并不是一劳永逸的，而是要持续地调整和改进其课程体系、课程内容、教学方法等微观要素，不断提升新专业的内涵和质量，实现专业良性发展。

第十二讲
中国高等教育外部治理现代化

经过70多年的艰辛探索与不断实践，中国高等教育外部治理现代化的基本逻辑与主体脉络逐渐明朗：中国高等教育外部治理现代化是多元的治理主体在科学的治理思维指导下，运用有效的治理工具实现理想的治理目标的复杂的动态过程。在新时代背景下，应以此为依据与主线，探讨中国高等教育外部治理现代化的理论与实践问题。因此，应厘清中国高等教育外部治理现代化的理想目标，剖析中国高等教育外部治理现代化的现实困境，从而探寻中国高等教育外部治理现代化的推进策略，进而才能夯实高等教育强国建设和中国高等教育国际话语权提升的根基。

一、中国高等教育外部治理现代化的历史脉络

新中国成立以来，中国高等教育外部治理改革取得了巨大成就，但一些深层次体制机制问题尚未得到有效解决，并已成为制约高等教育强国建设的重要因素。中国高等教育外部治理变革是指在中国高等教育改革发展过程中，政府、大学、社会三大主体之间形成的权力、责任与利益的复杂关系。厘清与理顺政府、大学、社会三者之间复杂的权责利关系，也就立起了中国高等教育外部治理现代化改革的“四梁八柱”，进而夯实了高等教育强国建设的根基。当前，中国正处于建设高等教育强国的攻坚期与关键期，通过回溯与反思中国高等教育外部治理变革的历史，探寻中国高等教育外部治理现代化困局及其破解之策，以加快推进高等教育强国建设，不失为一种可靠的研究策略。

1978年12月召开的中共十一届三中全会，正式提出改革开放政策，这

也成为中国高等教育外部治理变革的重要宏观背景。改革开放以来，中国高等教育外部治理变革经历了恢复调整、再出发、新探索、大突破以及新征程五个发展阶段，取得了巨大的成就，为推进中国高等教育外部治理现代化做了有益探索，也积累了宝贵经验。

（一）1949—1977年：中国高等教育外部治理的探索与停滞

1949年11月1日，中央人民政府教育部举行成立典礼，作为新中国教育事业最高管理机构。1950年7月28日，中央人民政府政务院通过的《关于高等学校领导关系的决定》，第一次明确提出"全国高等学校以由中央人民政府教育部统一领导为原则"[①]。实际上，这就明确地确立了中央集权管理的基本原则。该原则在1953年5月29日通过的《中央人民政府政务院关于修订高等学校领导关系的决定》和1954年6月19日通过的《中央人民政府关于撤销大区一级行政机构和合并若干省、市建制的决定》中，得到了进一步的细化与强化。1958年开始的以"鼓足干劲、力争上游、多快好省地建设社会主义"为总路线的"大跃进"，全面地渗透到高等教育领域，这在客观上加快了高等教育管理体制由中央集权向地方分权的改革步伐。尤其是1958年9月19日，中共中央、国务院发布的《关于教育工作的指示》更是将地方政府发展高等教育的积极性和主动性极大地调动起来。然而，"大跃进"式的发展模式，不但严重地损害了高等教育的质量，而且严重削弱了中央政府对地方政府发展高等教育的宏观调控能力。[②] 在此背景下，1961年9月15日，中共中央发布了《中华人民共和国教育部直属高等学校暂行工作条例（草案）》，该条例在我国高等教育发展史上被称为"高教六十条"（也称"高校六十条"）。"高教六十条"从只在部分高校实行逐渐发展成在全国实行，是新中国成立以来中央制定的最详尽的管理高等教育的政策文件，对我国高等教育改革与发展具有奠基性作用。"高教六十条"对中央与地方之间的关系虽没有明确规定，但集权管理思想依然居于主导地位。1963年5月21日，中共中央、国务院发布了《关于加强高等学校统一领导、分级管理的

① 何东昌.中华人民共和国重要教育文献:1949~1975[M].海口:海南出版社,1998:44-45.

② 何东昌.中华人民共和国重要教育文献:附录[M].海口:海南出版社,1998:94.

决定(试行草案)》,明确指出“对高等学校实行中央统一领导,中央和省、市、自治区两级管理的制度”[①]。该决定对教育部、中央各业务部门以及省、市、自治区高教(教育)厅等的主要职责做了详细与明确的规定,第一次明确提出建立中央与地方两级管理体制的思想。客观来说,“高教六十条”的颁布与实施促进了高等教育的繁荣,然而,这个短暂的繁荣随着1966年“文化大革命”的爆发而终止,中国高等教育外部治理变革也一度陷入停滞状态。

(二)1978—1984年:中国高等教育外部治理的恢复调整

1977年8月4日至8日,基于对“文化大革命”期间缺乏中央统一领导而导致高等教育混乱发展的痛苦记忆与深刻反思,邓小平同志在主持召开的科学和教育工作座谈会上明确指出,“教育目前的状况不行,需要有一个机构,统一规划,统一调度,统一安排,统一指导协作”[②]。这次座谈会既是中国高等教育在新的历史条件下改革与发展的起点,也是中国高等教育新一轮集权管理改革的开始。1978年2月17日,教育部发布了“文化大革命”之后指导中国高等教育改革与发展实践的第一个政策文件——《关于恢复和办好全国重点高等学校的意见》,该意见明确指出“根据有利于加强党的一元化领导,有利于发挥中央和地方两个积极性,有利于在教学和科学研究工作中早见成效的原则,对全国重点高等学校要实行统一领导,分级管理。……面向全国和面向地区的全国重点高等学校,除少数院校实行有关部委直接领导外,多数院校实行有关部委和省、市、自治区双重领导,以部委为主”[③]。1979年8月,教育部党组向中央上报了《关于建议重新颁发〈关于加强高等学校统一领导、分级管理的决定〉的报告》,该报告认为1963年颁发的《关于加强高等学校统一领导、分级管理的决定(试行草案)》的试行效果、基本精神和主要规定是好的,是适用于当前高等教育改革发展的基本形势的。1979年9月18日,中共中央批转了该报告。至此,中国又恢复了“文

① 《中国教育年鉴》编辑部.中国教育年鉴:1949~1981[M].北京:中国大百科全书出版社,1984:93.

② 邓小平.邓小平文选:一九七五——一九八二年[M].北京:人民出版社,1983:49.

③ 《中国教育年鉴》编辑部.中国教育年鉴:1949~1981[M].北京:中国大百科全书出版社,1984:804.

化大革命”之前就已基本形成的“中央统一领导，中央和省、市、自治区两级管理”的高等教育管理体制。

（三）1985—1991年：中国高等教育外部治理的再出发

随着国家经济体制与科技体制改革的不断推进与深化，中国高等教育管理体制改革也迎来了新的历史机遇。1985年5月27日，中共中央发布的《关于教育体制改革的决定》取代了实际上指导中国高等教育改革发展多年的“高教六十条”，是中国高等教育发展史上一个具有里程碑意义的政策文件，具有承前启后的作用。该决定认为，“在教育事业管理权限的划分上，政府有关部门对学校主要是对高等学校统得过死，使学校缺乏应有的活力；而政府应该加以管理的事情，又没有很好地管起来”。为了解决这个问题，该决定明确提出，“为了调动各级政府办学的积极性，实行中央、省（自治区、直辖市）、中心城市三级办学的体制”，“在加强宏观管理的同时，坚决实行简政放权，扩大学校的办学自主权”。[①] 该决定对大学应享有的办学自主权进行了细化与明确，是国家政策文件第一次明确提出大学办学自主权，在中国高等教育管理体制改革过程中具有重要意义，产生了深远影响。除此之外，该决定还体现出明显的社会化取向，这与大学办学自主权的明确相呼应，成为中国大学社会化改革的开端和动力。自此以后，分级管理、落实与扩大办学自主权，逐渐成为中国高等教育管理体制改革的基本方向。1985年6月18日，为推进《关于教育体制改革的决定》的组织实施工作，第六届全国人大常委会第十一次会议决定撤销教育部，设立国家教育委员会，以统一部署和指导教育体制改革。1986年3月12日，国务院发布了《高等教育管理职责暂行规定》，该规定明确指出“国家教育委员会在国务院的领导下，主管全国高等教育工作”，“国务院有关部门在国家教育委员会的指导下，管理其直属高等学校”，“省、自治区、直辖市人民政府管理本地区内的高等学校”。[②] 该规定进一步细化、明确和扩展了大学办学自主权。至此，中国高等教育基

---

① 教育部法制办公室.中华人民共和国教育法律法规规章汇编：上[M].上海：华东师范大学出版社，2009：12-18.

② 教育部法制办公室.中华人民共和国教育法律法规规章汇编：上[M].上海：华东师范大学出版社，2009：495-497.

本确立了“统一领导、分级管理”的管理体制，这对推进中国高等教育管理体制改革起了积极作用。但该规定在实践开展过程中并不是非常顺利，1989年以后，中国高等教育进入了治理整顿的时期。

(四)1992—1997年：中国高等教育外部治理的新探索

1992年，邓小平同志的南方谈话和党的十四大确立的建设社会主义市场经济体制的改革目标，在客观上催生与加速了中国高等教育外部治理变革的新探索。1992年8月21日，国家教委发布的《关于国家教委直属高校深化改革，扩大办学自主权的若干意见》，对大学办学自主权做了全面细致的说明，并且第一次明确提出大学的法人地位问题①，为大学办学自主权的法治化改革指明了方向。1992年12月8日，国家教委上报了《关于加快改革和积极发展普通高等教育的意见》，该意见明确指出，“高等教育管理体制的改革方向是，逐步实行中央与省(自治区、直辖市)两级管理、两级负责为主的管理体制”，除了明确了“改革高等学校毕业生‘包当干部’和由国家‘统包统配’的就业制度”外，还明确了“要逐步进行校内人事、分配、住房、医疗和退休养老保险制度以及后勤服务企业化、社会化等改革”②。从客观上来说，自此以后分级管理、分级负责的改革精神和社会化改革的方向，也成为中国高等教育管理体制改革的基本指导思想。1993年2月13日，中共中央、国务院发布了《中国教育改革和发展纲要》，这是新中国成立以来发布的第一个教育事业发展规划纲要，“是指导我国教育事业改革和发展的纲领性文件”。该纲要延续与强化了《关于加快改革和积极发展普通高等教育的意见》的基本改革精神，指出要“进一步确立中央与省(自治区、直辖市)分级管理、分级负责的教育管理体制”，而“高等教育体制改革的目标，主要是解决政府与高等学校、中央与地方、国家教委与中央各业务部门之间的关系，逐步建立政府宏观管理、学校面向社会自主办学的体制”。③ 国家教委

① 国家教育委员会政策法规司.中华人民共和国现行教育法规汇编:1990~1995:上卷[M].北京:人民教育出版社,1997:608-610.

② 国家教育委员会政策法规司.中华人民共和国现行教育法规汇编:1990~1995:上卷[M].北京:人民教育出版社,1997:578-583.

③ 教育部法制办公室.中华人民共和国教育法律法规规章汇编:上[M].上海:华东师范大学出版社,2009:19-29.

先后于1994年、1995年、1996年分别在上海、南昌和北戴河召开了三次全国高等教育体制改革座谈会，以总结中国高等教育管理体制改革的基本经验，讨论改革的进一步走向。其中，1994年在上海召开的会议上，参会各方就中国高等教育管理体制改革的基本指导思想达成一致，提出了"共建、合作、合并、协作、划转"五种具体的改革形式。这一改革思路是中国高等教育管理体制改革进行的新探索，同时也"为在全国进一步对高等教育的管理体制进行较大规模的改革和调整奠定了良好的基础"。然而，由于部门办学体制的改革步履维艰，条块分割的体制依然没有发生实质性的改变。[①] 1997年，党的十五大明确提出，要"加快高等教育管理体制改革步伐"，也预示着中国高等教育管理体制改革将迎来更大的新变革。

（五）1998—2009年：中国高等教育外部治理的大突破

经过前期的酝酿与准备，为贯彻落实党的十五大提出的加快推进高等教育管理体制改革的要求，国家教委于1998年1月在扬州召开了第四次全国高等教育体制改革座谈会，会上国务院副总理李岚清明确了高等教育管理体制改革的"共建、调整、合作、合并"的"八字方针"。1998年3月10日，全国人大九届一次会议通过的《关于国务院机构改革的决定》，决定将国家教育委员会更名为教育部。1998年8月29日，《中华人民共和国高等教育法》（以下简称高等教育法）正式通过，并于1999年1月1日起施行。作为中国高等教育领域第一部法律，高等教育法的颁布与施行标志着中国高等教育改革与发展从此步入法治化轨道，为中国高等教育外部治理变革奠定了法治基础。高等教育法明确规定，"国务院统一领导和管理全国高等教育事业。省、自治区、直辖市人民政府统筹协调本行政区域内的高等教育事业，管理主要为地方培养人才和国务院授权管理的高等学校。国务院教育行政部门主管全国高等教育工作，管理由国务院确定的主要为全国培养人才的高等学校"，同时也明确提出，"高等学校应当面向社会，依法自主办学，

---

① 周远清.高教管理体制改革和布局结构调整取得了历史性的重大进展[N].中国教育报，2000-12-15(001).

实行民主管理”。[①] 实际上，这也就肯定了分级管理、分级负责的高等教育管理体制，并含蓄地肯定了大学社会化改革的基本方向，这一思想在高等教育法的多处均有所体现。就社会与大学之间的关系而言，高等教育法一方面是强调大学要向社会争取资源，亦即大学要主动加强同社会的联系；另一方面是鼓励社会力量参与到大学发展之中，亦即重视社会在大学发展中的作用。1998 年 12 月 24 日，教育部发布《面向 21 世纪教育振兴行动计划》，明确指出“继续实行‘共建、调整、合作、合并’的方针，今后 3—5 年，基本形成中央和省级政府两级管理、分工负责，在国家宏观政策指导下，以省级政府统筹为主的条块有机结合的新体制”[②]。以国务院机构改革为契机，以“八字方针”为基本指导，1998 年对机械工业部等 9 个撤并部门所属普通高等学校，实行由中央与地方政府共建共管；1999 年对中国兵器工业总公司、中国航空工业总公司等 5 大军工总公司所属普通高等学校，实行由中央与地方共建；2000 年对铁道部等 49 个国务院部门（单位）所属普通高等学校的管理体制进行了调整。至此，中国高等教育以“中央和地方分级管理，以省为主”的管理体制基本得到确立，历史上长期存在的“条块分割”问题也产生了根本性改变。2007 年 5 月 18 日，国务院批转的《国家教育事业发展“十一五”规划纲要》指出，深化体制机制改革，要“完善中央和省级人民政府两级管理、以省级人民政府为主的高等教育管理体制”[③]。自此以后，在高等教育管理权责方面，中央与地方之间的关系问题已基本厘清，中国高等教育管理体制改革进入新的历史时期，“府学关系”问题逐渐成为改革的主要内容。

（六）2010 年至今：中国高等教育外部治理的新征程

2010 年 7 月 29 日，国家中长期教育改革和发展规划纲要工作小组办公

---

① 教育部法制办公室.中华人民共和国教育法律法规规章汇编：上[M].上海：华东师范大学出版社，2009：479-485.

② 教育部法制办公室.中华人民共和国教育法律法规规章汇编：上[M].上海：华东师范大学出版社，2009：47-56.

③ 教育部法制办公室.中华人民共和国教育法律法规规章汇编：上[M].上海：华东师范大学出版社，2009：74-86.

室发布《国家中长期教育改革和发展规划纲要(2010—2020年)》,标志着中国高等教育外部治理变革迎来了新机遇、开启了新征程。该纲要明确指出,在高等教育管理体制改革上,要"明确各级政府责任,规范学校办学行为,促进管办评分离,形成政事分开、权责明确、统筹协调、规范有序的教育管理体制"①。同时,对大学社会化改革做了较为全面的安排与部署,对完善与优化大学社会化改革具有重要的指导意义。自此以后,"管办评分离"和促进大学社会化改革,成为中国高等教育管理体制改革的一项重要内容,在诸多政策文件中得以延续和强化。2015年5月4日,教育部发布的《关于深入推进教育管办评分离 促进政府职能转变的若干意见》,对"管办评分离"改革的重要意义、指导思想、基本原则以及主要内容等做了进一步明确与部署,为推进"管办评分离"产生了重要促进作用。2017年3月31日,教育部等五部门联合发布了《关于深化高等教育领域简政放权放管结合优化服务改革的若干意见》,该意见指出要"破除束缚高等教育改革发展的体制机制障碍,进一步向地方和高校放权,给高校松绑减负、简除烦苛,让学校拥有更大办学自主权"②。随着中国高等教育管理体制改革的不断推进,"放管服"改革与"管办评分离"一起成为改革的重要内容。2017年9月24日,中共中央办公厅、国务院办公厅印发了《关于深化教育体制机制改革的意见》,该意见明确提出"深化简政放权、放管结合、优化服务改革,把该放的权力坚决放下去,把该管的事项切实管住管好,加强事中事后监管,构建政府、学校、社会之间的新型关系"。在明确了高等教育管理体制改革的基本目标之后,该意见进一步指出,要"加强系统谋划,注重与《国家中长期教育改革和发展规划纲要(2010—2020年)》等做好衔接。尊重基层首创精神,充分调动地方和学校改革的积极性主动性创造性,及时将成功经验上升为制度和政

① 国家中长期教育改革和发展规划纲要工作小组办公室.国家中长期教育改革和发展规划纲要(2010—2020年)[EB/OL].(2010-07-29)[2019-03-22]. http://www.moe.gov.cn/srcsite/A01/s7048/201007/t20100729_171904.html.

② 教育部等五部门关于深化高等教育领域简政放权放管结合优化服务改革的若干意见[EB/OL].(2017-04-06)[2019-03-20].http://www.moe.gov.cn/srcsite/A02/s7049/201704/t20170405_301912.html.

策”①。2010 年以来发布与出台的中国高等教育管理体制改革的相关政策文件,在基本精神、核心理念和主体思想等方面,与此前相比发生了深刻变化,具有开创性,这也标志着中国高等教育外部治理变革开启了新征程。

二、中国高等教育外部治理现代化的理想目标

从治理主体之间关系演变的角度来看,新中国成立以来中国高等教育外部治理现代化的理想目标经历了多次调整,由此也就有了“加强省级政府高等教育统筹”“推动大学自主办学”以及“完善社会参与高等教育治理的体制机制”等不同的政策表述。并且,这些不同的政策表述最终实现了融合,其理想目标就是“构建政府、大学、社会之间的新型关系”。

(一)加强省级政府高等教育统筹

中央政府与地方政府之间的关系问题,历来是中国高等教育管理体制改革的主线,也是中国高等教育外部治理现代化的基础问题。加强省级政府高等教育统筹的本质,就是要解决中央与地方之间的关系问题,并且这与落实“中央与地方两级管理、以省为主”的高等教育管理体制具有内在的一致性。改革开放之前,中国实行的是大统一的领导体制,中央与地方之间关系的总体基调是中央集权。改革开放之初,教育部发布了《关于恢复和办好全国重点高等学校的意见》,该意见明确指出“根据有利于加强党的一元化领导,有利于发挥中央和地方两个积极性,有利于在教学和科学研究工作中早见成效的原则,对全国重点高等学校实行统一领导,分级管理。……面向全国和面向地区的全国重点高等学校,除少数院校实行有关部委直接领导外,多数院校实行有关部委和省、市、自治区双重领导,以部委为主”②。此后的重大改革政策与措施延续与强化了发挥两个积极性和分级管理的改革思路。尤其是 1994 年发布的《国务院关于〈中国教育改革和发展纲要〉的实施意见》,更是明确指出“高等教育逐步实行中央和省、自治区、直辖市两级

① 新华社. 中共中央办公厅 国务院办公厅印发《关于深化教育体制机制改革的意见》[EB/OL].(2017-09-24)[2019-03-20]. http://www.gov.cn/xinwen/2017-09/24/content_5227267.htm.

② 《中国教育年鉴》编辑部. 中国教育年鉴:1949~1981[M]. 北京:中国大百科全书出版社,1984:804.

管理,以省级政府为主的体制”,“逐步扩大省级政府的教育决策权和统筹权”。[①] 并且,这一改革思路得到了2010年印发的《国家中长期教育改革和发展规划纲要(2010—2020年)》和2014年发布的《关于进一步扩大省级政府教育统筹权的意见》[②]的肯定与强化,进而逐渐凝结为“加强省级政府高等教育统筹”。2017年第二次修正的《中华人民共和国高等教育法》,规定“设立实施专科教育的高等学校,由省、自治区、直辖市人民政府审批,报国务院教育行政部门备案;设立其他高等教育机构,由省、自治区、直辖市人民政府教育行政部门审批”[③]。这就从法律的角度进一步规范和加强了省级政府高等教育统筹权,是推动高等教育外部治理现代化的一项重要举措。自此以后,加强省级政府高等教育统筹,成为中国高等教育外部治理现代化的重要目标之一。

(二)推动大学自主办学

政府与大学之间的关系问题,既是中国高等教育管理体制改革的难点,也是中国高等教育外部治理现代化的核心问题。推动大学自主办学的实质,就是要解决政府与大学之间的关系问题。然而,在中国高等教育发展史上,大学自主办学问题长期未受到关注与重视。改革开放之前,大学运行与发展的相关活动,都处于政府的控制与管理之中,大学毫无办学自主权可言。随着改革开放政策的推行,1979年几位大学领导人在《人民日报》发文呼吁“给高等学校一点自主权”。[④] 自此以后,大学自主办学问题才以办学自主权为切入点,逐渐受到各界的关注与重视。1985年发布的《关于教育体制改革的决定》,首次从政策的角度指出,“改革管理体制,在加强宏观管

---

① 中华人民共和国国务院. 国务院关于《中国教育改革和发展纲要》的实施意见[J]. 中华人民共和国国务院公报,1994(16):715-730.

② 中华人民共和国教育部. 国务院教育督导委员会办公室负责人就《对省级人民政府履行教育职责的评价办法》答记者问[EB/OL]. (2017-06-21)[2019-08-20]. http://www.moe.gov.cn/jyb_xwfb/xw_fbh/moe_2069/xwfbh_2017n/xwfb_070621/170621_sfcl/201706/t20170621_307499.html.

③ 中华人民共和国高等教育法[EB/OL]. (2018-12-29)[2019-11-27]. http://www.moe.gov.cn/jyb_sjzl/sjzl_zcfg/zcfg_jyfl/202204/t20220421_620257.html.

④ 欧媚,易鑫. 突破教育管理体制的瓶颈[N]. 中国教育报,2018-11-14(004).

理的同时,坚决实行简政放权,扩大学校的办学自主权”[①]。1992 年发布的《关于国家教委直属高校内部管理体制改革的若干意见》和《关于国家教委直属高校深化改革,扩大办学自主权的若干意见》,对扩大大学办学自主权做了细致的规定与说明,并首次明确提出大学的法人地位问题。这两个“若干意见”提出与明确的诸多问题,都得到了 1998 年通过的《中华人民共和国高等教育法》的回应与明确,并在 2015 年和 2017 年修订的《中华人民共和国高等教育法》中得到了延续。自此以后,推动大学自主办学就有了坚实的法律基础,进而成为诸多高等教育重大改革政策与措施的重要内容。推动大学自主办学,既是提高高等教育质量的根基,也是中国高等教育外部治理现代化的理想目标之一。

(三)完善社会参与高等教育治理的体制机制

大学与社会之间的关系问题,既是中国高等教育管理体制改革的重点,也是中国高等教育外部治理现代化的关键问题。完善社会参与高等教育治理体制机制的目的,就是要解决大学与社会之间的关系问题。改革开放之前,大学与社会之间被政府完全隔离,政府是大学与社会之间沟通的中介,大学与社会之间是绝缘的。并且,大学与社会之间的绝缘关系状态,在改革开放之后依然延续了很长一段时间。直到 1985 年发布的《关于教育体制改革的决定》,指出要“使高等学校具有主动适应经济和社会发展需要的积极性和能力”,才发出大学与社会之间绝缘关系解冻的信号。然而,在计划经济体制下,社会参与高等教育治理的改革趋向并没有受到应有的关注与重视。1992 年,邓小平南方谈话和党的十四大提出建立社会主义市场经济体制的改革目标,为社会参与高等教育治理提供了宏观背景与现实可能。1993 年发布的《中国教育改革和发展纲要》,奠定了社会参与高等教育治理的主基调。1994 年发布的《关于〈中国教育改革和发展纲要〉的实施意见》,明确指出要“建立健全社会中介组织,包括教育决策咨询研究机构、高等学校设置和学位评议与咨询机构、教育评估机构、教育考试机构、资格证书机

① 教育部法制办公室.中华人民共和国教育法律法规规章汇编:上[M].上海:华东师范大学出版社,2009.

构等,发挥社会各界参与教育决策和管理的作用”①。1998 年通过的《中华人民共和国高等教育法》,一方面强调大学向社会争取资源,另一方面鼓励社会参与到大学发展之中,实际上就是从法律上肯定与鼓励社会参与高等教育治理。2010 年印发的《国家中长期教育改革和发展规划纲要(2010—2020 年)》明确指出,要“积极发挥行业协会、专业学会、基金会等各类社会组织在教育公共治理中的作用”②。2014 年发布的《普通高等学校理事会规程(试行)》,对建立并完善理事会制度,明确理事会参与高等教育治理的意义、作用、职责以及组织结构等问题做了规定与部署。2017 年修订的《中华人民共和国高等教育法》明确指出“国家鼓励企业事业组织、社会团体及其他社会组织和个人向高等教育投入”,“国家鼓励企业事业组织、社会团体及其他社会组织和公民等社会力量依法举办高等学校,参与和支持高等教育事业的改革和发展”,“教育行政部门负责组织专家或者委托第三方专业机构对高等学校的办学水平、效益和教育质量进行评估”。③ 实际上,新修订的高等教育法从社会投入、社会监督以及第三方评估等方面,进一步完善了社会参与高等教育治理的体制机制,奠定了社会参与高等教育治理的法律基础。由此可以清晰地看到,完善社会参与高等教育治理的体制机制,是高等教育改革政策与措施的重要内容,是解决大学与社会之间关系问题的重要途径,也是中国高等教育外部治理体系现代化的理想目标之一。

(四)构建政府、大学、社会之间新型关系

从治理主体的角度来看,政府、大学、社会是高等教育治理的核心主体,也是高等教育治理的根本支点。因此,推进中国高等教育外部治理现代化的关键,就是调节与处理政府、大学、社会三者之间的关系。然而,在推进中国高等教育外部治理现代化进程中,通常是以政府、大学、社会三者之中的

---

① 中华人民共和国国务院. 国务院关于《中国教育改革和发展纲要》的实施意见[J].中华人民共和国国务院公报,1994(16):715-730.

② 国家中长期教育改革和发展规划纲要工作小组办公室. 国家中长期教育改革和发展规划纲要(2010—2020 年)[EB/OL].(2010-07-29)[2019-08-20]. http://www.moe.gov.cn/srcsite/A01/s7048/201007/t20100729_171904.html.

③ 中华人民共和国高等教育法[EB/OL].(2018-12-29)[2019-11-27].http://www.moe.gov.cn/jyb_sjzl/sjzl_zcfg/zcfg_jyfl/202204/t20220421_620257.html.

两两关系为主，而没有以系统的、全局的、整体的视野来考察与协调政府、大学、社会三者之间的关系。不过，随着改革的推进和实践的发展，这一状况也逐渐发生了转变。1992 年发布的《关于加快改革和积极发展普通高等教育的意见》首次明确提出“要理顺政府、社会和学校三者之间的关系”。2010 年印发的《国家中长期教育改革和发展规划纲要（2010—2020 年）》明确提出要“构建政府、学校、社会之间新型关系”①。2015 年发布的《关于深入推进教育管办评分离 促进政府职能转变的若干意见》明确提出“推进管办评分离，构建政府、学校、社会之间新型关系”②。2017 年印发的《关于深化教育体制机制改革的意见》指出，要“深化简政放权、放管结合、优化服务改革，把该放的权力坚决放下去，把该管的事项切实管住管好，加强事中事后监管，构建政府、学校、社会之间的新型关系”③。可以说，自从 2010 年“构建政府、大学、社会之间新型关系”这一理想目标确立之后，中国高等教育领域中的诸多重大改革政策与措施都是围绕该目标推行与开展的。质言之，“构建政府、大学、社会之间新型关系”，已然成为超越“加强省级政府高等教育统筹”“推动大学自主办学”以及“完善社会参与高等教育治理的体制机制”等目标的终极追求，由此也就成为中国高等教育外部治理现代化的理想目标。

三、中国高等教育外部治理现代化的现实困境

当前，推动中国高等教育外部治理现代化的理想目标虽已清晰明确，但实现理想目标过程中依然存在诸多现实困境。中国高等教育外部治理现代化的现实困境主要体现在治理主体层面的多元共治举步维艰，治理思维层

---

① 国家中长期教育改革和发展规划纲要工作小组办公室. 国家中长期教育改革和发展规划纲要（2010—2020 年）[EB/OL].（2010-07-29）[2019-08-20]. http://www.moe.gov.cn/srcsite/A01/s7048/201007/t20100729_171904.html.

② 中华人民共和国教育部. 教育部关于深入推进教育管办评分离 促进政府职能转变的若干意见[EB/OL].（2015-05-04）[2019-08-20]. http://www.moe.gov.cn/srcsite/A02/s7049/201505/t20150506_189460.html.

③ 中华人民共和国教育部. 中共中央办公厅 国务院办公厅印发《关于深化教育体制机制改革的意见》[EB/OL].（2017-09-24）[2019-08-20]. http://www.moe.gov.cn/jyb_xwfb/s6052/moe_838/201709/t20170925_315201.html.

面的线性思维根深蒂固以及治理工具层面的依法治理任重道远。

(一)治理主体：多元共治举步维艰

从治理主体的角度来看,中国高等教育外部治理现代化必须扭转一元管理,走向多元共治。多元共治,是中国高等教育外部治理现代化的基本前提与根本依据。中国高等教育外部治理的一元主体是指政府(主要指中央政府),多元主体是指中央政府、地方政府、大学和社会。改革开放之前,大学完全处于政府的控制与管理之中,政府也是大学与社会联系的中介,大学与社会之间的联系都需要通过政府。在此背景下,中国高等教育外部治理主体没有大学与社会的位置,只有政府一元主体,而且主要表现为中央政府。1985年《关于教育体制改革的决定》的发布,是社会与大学作为独立主体参与中国高等教育外部治理的起点,也是中国高等教育外部治理分级管理、分级负责的开端,由此成为中国高等教育外部治理由政府一元主体走向政府、大学、社会多元共治的重要标志。自此以后,高等教育领域的"管办评分离"、"放管服"改革以及"加强省级政府高等教育统筹"等,都是在不同历史时期的不同呈现方式和话语表达,问题的核心与实质就是处理与协调中国高等教育外部治理多元主体——中央政府、地方政府、大学和社会之间的关系,即"构建政府、大学、社会之间新型关系"。虽然随着高等教育改革的不断推进与深化,中国高等教育外部治理主体逐渐多元化,但政府、大学、社会多元治理主体之间的权责利关系依然有待进一步厘清与规范,尤其是社会的作用依然难以充分发挥,大学自主办学的空间依然有限。可以说,在中国高等教育外部治理现代化过程中,不同治理主体之间的多元共治依然举步维艰。

(二)治理思维：线性思维根深蒂固

从治理思维的角度来看,中国高等教育外部治理现代化必须扭转线性思维,走向系统思维。运用系统思维推进治理现代化,是中国高等教育外部治理现代化的内在要求与基本依据。历史与现实显示,在深层次的治理思维上,在中国高等教育外部治理现代化过程中,存在着严重的线性思维问题。例如,在中央与地方之间,是采用分权,还是采用集权,或是采用"央地结合”,地方政府本应有的作用没有充分而有效地发挥;在政府与大学之间,政府完全决定着大学办学自主权的有无、多少及内容,至于是中央政府管还是地方政府管,大学都处于被管状态,基本没有发言权;在社会与大学之间,政府扮演着中介的角色,政府退出的进度、让权的幅度以及时间的选择等,都左右着大学与社会之间关系的变革与调整,而这一切都是线性思维的反映与结果。从政策文本的角度来看,随着中国高等教育外部治理现代化的不断推进,治理思维逐渐从线性思维走向系统思维,特别是进入新时代以来这个趋向体现得尤为明显。2013 年,教育部印发了《关于 2013 年深化教育领域综合改革的意见》,该意见明确指出“要用系统思维、全局意识和全球视野认识改革,用普遍联系观点设计改革,用统筹兼顾办法推进改革,进一步增强改革的系统性、整体性、协同性”①。实际上,中国高等教育领域开展的“管办评分离”、“放管服”改革以及“加强高等教育省级统筹”等,都具有浓重的系统思维色彩。然而,在实践过程中,自上而下的行政命令式改革,各自为战的分散化改革,头痛医头脚痛医脚式的碎片化改革,不顾客观差异的一刀切式改革,今天改一块明天改一块的打补丁式改革,依然不同程度地存在着,严重影响着中国高等教育外部治理现代化的推进。可以说,从治理思维的角度来看,在中国高等教育外部治理现代化过程中,线性思维依然根深蒂固。

(三)治理工具:依法治理任重道远

从治理工具的角度来看,中国高等教育外部治理现代化必须完善与优化政策治理,进而走向依法治理。依法治理,是中国高等教育外部治理现代化的必然要求与必由之路。长期以来,以政府主管部门下发的指示、办法、通知、意见、条例以及规定等为主要载体的各种政策文件,成为中国高等教育外部治理现代化的主导与依据。久而久之,导致中国高等教育外部治理现代化,形成了依“规范性文件”行政,而非依法行政,体现出典型的“政策

① 中华人民共和国教育部.教育部关于 2013 年深化教育领域综合改革的意见[EB/OL].(2013-03-01)[2019-03-20].http://www.gov.cn/gzdt/2013-03/01/content_2342987.htm.

思维”特征。[①] 然而，政策思维主导下的中国高等教育外部治理变革，不仅无法带来现代化的局面，反而引发了诸多新的问题。此外，在政策治理思维框架下，各项改革措施基本上是以行政命令的方式来推行，与依法治教的法治精神要求有很远的距离。高等教育法的颁布、实施与修订，为中国高等教育外部治理改革提供了法治依据，也为推进中国高等教育外部治理法治化进程发挥了重要作用。进入新时代，中国依法治国进程的不断加快和法治政府的逐渐完善，为中国高等教育外部治理法治化提供了坚实的法律基础和难得的历史机遇。2016 年，教育部印发的《依法治教实施纲要（2016—2020 年）》明确指出，“到 2020 年，形成系统完备、层次合理、科学规范、运行有效的教育法律制度体系，形成政府依法行政、学校依法办学、教师依法执教、社会依法评价、支持和监督教育发展的教育法治实施机制和监督体系”[②]。实际上，诸多改革政策与措施已表明，中国高等教育外部治理现代化正逐渐从依赖政策治理向依法治理转变。然而，制度本身固有的强大的路径依赖作用，使得中国高等教育外部治理的政策思维问题并未产生根本性转变。实事求是地说，政策治理作为一种重要的治理工具本身并没问题，问题是缺乏法治理念与系统思维的政策治理，可能就会存在易变、片面、冲突等问题，而这些问题在以往的中国高等教育治理过程中也确实客观发生了。因此，在推进中国高等教育外部治理现代化过程中，需要以法治化来规制高等教育治理政策化[③]，并最终走向高等教育治理法治化。然而，从治理工具的角度来看，在中国高等教育外部治理现代化过程中，依法治理依然任重道远。

---

① 姚荣.高等教育治理范式演进的理想类型及其互动关系考察：基于公共领域中国家角色的分析[J].高等教育研究，2018(3)：13-23.

② 中华人民共和国教育部.教育部关于印发《依法治教实施纲要（2016—2020 年）》的通知[EB/OL].(2016-01-11)[2019-03-20].http://www.moe.gov.cn/srcsite/A02/s5913/s5933/201605/t20160510_242813.html.

③ 解德渤，王思懿，叶强，等.思维·价值·秩序：中国高等教育治理现代化的变革之路（笔谈）[J].重庆高教研究，2019(3)：61-85.

四、中国高等教育外部治理现代化的推进策略

推进中国高等教育外部治理现代化，实现"构建政府、大学、社会之间新型关系"的理想目标，需要以依法治理为根本依据，以系统思维为基本指导，来协调与优化政府、大学、社会之间的关系。具体来说，主要应从以下几方面着手。

（一）完善法治体系，推进依法治理

依法治理，是推进与实现中国高等教育外部治理现代化的必然要求与必由之路。完善的法治体系，是依法推进中国高等教育外部治理现代化的前提条件与基础支撑。完善的法治体系，就是要做到有法可依、有法必依、执法必严、违法必究，从立法到守法到执法再到司法，形成系统完备、科学规范、运转有效的法治体系。由此，"要用法治来规范政府和大学、市场的边界，在法治框架内调整各类主体的利益关系，有效调动和保护各方面的改革积极性与创造性"①。这就要求以习近平新时代中国特色社会主义思想为基本遵循，全面贯彻落实中国特色社会主义法治理论，形成完备的法律规范体系、高效的法治实施体系、严密的法治监督体系、有力的法治保障体系，为推进中国高等教育外部治理现代化提供法治依据、打牢法治根基。然而，必须清醒地看到，同中国高等教育蓬勃发展的事业相比，同中国高等教育外部治理现代化面临的严峻挑战与艰巨任务相比，同推进依法治教和依法治校的根本要求与理想目标相比，中国高等教育法治体系建设还存在诸多不适应、不符合、不健全等的现实问题。当然，推进高等教育依法治理是一项系统工程，是中国高等教育外部治理现代化的一场广泛而深刻的革命，不可能一蹴而就，需要付出长期的艰苦努力。在推进中国高等教育外部治理现代化过程中，既要不断修订与完善各种成文法与不成文法，完善并增强法治体系的系统性、及时性、针对性和有效性，同时也要时刻绷紧依法治理的"弦"，进而不断协调与优化政府、大学、社会之间的权责利关系。

---

① 刘国瑞.高等教育改革的"双重属性"与动力机制优化[J].中国高教研究,2019(8):1-6.

（二）转变政府职能，调整治理方式

在中国高等教育外部治理现代化过程中，政府的维度较为复杂，既涉及中央政府与地方政府分工合作——“由哪级政府管”的问题，也涉及政府“管什么”和“如何管”的问题。随着“中央和省级政府两级管理、以省级政府为主”的管理体制的确立，基本解决了“由哪级政府管”的问题。如今，“政府‘管什么’和‘如何管’的问题，显然是高等教育管理体制的主要矛盾……政府教育主管部门对高等学校，管了许多不该管的事，以明显不符合教育规律的方式在管事”[①]。实际上，中国高等教育管理体制改革的历史已昭示，“只要不转变政府部门的管理职能和管理方式，相关部门的权力依然无边，那就可以今天下放几项权力、明天又收上几项权力，一些管理权力下放了、另外一些新的权力又被轻而易举地设置出来了”[②]。在新时代背景下，推进政府职能转变，要转变全能型政府理念，倡导服务型政府建设，强化顶层设计、战略统筹、政策引导、监督管理以及信息服务职能，做到有限的政府不越位。引入“权力清单”和“责任清单”制度，划定政府的权力边界，做到“法无授权不可为”，明确政府的责任范围，做到“法定责任必须为”。[③] 调整治理方式，要加快推进与强化“管办评分离”与“放管服”改革，促进治理方式从微观管理走向宏观管理，从直接管理走向间接管理，从依赖行政命令管理走向依法治理，从“自上而下”走向“上下联动”。

（三）落实大学法人地位，提升大学自主办学能力

长期以来，落实大学法人地位、扩大大学办学自主权，一直被视为调整与改革政府与大学之间关系的核心与主线。当前，从法律条文的具体内容来看，大学的法人地位已得到确认，而且大学办学自主权也在不断扩大，并逐渐得到落实。但是，在既有的法律规定中，对大学法人属性的规定依然模糊不清，更为主要的是大学与政府并未建立起真正意义上的平等的法律关系。此外，大学办学自主权误用、滥用、乱用的事例，屡见不鲜、广遭诟病，一

---

① 周川.中国高等教育管理体制改革的政策分析[J].高等教育研究,2009(8):49-54.

② 周川.高等教育管理体制改革之反思[J].北京大学教育评论,2018(2):177-185.

③ 林杰.高等教育强国建设需要什么样的高等教育治理[J].高等教育研究, 2019(5):30-32, 19.

再侵蚀着政府进一步扩大与落实大学办学自主权的信心与决心。因此，推进中国高等教育外部治理现代化，一方面，要真真切切地落实大学法人地位，明确大学法人属性，建立政府与大学之间的平等合作伙伴关系，明确大学作为独立法人的权力边界、利益范围、责任内容，建立健全大学法人权益的救济与保障机制；另一方面，要大力提升大学自主办学能力，夯实大学办学自主权扩大与落实的内在根基。大学自主办学能力是指大学在价值理性与文化自觉的基础上，自主地获取与配置资源、优化组织与权力结构以及协调内外部关系，在符合大学内在发展逻辑的基础上进行办学定位，自主地开展与推进人才培养、科学研究以及社会服务等活动的能力。[①] 提升大学自主办学能力，是大学有效行使办学自主权的前提，是建设世界一流大学和高等教育强国的根基。正如有研究者所言，若没有大学法人地位的落实，“普遍意义上的治理逻辑就不会改变，也就难以避免运动式治理的频繁出现”[②]。实际上，落实大学法人地位与提升大学自主办学能力，是一个并行不悖的过程，并且两者只有协调同步、有机结合，才能促进中国高等教育外部治理现代化。

（四）培育社会组织，推进社会组织有序有效参与治理

在中国高等教育发展史上，社会组织作为一支独立的力量介入高等教育外部治理变革的历史较短，由此导致社会参与高等教育治理能力较弱，参与治理的机制运行不畅。一方面，在中国高等教育外部治理现代化过程中，社会组织参与度不高、参与渠道不畅、参与机制不健全，制约社会组织有序参与高等教育治理；另一方面，社会组织自身的参与能力和意识不强、权威性不够、公正性不足以及公信力较弱，影响社会组织有效参与高等教育治理。社会组织作为政府与大学之间的“缓冲器”，在协调“府学关系”、构建理想的高等教育外部治理格局中，具有不可替代的基础性作用。然而，长期以来，在中国高等教育外部治理现代化过程中，政府与大学之间一直缺乏社会组织这个必要的“缓冲器”，这也是“政府管教育、学校办教育、社会评教

---

① 林杰.关系思维中的大学自主办学研究[D].大连:大连理工大学,2016:63.

② 李海龙.权力论视角下大学治理的省思[J].教育科学,2017(1):50-58.

育”的高等教育治理理想格局一直难以形成的重要原因。在新时代背景下，加强社会组织参与高等教育治理，是中国高等教育外部治理现代化改革的基本方向与重要内容。因而，应以“管办评分离”和“放管服”改革为抓手，以依法治理为基本遵循，一方面，大力培育社会组织与第三方协会组织，提升社会组织参与能力，树立社会组织权威与公信力，夯实社会组织参与高等教育治理的根基；另一方面，完善社会组织参与机制，更好地统筹社会力量、平衡社会利益、调节社会关系以及规范社会行为，营造社会组织参与高等教育治理的良好生态环境。

后　记

本书根据潘懋元先生在总序中所言的“高等教育学走向成熟需要加强多层次的高等教育研究”的精神，围绕“元高等教育学研究或高等教育学元研究、高等教育学原理研究、高等教育重大理论问题研究”，立足于“高等教育基本关系”，以“高等教育的复杂性”为主线，以揭示“高等教育的特殊性”为目的，精心挑选十二个重要议题并按三个板块谋篇布局。其中，第一板块包括第一讲、第二讲、第三讲、第四讲，聚焦于讨论高等教育学的体系建设、理论图景、研究范式和教材建设，主要属于元高等教育学研究或高等教育学元研究的范畴；第二板块包括第五讲、第六讲、第七讲、第八讲，聚焦于讨论高等教育的本质、规律、价值和目的，主要属于高等教育学原理研究的范畴；第三板块包括第九讲、第十讲、第十一讲、第十二讲，聚焦于讨论学科、专业、教学、治理等重要问题，主要属于高等教育重要理论问题研究的范畴。

本书主要由大连理工大学高等教育学教学团队成员的讲义或已经发表的论文集结、整理、修改和拓展而成。其中，第一讲“高等教育基本关系与高等教育学体系建设”源自张德祥的《高等教育基本关系与高等教育学体系建设》（发表于《高等教育研究》2020 年第 10 期）；第二讲“高等教育学的理论图景”源自解德渤的《论我国高等教育学的理论图景——基于知识社会学的分析》（发表于《高等教育研究》2021 年第 7 期）；第三讲“高等教育研究的学科交叉范式”源自张德祥、尚趁的《论高等教育研究的学科交叉范式》（发表于《高等教育研究》2023 年第 6 期）；第四讲“高等教育学教材建设的回顾与展望”源自牛军明、张德祥的《高等教育学教材建设的基本经验、历史回顾与未来趋向》（发表于《现代教育管理》2024 年第 10 期）；第六讲“高等教育规律的逻辑划分及其家族性”源自李枭鹰的《高等教育规律的三元逻辑划分及其家族性》（发表于《中国高等教育评论》2024 年第 2 辑）；第七讲“高等教育价值的关系论审视”源自李枭鹰的《高等教育价值的关系论审视》(发表于《中国高等教育评论》2024 年第 1 辑);第八讲“高等教育目的的重审、重识与重申”源自苏永建、王郑旭的《高等教育目的的重审、重识和重申》(发表于《中国高等教育评论》2024 年第 2 辑);第九讲“大学研究性教学的理论反思”源自尚趁、解德渤的《研究性教学的理念诠释、实践模式与制度供给》(发表于《中国高等教育评论》2024 年第 1 期);第十讲“大学学科知识生产的三种模式”源自王晓玲、张德祥的《试论学科知识生产的三种模式》(发表于《复旦教育论坛》2020 年第 2 期);第十一讲“大学专业建设的三大逻辑与基本路径”源自张德祥、王晓玲的《高等学校专业动态调整的三重逻辑》(发表于《教育研究》2019 年第 3 期);第十二讲“中国高等教育外部治理现代化”源自林杰、张德祥的《中国高等教育外部治理现代化:理想目标、现实困境及推进策略》(发表于《中国高教研究》2020 年第 3 期)。本书汇聚了很多人的心血、汗水和智慧,具体任务及其分工如下:

第一讲　高等教育基本关系与高等教育学体系建设　张德祥

第二讲　高等教育学的理论图景　解德渤

第三讲　高等教育研究的学科交叉范式　张德祥　尚趁

第四讲　高等教育学教材建设的回顾与展望　牛军明　张德祥

第五讲　高等教育本质的再认识　李枭鹰　郭新伟

第六讲　高等教育规律的逻辑划分及其家族性　李枭鹰

第七讲　高等教育价值的关系论审视　李枭鹰

第八讲　高等教育目的的重审、重识与重申　苏永建　王郑旭

第九讲　大学研究性教学的理论反思　尚趁　解德渤

第十讲　大学学科知识生产的三种模式　王晓玲　张德祥

第十一讲　大学专业建设的三大逻辑与基本路径　张德祥　王晓玲

第十二讲　中国高等教育外部治理现代化　林杰　张德祥

本书的出版得到了广西师范大学出版社的大力支持和大连理工大学“管理工程”学科建设经费的资助,我们在此深表感谢!

张德祥

2024 年 2 月 26 日